现代体育管理与篮球管理基础知识

XIANDAI TIYU GUANLI YU
LANQIU GUANLI JICHU ZHISHI

刘金鼎 丁敏 龚俊峰◎主编

人民日报出版社

图书在版编目（CIP）数据

现代体育管理与篮球管理基础知识 / 刘金鼎，丁敏，龚俊峰主编. —北京：人民日报出版社，2017.7

ISBN 978-7-5115-4802-3

Ⅰ.①现… Ⅱ.①刘… ②丁… ③龚… Ⅲ.①体育—管理学—教材②篮球运动—组织管理—教材

Ⅳ.①G80-05②G841.3

中国版本图书馆CIP数据核字（2017）第165695号

书　　　名：现代体育管理与篮球管理基础知识

主　　　编：刘金鼎　丁敏　龚俊峰

出 版 人：董　伟

责任编辑：刘晴晴

封面设计：中尚图

出版发行：人民日报出版社

社　　　址：北京金台西路2号

邮政编码：100733

发行热线：（010）65369527　65369512　65369509　65369510

邮购热线：（010）65369530

编辑热线：（010）65363105

网　　　址：www.peopledailypress.com

经　　　销：新华书店

印　　　刷：北京天宇万达印刷有限公司

开　　　本：710mm×1000mm　1/16

字　　　数：330千字

印　　　张：19

印　　　次：2017年8月第1版　2017年8月第1次印刷

书　　　号：ISBN 978-7-5115-4802-3

定　　　价：59.00元

前　言

作为一门运用现代管理理论解决体育领域管理问题的新兴学科，体育管理学不仅自身在不断得以完善，而且人们对它的认识和运用也逐渐深入和熟练。随着我国社会的转型，我国体育管理实践也面临着一系列新的问题，因此，必须不断吸收现代管理学的精华，创建中国特色的体育管理学科体系，并不断普及现代体育管理理论知识。

篮球是一项十分常见的体育运动，受到全世界人民的欢迎。目前，篮球运动从专业化、职业化逐渐转化为大众化、普及化。无论是在学校的操场上，还是在社区中，都可以看到年轻人在或正规、或简易的篮球场上挥汗如雨。篮球运动的普及，对我国篮球运动的发展起到了积极推动作用。我国的篮球运动已经从一度的低迷逐渐走向兴旺。但也必须认识到，想要真正、全方位地提升我国篮球运动的水平，就要在狠抓篮球训练的同时，在配套管理上下功夫。基于以上情况，我们编写了《现代体育管理与篮球管理基础知识》一书。

本书分为上下两篇。上篇为现代体育管理篇，主要包括五章：第一章从管理理论的角度上，对体育学的发展以及内容进行阐述；第二章从体育管理主体的角度，对体育管理理论以及具体内容进行了阐述；第三章从现代体育管理的中介与体制角度，阐述了我国体育管理制度的沿革；第四章从体育管理的客体角度，对体育管理实务进行了阐述；第五章从学校体育的角度，对体育管理实务进行了论述。下篇为篮球管理实务篇，主要包括五章：第一章从篮球队伍管理的角度，对篮球管理的目标、方法、内容等进行了论述；第二、三章对篮球运动员、篮球教练员、篮球管理人员以及篮球队伍的财务与信息方面的知识进行了阐述；第四章根据我国篮球运动日益商业化以及俱乐部化的实际情况，对我国篮球俱乐部管理进行了阐述；第五章对我如何建议国高水平篮球队进行了阐述。

总体来说，本书既有对现代体育管理理论知识的阐述，也有对篮球运动管理实践的介绍；不仅可以作为教师的教材，也可作为体育和篮球爱好者学习用书。

整本书由刘金鼎、丁敏、龚俊峰共同编写完成，全书由刘金鼎负责统稿，具体分工如下：上篇的第三、五章以及下篇的第二、四、章由刘金鼎编写完成，共计版面字数 15 万余字；上篇的第四章以及参考文献部分由丁敏编写完成，共计版面字数 5 万余字；上篇的第一、二章以及下篇的第一、三章龚俊峰编写完成，共计版面字数 12 万余字。

本书在编写过程中，对一些专家、学者关于篮球运动教学训练的研究资料和成果进行了借鉴和吸收，在此向其表示诚挚的谢意。由于编者知识水平和时间所限，书中难免会有遗漏与不妥之处，恳请广大读者朋友批评指正。

编　者

2017 年 6 月

目　录

上篇　现代体育管理篇

第一章　体育管理概述…………………………………………… **003**

第一节　管理概述…………………………………………… 003

第二节　现代体育管理概述………………………………… 023

第三节　体育管理学概述…………………………………… 033

第二章　现代体育管理的主体…………………………………… **041**

第一节　现代体育管理的人性假设………………………… 041

第二节　体育管理者………………………………………… 046

第三节　现代体育管理的创新……………………………… 049

第四节　现代体育管理的基本原理………………………… 057

第三章　现代体育管理中介与体制……………………………… **068**

第一节　现代体育管理的中介……………………………… 068

第二节　现代体育管理的体制……………………………… 082

第四章　现代体育管理的客体 …………………………………………… **098**

第一节　现代体育人力资源管理 …………………………………… 098

第二节　现代体育物力资源管理 …………………………………… 101

第三节　现代体育科技资源管理 …………………………………… 105

第四节　现代体育财力资源管理 …………………………………… 108

第五节　现代体育信息资源管理 …………………………………… 113

第五章　学校体育管理 …………………………………………………… **119**

第一节　学校体育管理概述 ………………………………………… 119

第二节　学校体育管理的内容 ……………………………………… 123

第三节　学校体育管理的检查与评估 ……………………………… 133

下篇　篮球管理实务篇

第一章　篮球队伍管理概述 ……………………………………………… **143**

第一节　篮球队伍管理的目标与特点 ……………………………… 143

第二节　篮球队伍管理的原则与方法 ……………………………… 148

第三节　篮球队伍管理的构成因素及管理内容 …………………… 163

第二章　篮球运动员、教练员与管理人员管理 ……………………… **170**

第一节　篮球运动员的管理 ………………………………………… 170

第二节　篮球教练员的管理 ………………………………………… 180

第三节　篮球管理人员的管理 ……………………………………… 192

第三章　篮球队伍的财务与信息管理…………………………… **200**

　第一节　篮球队伍的财务管理………………………………… 200

　第二节　篮球队伍的信息管理………………………………… 215

第四章　我国职业篮球俱乐部管理……………………………… **228**

　第一节　职业篮球俱乐部概述………………………………… 228

　第二节　国外职业篮球俱乐部管理模式综述………………… 230

　第三节　我国职业篮球发展综述……………………………… 238

　第四节　我国职业篮球俱乐部管理具体分析………………… 242

第五章　高校高水平篮球队管理………………………………… **261**

　第一节　高校高水平篮球队的系统分析……………………… 261

　第二节　高校高水平篮球团队的沟通管理…………………… 264

　第三节　高校高水平篮球团队的士气管理…………………… 274

　第四节　高校高水平篮球团队的凝聚力管理………………… 279

　第五节　高校高水平篮球团队的合作与竞争管理…………… 286

参考文献………………………………………………………… **294**

上篇

现代体育管理篇

第一章 体育管理概述

第一节 管理概述

一、管理理论概述

（一）管理的概念

管理的英文是 Manage，它是从意大利文 Manegiare 和法文 Manage 演变而来的，美国人最先将这个词引入管理学中。管理活动自古即有，但什么是管理，从不同角度出发，可以有不同的理解。从字面来看，管理一词有"管控""整理""处理"等意思，表示人对某事、某物或某人进行安排和管理。从大的范围来看，管理具有了一定的社会文化属性，因为拥有众多族群的人类社会永远都需要管理。因此，管理也就变成了一种社会文化现象。

学者们对管理的看法不尽相同，主要有以下几点：

哈罗德·孔茨对管理的定义是："管理是在正式组织起来的团体中，通过他人并和他人一起把事情办妥的艺术。"与此类似，斯蒂芬·P·罗宾斯认为，管理"指的是和其他人一起并且通过其他人来切实有效完成活动的过程"，这种定义着重强调对人的管理。

法约尔认为："管理就是实行计划、组织、指挥、协调和控制"，这一定义强调管理的作业过程，突出了管理的职能。

1978 年诺贝尔经济学奖获得者赫伯特·西蒙这么说："管理即制定决策"。这准确地道出了管理的本质。

美国管理学家路易斯·布恩和戴维·克茨认为，"管理就是使用人力及其他资源去实现目标"。

以伯格为代表的数理学派认为，管理就是用数学模式与程序来表示计划、组织、控制、决策等合乎逻辑的程序，求出最优解答，以达到企业的目标。

国内学者对管理的定义具有综合性。例如，周三多这样阐释管理："管理是指组织中的如下活动或过程：通过信息获取、决策、计划、组织、领导、控制和创新等职能的发挥来分配、协调包括人力资源在内的一切可以调用的资源，以实现单独的个人无法实现的目标"；徐同华则将管理定义为"通过计划、组织、控制、激励和领导等环节来协调物力和财力资源，以期更好地达成组织目标的过程"。

上述定义从不同的侧面、不同的角度揭示了管理的含义，或揭示管理某一方面的属性。

综上所述，不妨将管理定义为：在特定的环境下，管理者对组织所拥有的资源进行有效的计划、组织、领导和控制，以便完成既定的组织目标的过程。

这个定义包含着以下含义：

（1）管理是为实现组织目标服务的，是一个有意识、有目的的过程。管理是任何组织都不可或缺的，但绝不是独立存在的。不能为管理而进行管理，而只能使管理服务于组织目标的实现。

（2）管理的主体是人，管理的客体包括各种物力、财力、资源、信息等。无论是哪一种管理方式或是管理组织，都是在持续不断的实践过程当中，按照一定的程式，有效开发自己的资源，从而达到既定的目标。

（3）管理是在一定环境和条件下进行的，有效的管理必须充分考虑组织内外的特定条件。

（4）管理是由一系列相互关联、连续进行的活动所构成的。这些活动包括计划、组织、领导、控制等，它们成为管理的基本环节。

（5）管理是通过综合运用组织所能支配的各种资源，包括人力、财力、物力、信息、知识、时间、形象、关系等物化资源和非物化资源，来实现组织的目标。

管理的基本要素包括以下几个方面：

（1）管理主体。它包括管理者和管理机构。

（2）管理客体。即管理对象、管理什么。主要为人力、财力、物力、时间、信息等。

（3）管理的环境和条件。即管理所面临的环境、需具备的条件。

（4）管理目的。即获得比较高的经济效益、工作效率、社会效益。

（5）管理的职能和方法。即管理具有哪些职能、用什么方法进行管理。

（二）管理的内容

管理作为一种社会文化现象，具有丰富多彩的内容，凡是需要组织的活动都可以纳入管理的范畴。通常来说，组织需要通过一系列活动来实现自身所要达到的目标，包括计划、组织、决策、领导、管控、协调、监督、整合等。这些活动会对组织内部诸如人力、财力、结构等进行管理。由于社会组织的性质、类型、目标不同，管理的内容丰富多样。

在现代市场经济学中，管理的主体通常为工商企业，然而广义上管理的主体远远不止工商企业一种。依据不同的分类标准，可以划分为不同的管理内容，如依据组织的不同可分为行政机关管理、事业单位管理、企业管理、社会组织管理等；依领域不同可分为行政管理、经济管理、社会管理、工商管理等；以管理实施的地点不同可以分为城市管理、乡镇管理、社区管理等；依管理的要素不同可分为人力资源管理、财务管理、场地设施管理、信息情报管理、制度管理等；依职能不同可分为科技管理、教育管理、文化管理、卫生管理、体育管理等。我们还可以把上述管理内容进行更为详细的划分，比如工商管理可以划为人力资源管理、财务管理、生产管理、物控管理、营销管理、成本管理、研发管理等。而人力资源管理又可以进一步划分为人力资源规划、招聘与配置、培训与开发、绩效管理、薪酬福利管理、劳动关系管理等。

二、管理理论的发展历程

（一）古代管理思想与实践

1. 中国古代管理思想

中华文化博大精深，历史悠久。在五千年的文明发展过程中，中华民族创造了灿烂的文化，其中包含了管理的智慧。

古代的中国在很多领域都领先于世界其他国家，在管理方面同样如此，这些宝贵的思想文化精华深深影响了世界的发展，对世界文明的进步贡献了不可磨灭的思想力量。

（1）儒家管理思想

儒家理论先由孔子开创主体的思想构架，再经过后面的孟子和荀子进一步补充，正式形成了一门学科——儒学。儒家文化对中国几千年封建社会统治有着巨大贡献，同样也集聚着管理这样一个庞大社会团体的人类智慧、哲人的思索和管理精要。儒家思想概括起来有三点：

①儒家管理思想核心是"治人"。儒家十分重视人在管理过程中的地位。"天地之性人为贵"，在其看来，天地之间只有人是最宝贵的，是万物之灵，一切管理活动都是围绕着治人而展开的。

②儒家对组织的独到见解。荀子曾说过这么一句话，他说："人能群，彼不能群，人何以能群？曰：义。"这句话很好地阐释了先贤关于建立组织结构实行分工合作的管理思想精华。只要我们能够以"义"，便能建立良好的社会秩序，从而实行族群的管理，社会的稳定。

③儒家的思想内容有"以政为德"和"仁政思想"。其中"仁"是儒家的思想灵魂，关于"仁"的阐释，孔子有这样几句话："居恭处、执事敬，与人忠，虽之夷狄，不可弃也"、"爱人"、"仁者先难而后获"，即与人为善，有仁心。孔子（公元前551年～公元前479年），是我国古代伟大的思想家。儒家的思想内容有"以政为德"和"仁政思想"。其中仁是儒家的思想灵魂，关于仁的阐释，孔子有这样几句话："居恭处、执事敬，与人忠，虽之夷狄，不可弃也""爱人""仁者先难而后获"，即与人为善，有仁心。他特别主张用"礼"和"义"这些儒家的道德规范来协调统治者上下左右的关系。孔子所处的时代是奴隶制走向崩溃，封建制开始兴起的时代。他虽然主张"克己复礼"，维护周制，但他也认识到周礼用"刑"、"政"来统治的管理方法，已不适应当时的社会，所以提出了礼义治国的思想。运用"礼"来维系国家正常秩序，君主治理国家同样需要遵守"礼"，服从"礼"的思想。孔子的"礼"是一种以社会尊卑贵贱秩序为内容的伦理规范，他思想中的管理目标就是要使社会符合这个伦理规范。孔子把人类社会各种关系概括为五种，运用"礼"来维系国家正常秩序，君主治理国家同样需要遵守"礼"，服从"礼"的思想。即君臣、父子、夫妇、兄弟、朋友，认为这五种关系的伦理规范应是，"为

人君止于仁，为人臣止于敬，为人子止于孝，为人父止于慈，与国人交止于倍"。并把这五种关系的道德规范称为"五伦"，从"五伦"又推演出"十义"，即"父慈，子孝；兄良，弟悌；夫义，妇听；长惠，幼顺；君仁，臣忠"。他认为，人们只要"克己复礼"，国家就治理好了。以"义"约束人们的思想行为。孔子认为治理国家如果能把施行道德教化作为准则，则百姓们就会像群星环绕北极星一样忠心为国，所以孔子这么说："为政以德，譬如北辰，居其所而众星共之。"认为国君能以道德教化来治理国家，百姓就会像群星环绕北极星一样拥护他。孔子提倡的"义"有四条要求，一是当政者要行为端正。他说"其身正，不令而行；其身不正，虽令不从。"二是当政者要"见利思义"。三是对百姓要用"礼、义"去教化。他说："上好礼则民易便也，""上好义则民莫敢不服"。四是要"举贤才"。孔子说："举直错诸枉，则民服；举枉错诸直，则民不服"。

孟子（公元前 390 年—公元前 305 年），名初，字子舆，是孔子之后的又一位儒门至圣。孟子的思想主张及其言论都记录在《孟子》当中。孟子针对告子的提问："人性之无分于善不善也，犹水之无分于东西也"，说："人无有不善，水无有不下。今夫水，搏而跃之，可使通颡，激而行之，可使在山。是岂水之性哉？其势则然也。人之可使为不善，其性亦犹是也。"意思就是说人本性中的善良就如同水易下流一般容易受客观环境影响而改变，教育则是恢复人本性善良的方法。孟子主张以教育来教化百姓，导民向善，他提出了行"王"道，施"仁"政的政治管理主张。荀况（约公元前 313 年—公元前 238 年），是我国历史上著名的思想家。著有《荀子》一书，反映了他的管理思想。荀况针对孟子的"人之性善"，提出了"人之性恶"的理论。提出人的本性生来就是"饥而欲饱，寒而欲暖，劳而欲休，此人之性情也"。认为人的本性中就有吃、穿、懒的缺点，而善良只是人们掩饰缺点的表面功夫，主张人性本恶。因此，他提出了以后天的教育以及治理来应对的策略，他说："故拘木必将待隐括烝待奢厉然后利。今人之性恶，必将待师法然后正，得礼义然后治。"所以要建立管理权威、制度和法规。以礼义教人民，以刑罚来禁止人们纵欲作恶，使人们的行为得到规范，实现大治。

（2）道家管理思想

老子是道家的创始人，所著的《道德经》一书是道家的经典。

①着力提倡水的模式。"上善若水，水善利万物而不争，处众人之所恶……"，

认为所有人都应该学习水滋养万物而不求任何回报的品质，像水一般柔软而有力量。

②提倡无为而治。道家的无为而治是管理上的一种至高境界，存乎一心，无为而治。"无为"是一种积极的，是为了要去"为"的"无为"，是动态的。

③保证管理者成功的"四不"原则，"不自见，不自是，不自伐，不自料"。即不自己显明自己，不自己肯定自己，不自己夸奖自己，不自以为了不起。

2. 中国古代管理实践

（1）组织

关于组织我国古代众多的典籍中多有提到，例如，《周礼》一书中就记载了周公（约公元前 12—公元前 11 世纪之间在位）为周朝制定的一套官僚组织的制度，将周代官员分为天、地、春、夏、秋、冬六官，以天官职位最高，六官又分 360 职，并规定了官员的职别和员额，职责分明。自周以来，历代朝廷封官定职均有详细的职官表，层次分明，职责清楚。春秋时代孙武所著《孙子兵法》，是世界上最古老的兵书，距今已 2500 多年，书中将军队编制为军、旅、卒、伍，层次明晰，编制完备。《孙子兵法》同时又包含了很多值得企业学习的战略思想，因此饱受各国企业家的喜爱与推崇。我国古代众多的工程建筑中充分运用了组织管理思想。公园前 300 多年前的战国时代，李冰父子带领劳动人民修筑了举世闻名的都江堰水利工程；秦代蒙恬，曾征役 30 万人修筑万里长城等。这些不仅是我国劳动人民勤劳与智慧的结晶，也是原始朴素管理思想的伟大实践。

①都江堰水利工程

都江堰水利工程，是战国时期秦国蜀郡太守李冰父子率领民众修建的驰名中外的工程。岷江洪水无法控制，百姓深受其害。李冰父子为解除岷江水患，全面修建了都江堰工程。由于对工程作了精心周到的安排，使得工程融灌溉、蓄水、排洪、排沙为一体，收获了经济效益。都江堰水利工程，反映了古代运用系统思想指导工程建设的高度管理水平。

②万里长城

秦长城是我国古代劳动人民智慧的结晶，它全长 6700 多公里，是震惊中外的伟大工程。这样一项浩大的工程充分反映了古代高水平的管理艺术。

据史料记载，工程不仅精确地计算了城墙的长、宽、高的土石方总量，而且连需要多少人工、材料以及各地派来的人工往返的道路里程、需要的口粮、各地区分担的修筑任务都计算得十分准确，分配得非常明确。同时，把工程的质量标准也规定得严格而具体。规定城墙使用之土，必须经筛选，经烈日暴晒，或者用火焙干，才能放入城墙之内，以防土中草籽再发芽。

（2）经营

中国历史上不乏优秀的经营理财家，历史上有名的白圭、邓通、范蠡、吕不韦、子贡等都是闻名天下的富商巨贾。还有一些人，如春秋时的管仲，战国时的商鞅，西汉时的桑弘羊，唐代的刘曼，宋代的王安石，明代的张居正等，都曾在经济上进行了卓有成效的改革，深深影响了时代的发展。历史上著名的经营理论,有范蠡、计然的待乏原则和积著之理。待乏原则提到"水则资车，旱则资舟""夏则资裘、冬则资稀"，是指应预测市场上的潜在需求，做到人无我有，方可图利。"积著之理"也是指获取利润的手段、方式。

（3）用人

我国在用人方面更是有很多优秀的主张，历代就有"唯才是举""举贤不避亲""选贤任能"的思想。尧舜禹时代形成"禅让制度"是以才能品德卓著的人做国家领导人的选举制度，充分显示了唯才是举的主张。隋文帝在开皇七年（公元587年）废除"九品中正制"，创立科举制度,后相延1300年之久。诸葛亮的"知人七章"，更是包含了许多正确用人的哲理。

（4）理财

汉代司马迁在《史记·货殖列传》中指出，一定数量的经费资金可获得一定数量的合理利润。年利润率低于百分之二十，便难以获取合理利润。并对24种行业进行分析，结论是"农不如工，工不如商"。他认为经商之前分析市场需求，把握经营的时机，同时要具有清晰的经营规划。我国古代曾实行会计制度和审计制度。南宋郑伯谦提出"出纳移用之权"和"纠察钩考之权"要由不同"官司"掌管，即主张出纳与会计分离。

（5）管理

古代对财物保管和收纳支出早有制度，并设专职官员分类管理。周代设有内府、大府、王府、外府，管理府库财物。汉代设少府管钱，司农管物。宋代对财务管理更是有严格的规章程序，如所有通判到任后必须亲自查阅账籍所列财物，属官不得干涉，同时主库吏三年一换。出入库手续较严格，请领物资有预报制度。对粮食仓储，历代均有较严密的制度。对劳动分配，春秋时墨翟和汉代王符均有独到见解。墨翟主张把"劳"和"功"作为赏和禄的必要条件，"以劳殿赏，量功而分禄"，使"饥者得食，寒者得衣，劳者得息。"王符（约公元85～162年）认为，劳动力为民之本，国之基。认为要尊重劳动力，使百姓劳有所得，并珍惜劳动者的劳动时间，提高劳动效率，同时以劳动时间的多寡分配劳动所得。他在《潜夫论·爱日篇》中讲到"日力"，即指要减少人民消耗在沉重劳役上和行政手续方面的时间，要爱惜劳动时间。宋真宗祥符八年，丁谓修复皇宫时提出的"一举三得"的方案，反映出了当时运用系统分析方法进行管理的先进水平。其时，皇宫因雷击走水，很多内部建筑都被大火吞噬一空，真宗任命当时的宰辅丁谓为大内修葺使，负责整个皇宫的修复工程。面对浩大的修复工程，丁谓采取了统筹兼顾的方法，周密地安排了施工次序：首先将皇宫前的大道挖成能通船的大渠，并与汴水相通；同时清理火灾现场，将瓦砾灰土等堆放到临近大渠而又不妨碍施工的地方。然后一方面从全国各大水道调集船只运载各种所需建筑材料经汴水由大渠直抵施工现场；另一方面用挖渠所得之土就地烧砖制瓦。工程进展迅速，皇宫完全修复后又将瓦砾灰土等填入大渠，宫前大道恢复如旧。挖渠一举解决了就地取土、方便运输、清理废墟三个难题。丁谓这种统筹兼顾的方法使得整个修复工程花费大减，得到了皇帝的大加褒奖，在我国古代建筑管理史上写下了辉煌的一笔、至今仍然为后人所称道。

3. 西方古代管理思想与实践

（1）摩西率众长征

《圣经》里说，摩洛哥大旱，古希伯来人的领袖摩西率众长途跋涉去欧洲逃荒，一上路时，乱乱纷纷，熙熙攘攘，每天仅行十来里路，大小事情都得摩西亲自解决，弄得他狼狈不堪。后来摩西采用了其岳父叶忒罗的建议，使散乱的人群变成了有组织的队伍，使行进速度大大加快，胜利地到达了目的地。叶忒罗给他女婿的建议有三点：一是把全体民众自上而下，分层定级；二是委任授权，分层管理，摩西则统筹管理；三是制定法令，昭告百姓。这种有序的管理方法在当时可以说是十分先进的。

（2）《汉谟拉比法典》

在公元前两千年前后，古巴比伦的国王汉谟拉比颁布了一部法典，世称《汉谟拉比法典》，又因其刻在石柱上故又称"石柱法"。全文285条，其内容几乎无所不包，对个人财产、商业活动、个人行为、人与人关系、劳动报酬、民事与刑事问题等，都作了规定。其中有许多涉及经济管理思想，如控制借贷、贵金属的存放和付给、货物的经营和贸易、最低工资、会计和收据处理以及责任的承担等等。这部法典是治理国家的一项基本依据，在管理方面具有重大意义。

（3）古罗马人的管理

古罗马文化中蕴含了相当多的关于管理思想的杰作，如狄奥克利雄大帝对疆域辽阔的罗马帝国的重新组织。他公元284年登基，面对当时庞大的罗马帝国，开发了一套新的管理模式管理帝国，他把帝国分为100个郡，再将100个郡并为13个省，接着将13省并为4个道。同时，在他与郡长之间增设了两个管理层次，原有郡长的地位降低，对各郡长所授的权力只以内政方面的权力为限，而驻扎在各省的兵力改由中央统治。这种的方法大大提高了帝国治理的效率，确保了罗马帝国的长久统治。这位大帝改组所依据的基本思想和做法，仍然适用于今天的中央集权式的组织中。

（4）意大利人的管理

处于资本主义萌芽状态的意大利，在管理思想方面有较多的贡献。如15世纪时，威尼斯的兵工厂是当时西方最大的工业企业，不仅生产武器和装备，还制造和修理船舶。在兵工厂的管理中有许多先进的做法，如利用标准化配件，采用流水作业生产线，仓库位置按装配所用的配件顺序排列，并严格控制库存；利用会计和成本控制来节约人力和物力；相当完备的人事制度，以职工成绩决定工资和晋升等。当时生产效率已达到一小时内完成装配、下水、装备一艘大船的全部工作。意大利著名的历史学家、思想家马奇维利是近代管理思想理论大师，他对管理思想学有过很多研究和论述，提出四条领导学的原理：强调大众认可的重要性，认为领导者的权力来源于群众的拥护和支持；领导者必须维持组织内部的凝聚力；领导者必须具备坚强的生存意志力；领导者必须以身作则，为人表率，具备领导的品德和能力。

类似古代人类管理思想与范例还有很多，但是这些思想和范例都是由个人或某个群体组织体现出来的，根本就是"一家之言"，没有形成完整的管理思想系统，管理理论思想体系的基本形成是在近代才完成的。

（二）近代管理理论

1. 科学管理学派

科学管理学派的创始人是泰勒，他的代表作是《科学管理原理》，1911 年泰勒《科学管理原理》一书的出版，标志着管理学的诞生。他创立的科学管理制度称为"泰勒制"，泰勒也被誉为"科学管理之父"。

泰勒是整个近代管理理论的开创者，是科学管理思想的理论家与实践家。他出生于美国费城的一个律师家庭，小时候十分聪明，展现出一种与众不同的天赋，具有强烈的求知欲望，有一种强烈的探求真理、用科学方式验证事实的愿望。19 岁时因视力不佳而中断学业，在工厂当技工和制模工，后来又到钢铁厂，从技工一步步提升到学工长和总工程师。

工厂在生产中存在许多问题，他开始对工厂的生产过程进行研究，着重探究工厂生产效率低下的原因。他在研究过程中发现，工人干活时"磨洋工"，远未尽其所能，管理人员的能力和管理水平低下，对日生产指标及其与工资的关系全然无知。他对这种生产效率极其低下的状况相当不解，通过不断分析，试图寻找到一套有效的管理运行系统。他相信应当能够确定一种最佳的劳动方式来完成任何一项工作，他要寻找到这种方式。泰勒在厂里进行实验，用科学的方法测定工人工作时的每一个动作和所需时间。经过一系列的分析，泰勒认为，只有用科学的方法制定出标准的劳动方式，才能大大提高工作效率。在著名的"搬运生铁"和"使用铁铲"的试验中，由于采用了科学的劳动程序、操作方法与节奏，劳动生产率有了很大提高，同时，他强调建立各级的责任制，企业的管理者要负管理责任，而不是企业主。他制定"级差计件工资"，并严格工资定级标准，按工作量等级划分工资等级，设立最低工作量标准。泰勒的目标是解决提高管理人员的工作效率和提高工人劳动生产率这两个对企业来说较为关键的环节。这种管理方法不但大大提高工人的劳动生产率，而且也大大增加了企业主的利润。泰勒的这些理论和开拓性工作，取得了很大成功。

泰勒通过长时间的摸索实践，总结出了一套非常适合企业管理的科学管理思想，他把这些思想整理成册，编著了有名的《科学管理原理》一书。这本著作主要包含以下四条科学管理原则：

（1）劳动方法标准化原则

通过对工人作业时每一个动作所需的时间与最佳工作方式的研究，制定出标准的劳动方法；用科学的作业方法来代替过去单凭工人个人的经验进行作业的方法。

（2）选择、培训工人科学化原则

要挑选既适合于某种工作又有进取心的工人，并对他们进行培训，使之掌握和运用"标准化"的操作方式进行工作，而不应像过去那样，由工人自己挑选工作，自己设法掌握工作技能。

（3）管理人员与工人合作原则

管理人员应该与工作人员团结一心，互相鼓励帮助，使工作能够科学有效，提高工作效率。

（4）分工负责原则

按照职务分配任务，不同职务分开工作，管理人员负责计划，工作人员则负责执行工作计划。

在管理领域中，泰勒以科学的方法进行了开拓性的工作，建立了科学管理理论，为把管理推进成为一门科学做出了重大贡献。泰勒的理论对现代管理理论所产生的影响要比对他所处的那个时代产生的影响更为显著和重要，现代管理理论中的一些思想都可以从科学管理理论中找到根据。

泰勒科学管理的主要贡献可以概括为：提倡用科学方法，即调查研究与科学知识代替个人的经验、意见、判断；统筹规划，分工负责，明确职能，消除个人主义行为；建立劳方和资方良性互动平台，推动社会平等，消除劳资矛盾；确定劳动标准和定额，提高生产效率，努力降低成本；建立了管理的理论体系。这些管理的基本理论和方法，至今仍有可借鉴之处。泰勒科学管理的弊端是忽视人的积极性；忽视创新，墨守制度；忽视整体经营管理，重视局部生产效率。

俄国著名的无产阶级革命家列宁曾对泰勒的思想理论与实践有过精彩的看法："资本主义在这方面的最新发明——泰勒制——也同资本主义其他一切进步东西一样，有两个方面：一方面是资产阶级剥削的最巧妙的残酷手段，另一方面是一系列的最丰富的科学成就，即通过科学管理提高工作效率，同时完善工作计划与监督计划。科学管理方面包括用科学方法规范工作技术动作；工作计划则指确定工作的标准和内容；监督计划则指建立监督体制。苏维埃共和国在这方面无论如何都要采用科学和技术上一切宝贵的成就。社会主义实现得如何，取决于我们苏维埃政权和苏维埃管理机构同资本主义最新的进步的东西结合得好坏。应该在我国研究和传授泰勒制，有系统地试行这种制度，且使它适应下来。"

与泰勒齐名的近代科学管理大师还有吉尔布雷斯夫妇与甘特，两者都提出了不同的管理思想。

吉尔布雷斯夫妇由于发展了分解动作的研究，也成为科学管理运动的杰出人物。他们注重研究以最佳方式进行一项工作所需的理想动作，提出了最小工作单位的概念，即手、臂及身体的一个基本动作。他们用照相机拍摄工人工作时的连续动作，然后把胶片分解成慢动作进行研究。他们认为工作效率的提升包含两方面的提升，一个是工人动作效率的提升，一个是机器运行效率的提升，在两者工作效率同时提升的时候，生产效率就会大大提升。吉尔布雷斯夫妇对工人生产中的动作也做过有益的试验。他们总结出几条改进生产动作的原则：尽量减少动作的种类、数量和方向变化，缩短动作长度；力求减少动作引起的疲劳；使动作习惯而自然；每个动作都应制订详细的操作规范，方便工人提前掌握；改进生产动作，使其有利于产品质量的提高。夫妻俩的研究受到列宁的高度赞扬。

甘特于 1916 年发表了《工业的领导》、1919 年发表了《工作组织》两本著作，提出了工作进度的原理，设计了掌握生产计划进度的"甘特图"，这种图表以 X 轴表示计划的工作任务及完成情况，以 Y 轴表示所花费的时间，将每人或每台车床每天的生产进度用不同颜色的线条清晰地表示出来，使管理人员一目了然，便于掌握和控制生产进度。这种图表至今仍在使用。他还提出了比泰勒的"级差计件工资制"更优越的"计件奖励工资制"。这些图表与制度实施之后，获得了巨大的成功。同时代的爱默生还提出了《十二效率原则》，从目标、管理人员的工作、选择参谋顾问、纪律、管理人员素质、工作记录、调度、标准工作时间方法秩序、环境、作业标准化、书面指导、奖励等方面，来发挥企业各方面的潜力，以达到提高效率的目的。

以上众多学者的研究范畴主要集中在企业这一块，他们着重解决了企业生产过程中效率低下的问题，同时对工人生产过程中所存在的问题提出了行之有效的解决措施，对企业的生产经营提供了巨大帮助，推动了近代管理理论的发展。

2. 行政组织理论学派

（1）法约尔的一般理论

在泰勒等人倡导科学管理的同时，在欧洲出现了行政组织理论学派，主要代表人物是法国的管理学家享利·法约尔，他发表了大量富有独特见解的管理学专著。在其 1916 年发表的《工业管理与一般管理》中提出经营和管理是两个不同的概念，概括地认为任何企业经营都有六种活动（即技术活动、商业活动、财务活动、安全活动、会计活动、管理活动），管理处于核心地位，任何一种活动都离不开管理，故又称法约尔为"现代经营管理之父"。他认为管理需注重领导管理者、组织形式、组织结构三方面，当领导有方、结构合理、形式加强时，就会形成良好的管理模式。从管理理论上看，由于法约尔和泰勒的经历不同，对管理研究的着眼点也不同。泰勒进入工厂从学徒工做起，因此，他所研究的重点内容是企业内部具体工作的作业效率，即企业微观的生产组织问题。而法约尔一入企业就从事高级管理工作，所以他的视野能够覆盖整个企业，把企业作为一个整体，研究如何提高整体的工作效率问题。他的代表作是《工业管理和一般管理》，这一思想理论不仅涵盖了工商业，而且包含了军事、教会、政府、社会团体等领域，把管理理论提升到了一个全新的高度。

（2）法约尔"一般管理"的主要内容

①管理的五个基本职能

法约尔管理思想的一个重要内容，是他首次把管理活动划分为计划、组织、指挥、协调与控制五大职能，揭示了管理的本质，并对这五大管理职能进行了详细分析和讨论。这是法约尔在管理学理论上最突出的贡献，奠定了管理学的基础并建立了其主要框架，至今仍然在沿用。

他认为："计划就是探索未来和制定行动方案；组织就是建立企业的物质和社会的双重结构；指挥就是确保工作有序开展；协调就是统筹、调和所有的资源及任务；控制就是明确工作的进展与发展方向。"

法约尔还认为，管理的这五大职能并不是企业经理或领导人个人的责任，它同企业其他工作一样，是一种分配于领导人与整个组织成员之间的职能。他对管理言简意赅地概括影响了整个 20 世纪。后来许多管理学者按照法约尔的研究思路对管理理论继续进行研究，逐渐形成了管理程序学派，也有人称之为"管理的职能学派"，法约尔被视为这个学派的创始人。另外，法约尔还特别强调，不要把管理同领导混同起来。领导就是对企业发展方向与计划进行统筹与决策，从而使企业的利益最大化，保证企业有条不紊地运行。

②企业行为分类

法约尔认为：企业无论大小，简单还是复杂，其所有行为都可概括为六类：

技术性的工作——生产、制造；

商业性的工作——采购、销售和交换；

财务性的工作——资金的收入与支出；

会计性的工作——盘点、成本及统计；

安全性的工作——工作人员与产品的保护；

管理性的工作——计划、组织、指挥、协调与控制。

法约尔对这六大类工作分析之后发现，对基层工人或其他人员主要要求其具有技术能力。随着组织层次中职位的提高，人员的技术能力的相对重要性在降低，而管理能力的要求逐步提高；企业规模越大，管理就显得越重要，而技术能力的重要性相对减少。在这一点上法约尔与泰勒的认识是不一样的，泰勒极为重视作业阶层和技术能力，而法约尔更为重视一般性的管理工作和管理职能。

③十四条管理原则

法约尔通过长时间的观察研究，总结出了许多关于管理职能方面的方法，在近代管理思想史上写下了浓墨重彩的一笔，这些管理方法总结为：分工、权力与责任、纪律、命令的统一、指挥的统一、个人利益服从整体利益、人员的报酬、集权与分权、等级链、秩序、公平、保持人员的稳定、首创精神、集体精神。这些原则是任何一个管理者在管理过程中都会遇到的，既普遍又重要，直到今天仍然是管理者在实践中所遵循的，也是管理学家们极为关注和不断进行研究的问题。

（3）马克斯·韦伯管理理论

德国著名社会学家马克斯·韦伯是德国社会学家、政治学家，现代行政科学理论的创始人之一，他对很多方面的问题都有过深入的思考与研究，在众多领域都成就斐然。他提出了有名的依法管理思想，在当时引起了很大的反响。他同时是一位现代科学的集大成者，著有《经济和社会》《社会和经济组织的理论》等，在管理思想史上居重要地位。他提出理想的行政组织体系理论，是世界上第一个阐述组织理论的人，被称为"组织理论之父"。注重正式组织的强制性、权威性。

马克斯·韦伯认为理想的行政组织至少要做到以下五点。

第一，组织内成员分工明确。

第二，上下级之间有职、权、责分明的结构。

第三，组织内任何人都必须遵循共同的法规和制度。

第四，组织内成员是工作与职位关系，不受个人感情影响。

第五，组织选拔和任用员工要执行严格合理标准。

韦伯认为做到以上五条，组织体系才具有准确性、稳定性、纪律性和可靠性，才能有效地运行。他的主要观点如下：任何组织必须以权力为基础，否则都不能达到自己的目的；合理的组织包含着每个复杂组织的特点和规范，它是对人类进行必要管理的最合理方法；任何组织都有层次结构，按等级制构成指挥系统。每个职工能否胜任取决于他的业务能力；合理合法的职权，就是对组织中的每一个职位，都要明确规定它的权利和义务；组织中的人际关系以理性原则为指导。

韦伯对近代管理理论的主要贡献主要表现为对组织管理理论的贡献，他从大的方向考察了行政组织和行政管理问题，为组织理论和行政学的发展贡献了力量，被誉为"组织管理之父"。泰勒的科学管理和法约尔、韦伯的两种组织管理理论组成了古典管理学派，这是人类第一次尝试用科学的、系统的方法进行管理，强调管理的科学化、标准化，注重正式组织的作用，因此对提高管理效率和劳动生产率起到了显著的推动作用。古典管理理论为现代管理科学的产生奠定了基础。

近代管理理论思想是管理学历史上重要的组成部分，它对当时管理上存在的一系列问题都做出了有效回答，符合时代发展的需求与应用，得到了应有的认可与肯定。随着时代的发展以及科技进步，近代管理思想难免受限于时代局限，其缺陷和问题也日益显现。如他们单纯强调人的经济属性，却忽略了人的社会属性；只强调工人的工作效率，却忽略了工人的身心健康以及工作的积极性与创造性；只强调企业管理效益，而忽视了人的基本人格；等等。从资本主义管理思想出发，这些问题是很难避免的，但这也是由于当时生产、科学、社会各方面发展的状况影响的结果。

（三）现代管理学说

1. 霍桑实验与人群关系学说

现代管理思想的开始，值得提出的首先是著名的"霍桑实验"和"人群关系"学说。它的倡导者是埃尔顿·梅奥与其助手费黑茨·罗特利斯伯格。

1926 年梅奥在美国哈佛大学担任企业管理学院产业研究室主任。从 1927 年开始负责芝加哥西方电器公司霍桑工厂的调查研究工作，指导了有名的"霍桑实验"。罗特利斯伯格原是一名化学工程师，到产业研究室后成为梅奥的助手。他们的实验，从改善工人的工作条件入手，如午餐、休息、照明等，使产量逐步稳定地上升。他们积极了解工人的生产生活状况，了解工人生产积极性的每一个方面，通过长时间的观察与研究，发现了影响工人积极性的因素主要包括社会因素和心理因素两个方面。当时的情况是，工人社会地位低下，积极性不高。实验当中他们受到重视，不管环境条件如何，工作都比平日努力，大家比着干，结果产量普遍提高。他们对实验进行深刻的总结和分析，提出了一种崭新的管理思想。1935 年，梅奥发表了《工业文明中人的问题》，罗特利斯伯格与狄克森发表了《管理与工人》的著作。这种管理思想可以归纳为以下几点。

第一，实验证明，人的社会属性与他们的经济属性是同时存在的，不能忽视其社会心理因素。

第二，生产效率主要取决于职工的积极性。这种积极性则又受职工家庭和社会生活以及单位中人与人的关系的影响。

第三，实验发现，除正式团体外，职工中还有一些非正式的小团体，这种无形的组织常有自己的特殊感情和倾向，左右成员的行为。

第四，注重组织中人与人之间的和谐关系，尊重每个人的合理化的建议，增进上下级的互动沟通，使不同团体之间的需要得到平衡，从而使不同层级能够真诚合作，而提升生产效率。

2. 管理过程学说

管理过程学说是在法约尔管理思想的基础上发展起来的。该学说认为管理是一种过程（或程序）和许多相互关联着的职能。尽管众多学者对管理的职能分类不同，但都强调计划、组织、控制这三个职能，因此我们认为这三项职能是管理的基本职能。该学说认为可以将这些职能逐一地分析，归纳出若干原则作为指导，以便于更好地提高组织效率，达到组织目标。管理过程学很好地分析了管理过程中相关联的职能，为管理思想的研究提供了一个大的框架，强调管理过程与相关职能的合理化规划，其全新的管理技术和思想可以应用于计划、组织、领导、控制等职能之中。

管理过程学说也受到了一些学者的批评。有人认为该学说将管理看成是一些静态的不合人性的程序，忽略了管理中人的因素。这些过程对静态的、稳定的生产经营环境较为合适，而对动态的组织环境难以应用。还有人对管理过程的通用性提出怀疑。他们认为管理职能并不是普遍一致的，而是随着组织的性质和结构的不同、管理者职位的不同而变化的。

3. 数量学说

数量学说又称为管理科学（Management science）学说，它是泰勒的科学管理理论的继承和发展。其主要特点如下。

第一，该学说将众多方案中的各种变数或因素加以量化，强调依靠固定的决策程序和数字模型进行决策，利用数学工具建立模型，研究各因素和变量之间的关系，统筹整理，制定最优化解决方案。决策的依据就是建立在数学模型的分析结果之上的，重视数据分析，减少了决策过程中个人的主观判断。

第二，各种可行的方案均以经济效果作为评价的依据。例如销售额、投资收益率、成本利润等等。

第三，广泛使用计算机。现代企业管理中影响某一事物的因素错综复杂，建立模型后，计算任务很繁重，依靠传统的计算方法获得结果往往费时太长，有时甚至是不可能的。计算机的出现大大提高了运算的速度，使数学模型应用于企业和其他组织成为可能。

管理科学注重对管理当中操作方法与作业方面的管理问题进行科学化地分析，缺少了对企业最重要的要素——人的管理。不少人认为管理科学只是企业用来解决管理问题的一种工具，而不能称为一种学说。

4. 行为学说

行为学说是在人际关系学说的影响下诞生的。该学说认为，管理中最重要的因素是对人的管理，所以要研究人、尊重人、关心人，满足人的需要以调动人的积极性，并创造一种能使下级充分发挥作用的工作环境，在此基础上指导他们的工作。行为学说和人际关系学说的共同点都是重视组织中人的因素，但行为学说却是在人际关系学说的基础上发展和完善起来的。"行为科学"主要着眼于人本身的研究，多分析其动机和需要。而对于管理而言，其首先要关注的问题是员工的工作积极性。如何调动员工的积极性，从心理学层面来说，也就是如何激励动机。

动机往往可以支配人的行为，一个能力差的人有时工作成绩可能比能力强的人更好，就是动机的激励程度不同。动机是由什么决定的呢？美国的马斯洛认为，一般地说，动机是由人的需要引起的。但是，有两个基本前提：一是已经满足的需要不能激励人的动机，只有尚未满足的需要才能影响行为；二是人的需要是有层次、顺序的，一种需要得到满足，更高层次的需要会相继出现，又激励人们继续为实现它而努力。他认为，管理人员需要把握员工两方面的需求，即物质层面上的需求与精神层面上的需求。物质层面的需求即满足员工的合理预期薪酬；精神层面的需求即尊重员工的人格，与员工进行真诚的沟通，关心爱护员工，帮助员工，只有这样才能调动员工的工作积极性，进而提高其工作效率。试想：一个人带有很多思想抱负，那么他工作起来就一定没有问题。这就需要动机的模式，但是此学说并没有提供完整的对动机的认识，也没有提出激励的方法，在说明需要与激励间的关系时，既没有具体考虑不同人的差别，也没有同工作及工作环境联系起来。

从1957年起，赫兹伯格为了研究人的工作动机，和他的助手对匹兹堡地区的九个公司、两百多名工程师、会计师进行了深入地访问调查，提出"需要激励双因素理论"。他认为，人的工作动机存在两方面因素：一类是工作的外部因素，称作"维持因素"，没有它们职工就会不满意，难以维持正常的工作状态，如基本工资、工作安全以及周围环境等。这些外部因素只能作为维持其工作的基本条件，而不能激发其强烈的主观能动性。还有一类就是工作的内在因素了，这一类因素称为"激励因素"，包括工作本身，发现的可能性，职责、成就、重视和提升等，这些都能够激发工作者本身工作积极性。当职工满足于工作本身，并受到高度激励时，他对外部环境引起的不满意也能够产生高度的忍耐力。

研究表明：工作效率取决于工作态度，而工作态度取决于人们的需要被满足的程度；人们的需要能否得到合理的满足，与工作本身和工作环境是密切相关的。

该学说的特点如下。

第一，从单纯强调感情的因素、搞好人与人之间的关系转向探讨人类行为的规律，提倡善于用人，进行人力资源开发。

第二，强调个人目标与组织目标的一致性。这就是说要统一个人小的奋斗目标与组织发展大方向，使组织和个人能够"同心同德"，方向一致。通过提高个人对组织的忠心和满意度，从而提高其工作积极性。

第三，认为传统的组织结构和关系容易造成紧张气氛，对组织各层职工均有不利的影响。主张在企业中恢复人的尊严，实行民主参与管理，改变上下级之间的关系，由命令服从变为支持帮助，由监督变为引导，实行职工自主自治。

行为学说存在两个方面的问题：一是过于理论化，抽象化；二是学说本身存在不同的流派。两方面的缺点决定了其难以应用于具体的管理实践当中。

5. 系统学说

系统学说来源于一般系统理论的控制论。该学说侧重于用系统的观念来考察组织结构以及管理的基本职能。

传统的分析问题的方法，往往是把一个事物分解成许多独立的部分，分别进行深入研究。这样做容易把事物看成是孤立的、静止的，因而所得出的结论也只适合于一定的局部条件，如果放到更大的范围来考察，那个结论就可能是片面的，甚至可能是错误的。

系统理论强调从整体把握管理，即把管理对象也作为一个整体看待，认为管理是一个有机联系的系统。研究管理中的任何个别事物，都要从系统的整体出发，既要研究事物与系统内各组成部分之间的关系，又要研究此事物与系统外部环境的相互关系。

一个企业在研究计划、生产、质量、人事、营销、财务等各个部门的工作时，应该依据系统管理思想把内部因素和外部环境结合起来进行全面分析，研究各个部门之间的相互促进和制约关系，以求各部门的工作能保证整个企业获得最优的效果。系统理论认为，各部门的优化固然重要，但企业整体目标的优化更为重要。

企业作为一个系统，一方面是生产所需要的技术手段，另一方面是经营管理部门、服务部门、情报部门等所需采用的各种管理方法。前者可称为"硬件"，后者可称"软件"，两者结合构成了企业系统。具体说来，可以分为以下6个要素。

（1）人员

人是企业系统的第一要素。企业的主体是人，只有充分调动人的积极性，才能提高经营管理和生产的效率。

（2）物资

包括原材料、半成品、成品、能源等。

（3）设备

包括机电设备、工具、仪表仪器、运输工具等，也包括厂房、仓库等生产经营的物质技术基础。

（4）资金

在企业系统中，资金是进行生产经营的基础包括固定资金、流动资金、各项专用基金等。

（5）任务

任务包括国家和上级机关下达的建设项目、生产指标及同其他单位订立的供货合同。此外，还包括为满足市场需要由企业自定的任务。

（6）信息

包括产供销的原始数据、统计报表、情报、技术、标准、规章制度等，是制定决策的重要依据。对于信息的要求是及时、准确、全面、畅通。

企业的具体组织是各式各样的，但可按系统理论将上述 6 个要素分为许多子系统，如技术子系统、财务子系统、生产子系统，营销子系统等。系统的运行效果是通过各个子系统相互作用的效果所决定的。

6. 权变学说

权变理论是一种较新的管理思想。权变的意思，通俗地讲，就是权宜应变。该学说认为，任何企业管理中，由于企业内外部环境复杂多变，因此管理者必须根据企业环境的变化随机应变，没有什么一成不变、普遍适用的"最佳"管理理论和方法。为了使问题得到较好地解决，要进行大量调查和研究，然后把企业的情况进行分类，建立模式，据此选择适当的管理方法。建立模式时应考虑下列因素：

（1）企业规模的大小

组织中人数越多，所需要协调的工作量就越大。当一个组织的规模发展了以后，就应发展更加正规的、高级的协调技术。

（2）工艺技术的模糊性和复杂性

为了达到组织目标，就要采用一些技术，把资源投入转换成用户满意的产品或劳务这种产出。对于流水线生产，需要严密的组织。而对于咨询公司，为顾客解决的问题各不相同，所采用的技术是知识和经验，下级需要的是一种有利于发挥自己才能的环境。

（3）管理者职位的高低

管理者职位的高低直接影响到他所应该采用的管理方式。比如，所有的管理者都要制订计划，但高层和基层管理者们所制订的计划种类就不相同。

（4）管理者职权的大小

所有的管理者都需要职权，但不同的职位所需要的权力有所差别。

（5）下属个人之间的差别

由于所受教育、家庭环境、个人态度和性格等方面的不同，造成了人们之间的差别。这些差别直接关系到管理者对他们的影响。

（6）环境的不确定程度

管理者要受到组织外部因素的影响，由政治、技术、社会、经济等变化所引起的不确定性将对管理者的管理方式造成冲击，有的管理方法可能适用于具有稳定的外部环境的组织，而不适用于外部环境变化剧烈的组织。

总之，权变理论要求管理者根据组织的实际情况来选择最好的管理方式。

第二节　现代体育管理概述

一、现代体育管理的概念

（一）现代体育管理的含义

现代体育的飞速发展，客观上是社会以各种管理形式干预和利用、领导和组织体育的结果。

现代体育的发展实践表明，体育不再像以往仅是少数运动员以及运动爱好者的专利，而是一种几乎为所有社会成员所共同享有的东西，所以，现代体育在人们社会生活中已经成为一种经常的、普遍的、稳定的存在。

正如物质生产领域中的情形，生产的社会化使管理在大生产中成为现代社会强大生产力中不容忽视的生产力要素，社会对体育的管理也成为现代社会发展体育的总体能力中占据重要地位的一种能力要素。

因此，现代体育之所以在各国乃至全世界取得巨大发展，成为今天人类社会生活中规模最为巨大的一种文化现象，除了因为各国乃至世界经济、社会发展提供了可能性外，另一重要原因就是各国都对体育实施不同形式的管理，并在国际形成巩固的联系，构成了相互联系的管理体制。可见，体育与管理的结合是现代体育得以发展壮大的重要因素。任何一个概念的产生均受其所处的经济社会、历史、文化等背景的影响，由于实际情况不同，不同国家对体育管理的含义存有较大差异。

日本《体育管理学》教材（1968）认为，体育管理是为了有助于体育目标的实现而作用于体育的一种手段；苏联《体育运动管理学》教科书（1977）指出：体育管理是为完成一定任务、组织和协调它们的活动主体（管理者）对管理的客体经常有计划的作用。

美国学者德·森西等在《体育管理课程评价与需求评估：多角度的评价方法》（1990）中认为，"体育管理就是一个高度包含并代表着无数与体育相关的领域范围，包括体育设备、体育旅游、公共和私人健身俱乐部、体育商品推销商、大学生体育与职业体育等等"，体育管理就是为"体育产品和服务的组织部门进行计划、组织、引导、控制、预算、领导和评估技能的结合"。

帕克斯等所著《国际体育管理》也有类似的提法（帕克斯，臧哲，考特尔曼，1998）。有些学者对体育管理的定义侧重于产业角度。例如，认为体育管理是指从事体育产品及服务有关的组织，所开展的计划、组织、指导、控制、预算、领导和评估等活动的总和；体育管理是指在从事体育商业或产品的生产、制造、营销、运营活动中，相关人员、活动、商务和运营等活动的研究和实践[1]。

美国《体育管理学——基础与应用》（第 3 版）教材（2003）则认为："体育

---

[1] Pa M Pedern, Kimberly S Miloch Pamela C Laucella, Spory Management and Spots Communication, Human Kinetics, 2007, 09.

管理是关于所有参与制造、帮助、推销或组织任何与体育、健身及娱乐相关产品有关的人、活动、组织和经营的一种研究和实践。"不难看出，以上定义是从不同角度来界定体育管理概念的，即便同一国家的学者对体育管理的含义也存在着差异。与我国对"管理"概念的界定情况类似，近年来，我国学者对体育管理概念的含义也大致集中在两种论点的看法上，一种是"职能论"，一种是"协调论"。"职能论"的观点参照了管理的含义并从管理职能的角度定义体育管理概念。

我国体育学院通用教材《体育管理学》（1989）指出，体育管理是为了实现体育事业或体育工作的目标，不断提高体育工作的功效所进行的确立目标，组织实施、评估效果等一系列综合活动。

徐家杰、孙汉超教授主编的《体育管理学》教材（1993）指出，为了实现体育事业或体育工作的目标，不断提高体育工作的功效所进行的目标与计划，组织与协调，控制与监督等一系列综合活动。

秦椿林教授、袁旦教授主编的《体育管理学》教材（1995）指出，体育管理是指拥有一定管理权力的组织和个人对体育系统的人、财、物、信息、时间等基本要素进行计划、组织、协调、控制、监督的过程。

刘兵在《新编体育管理学教程》（2004）中也提到："所谓体育管理，就是对围绕体育的相关活动的计划、组织、指挥、协调和控制。"如本书前面内容所述，管理职能只是帮助实现管理目标的方式或手段，它们本身并不等同于管理，管理体现为对各种现实资源的有效组织及整合过程。如果仅认为体育计划、组织、控制等行为就是体育管理，显然把体育管理看得过于简单，同时也混淆了作为管理的手段与作为管理活动本身的区别。

20世纪90代末以来，我国学界对体育管理的理解进一步加深，开始出现以"协调"的观点来理解体育管理的趋势。体育院校通用教材《体育管理学》（1999）指出，体育管理是体育组织中的管理者，对体育管理客体通过实施计划、组织、协调、控制职能，协调他人的活动，发挥各种资源的作用，实现预定目标的活动过程；高等学校教材《体育管理学》（2002）指出，体育管理就是指体育管理行为的实施者，通过采取管理和体育的方法，以实现体育管理的计划、组织、协调、控制和创新等职能，创造和谐的环境，充分发挥各种体育资源的合理利用，实现既定目标的过程。

体育院校通用教材《体育管理学》（2009）对体育管理定义进行了修订，指出体育管理是体育组织中的管理者，在一定环境和条件下对管理客体实施计划、组织、协调、控制、创新等职能，共同实现预定目标的活动过程。参照本书对管理的界定，所谓体育管理是指通过一定方式整合资源，以促使体育组织目标实现的过程。体育管理者整合资源的过程表现为对资源的培育、开发、配置及利用等活动，体育管理者整合资源的方式包括管理职能以及管理方法、手段、知识、技能、工具、策略等的集合。把握这一概念需注意以下几点。

1. 体育管理的主体多元

体育管理主体是多元的，其中政府部门是一支重要力量。《中华人民共和国体育法》规定：国务院体育行政部门主管全国体育工作。国务院其他有关部门在各自的职权范围内管理体育工作。县级以上地方各级人民政府体育行政部门或者本级人民政府授权的机构主管本行政区域内的体育工作。除此外，各级各类企事业单位、民间团体，各级工会、共青团、妇联等人民团体也都肩负开展体育工作的责任。

2. 体育管理的载体是组织

管理活动总是存在于一定的组织之中。组织是完成管理活动的有力工具，是管理活动的载体。我国体育管理的组织不仅包括各种政府行政部门的专门、非专门组织，还包括各种非政府部门的体育管理组织。

3. 体育管理要通过一定方式来实现

任何社会活动目标均须通过一定方式来实现。体育管理方式是指为实现体育管理的目标而采用的方法、手段、工具、步骤及途径，以及知识、技能的统称。体育管理的基本方式包括计划、组织、控制等属于管理职能的内容，以及各种行政的、经济的、法律的、宣传的等方法手段。

4. 体育管理的对象是资源

体育发展所需要的资源包括人、财、物、时间、信息等类型。体育资源是体育管理的客体，也是管理的对象，它们是体育管理实践得以运行的基础。

5. 体育管理需要对资源进行整合

整合是对体育资源的培育、开发、配置、利用等方面进行的调节、控制、组合等活动，通过对资源的有效整合，资源的价值才能得以发挥，并最终促使体育组织目标的实现。

6.体育管理是促使体育组织目标实现的过程

任何一个组织的存在都是基于一定的目的性（存续目标），为保证组织的存在实现必须借助于管理活动（保证组织的存续还有其他途径，但管理却是唯一不可替代的）。因此，体育管理是为实现体育组织的存续目的服务的，它是体育组织存续目的得以实现的根本保证。由于体育组织的目标是由一系列子目标构成的体系，从而决定了体育管理的目标也构成了一个体系。

（二）现代体育管理的分类

从操作角度出发，我国体育被划分为群众体育、竞技体育和体育产业三部分，在体育工作（管理）领域与此相对应的是群众体育管理、竞技体育管理和体育产业管理，这部分内容被称为是体育部门的管理。

从体育业务管理的角度，体育管理还可划分为社区体育管理、职工体育管理、娱乐体育管理、体育俱乐部管理等。

孙汉超教授把社会体育管理、学校体育管理、竞技体育管理等内容作为体育事业的主要业务管理，体育人力资源、资金、物资、时间、信息等则被称为体育管理对象的要素管理。

肖林鹏教授把竞技体育管理、社会体育管理、学校体育管理、体育产业管理划归为体育业务部门管理的内容。

体育院校通用教材《体育管理学》（2009）将体育管理分为体育事业管理和体育产业管理两大部类，体育事业管理就是体育行政部门及体育事业单位为推行体育公共事务所进行的计划、组织、协调、控制、创新等，以满足社会和公众对公共体育服务要求的活动过程。社会体育管理、高水平运动训练管理、业余运动训练管理、学校体育管理均属于此类；体育产业管理，就是以满足社会不同人群的体育需求为目的，为实现经营目标所从事的各种管理工作的总称。体育市场开发与体育产业管理、体育俱乐部经营管理、体育赛事管理以及体育场馆经营管理均属于此类。

实际上，上述对体育管理内容的分类往往缺乏科学的分类标准，均不同程度地存在着一定的实用主义倾向，亦即主要根据体育管理工作的实际内容而对其进行简单归类。体育是体育管理的上位概念，明晰体育的分类是把握体育管理内容的前提。依据上述对现代体育分类的认识，我们可以按照不同的分类标准确定体育管理的内容。

例如，按体育活动目的，可将体育管理划分为体育教育管理、体育锻炼管理、体育游戏管理、体育运动训练管理和体育竞赛管理；按体育组织归属，可将体育管理分为学校体育管理、社区体育管理、俱乐部体育管理、军队体育管理等；按体育参与人群，可将体育管理分为妇女体育管理、农民体育管理、市民体育管理、残疾人体育管理、老年人体育管理、青少年体育管理等。我们还可以按照参与者年龄的不同将体育管理分为婴幼儿体育、青少年体育、中老年体育管理；按照体育发展年代的不同将体育管理分为古代体育、近代体育、现代体育、当代体育、未来体育管理；按照体育属性的不同将体育管理分为健身体育、竞技体育、休闲体育管理。我们还可以根据体育组织的性质，将体育管理划分为体育行政管理、体育事业管理、体育企业管理和体育社团管理等。

随着体育管理实践的日益丰富，体育管理的外延会进一步扩大。

从学科角度来划分，体育管理学大量分支学科将会大量涌现，体育管理学二级学科，诸如体育项目管理、体育组织管理、体育资源管理、体育管理原理、体育物业管理、体育信息管理等将会逐渐成熟。体育管理学的某些二级学科也会产生三级学科。例如，体育产业管理之下可以产生体育休闲产业管理、体育旅游产业管理、体育广告业管理、体育无形资产管理等；社会体育管理之下可以产生城市社区体育管理、乡镇体育管理、民族传统体育管理、伤残人体育管理、大众健身俱乐部管理等；竞技体育管理之下可以产生运动训练管理、体育赛事管理、职业体育俱乐部管理等；体育人力资源管理之下可以产生高水平运动员管理、教练员管理、裁判员管理、体育科技人员管理、体育教师管理、社会体育指导员管理、体育志愿者管理、体育经纪人管理等。

二、现代体育管理的资源

（一）体育资源的概念

所谓资源（Resource）是对能够满足人类社会发展所需的各种要素或条件的总称。资源是自然界和人类社会中可以用以创造财富的客观存在。一切有利用价值能够为人类所用的自然、经济、社会要素或条件都属于资源的范畴。体育资源是对能够满足体育发展所需的要素或条件的总称。由于体育发展中需要投入的要素或条件具有能够满足人们体育需求的现实或潜在能力，人们在满足体育需求的过程中必然要渗透进人类的劳动与创造，这也是将要素或条件称为体育资源的依据所在。

体育资源涉及社会、政治、经济、文化以及体育系统内部等多重层面，它们构成了庞大复杂的体育资源系统。我们可以把体育资源系统分为体育自然资源系统和体育人文社会资源系统两大部分。根据不同的需要，按不同的分类形式及标准，可把我国体育资源进行如下分类。

按体育系统构成要素来划分，体育资源可分为体育人才资源、体育场馆资源、体育资金资源、体育信息资源、体育科技资源、体育产业资源、体育体制资源等。

按活动人群来划分，体育资源可分为社会体育资源、竞技体育资源、学校体育资源。

按具体运动项目来划分，体育资源可分为篮球、足球、排球、田径、乒乓球、羽毛球体育资源。

按国家部门来划分，体育资源可分为体育行政系统体育资源、体育企业体育资源、体育事业体育资源、社会团体体育资源。

按所属单位来划分，体育资源可分为学校、社区、厂矿、部队、企事业单位体育资源等。

按资源性质来划分，体育资源可分为国有体育资源、社会（集体）体育资源、个人体育资源。

按地域及经济发展水平来划分，体育资源可分为东部经济发达地区体育资源、中西部欠发达地区体育资源。

按体育资源的表现形态来划分，体育资源可分为有形体育资源、无形体育资源。

按体育资源发挥作用的时间来划分，体育资源可分为潜性体育资源和显性体育资源。

按体育资源所属国别来划分，体育资源可分为国外体育资源、国内体育资源。

按是否能够再生来划分，可以将体育资源分为可再生体育资源与非再生体育资源两类。

按照是否流动的物理性质来划分，可将体育资源划分为流动性体育资源与非流动性体育资源。

（二）体育资源的整合

体育资源最佳绩效的发挥离不开对资源的整合。对体育资源的培育、开放、配置与利用进行整合是实现体育管理目标的必要途径。

体育资源培育（Sport Resource Cultivation）是指在一定条件下，通过一定方式促进体育资源生成的过程。体育资源培育的实质是运用科学技术措施去改变环境条件或体育资源内部的功能结构，以达到不断改善和提高体育资源生产能力。体育资源生成的结果是资源存量增加，其根本目的是为体育发展提供必要的资源基础，以促进体育事业的发展壮大。就整个体育资源体系而言，体育资源的培育是进行与体育资源有关的一切活动的基础和条件，它是体育资源开发、配置与利用的前提，没有培育也就没有开发，从而也就没有体育资源的利用与配置，这一过程体现了客观事物从无到有的发展过程，符合客观事物发生发展的规律。体育资源开发（Sport Resource Exploitation）是对尚不能完全利用的潜在体育资源及已经能够利用的体育资源的未知功能做进一步深度挖掘，从而提高体育资源可利用程度的过程。体育资源开发是在体育资源培育基础上的活动行为，它是开展体育资源高效利用的必要前提，因而体育资源开发在体育资源管理体系中处于"承上启下"的重要环节。体育资源开发的内容，涵盖了现实存在经培育而成的所有类型体育资源。我们可以根据现实需要及体育资源的具体条件，有选择地进行开发与规划。

体育资源配置（Sport Resource Allocation）是指通过对体育资源在量、质等方面进行不同配比，使之在运行过程中保持相应比例，从而实现体育资源开发利用效益最大化的过程。任何现实的、可提供的体育资源数量，相对于体育发展的需要而言，都呈现着不足。无论是包含在自然资源还是社会资源中的体育资源，它们在特定的时间、空间条件下，具有一定的质量、数量和分布状况，都是有限的。由于体育资源是稀缺的，而且每一项体育资源又有多种用途。这样，为满足各种体育需求，对如何配置体育资源，就有一个选择问题。也就是在体育资源的配置过程中，要解决生产什么样的体育产品和生产多少体育产品的问题。体育资源的稀缺性，又决定了人们必须节约地使用各种物质体育资源，使有限的体育资源得到合理地使用，取得最大的效益。这就是要解决体育资源配置过程中关于如何生产体育产品的问题。

体育资源利用（Sport Resource Utilization）是指将体育资源投入到体育发展过程中，以发挥其功能，创造经济社会效益的过程。体育资源综合利用是有效发挥资源多重作用的基本途径。无论是对单项体育资源还是各种不同体育资源，都具有各种不同的功用。对其综合利用则能使这些功用有效发挥。体育资源的利用可分为三种类型：对单一体育资源的利用；对各种不同体育资源的综合利用；对本区域体育资源与本区域外体育资源的利用。在体育资源利用的运过程中，往往是同时存在着上述三种类型的资源利用过程，这就构成了对体育资源综合利用的过程。

三、现代体育管理的系统

现代体育实践日益复杂，管理者所面临的各种变量不断增加。为了在变动的情景下保持和提高体育管理水平及绩效，管理者不仅需要掌握有关体育管理的科学理论及方法，还需要形成对体育管理工作的正确认知。系统原理是体育管理中的根本性、总的指导性原理（孙汉超，秦椿林，1999）。为此，我们需要掌握体育管理系统的结构及要素，并能应用系统的科学思维进行管理活动。

现代体育管理系统（Sport Management System）是由体育管理主体、体育管理客体、体育管理中介、体育管理目标和体育管理环境五大要素构成。管理主体与管理客体之间的相互联系和相互作用（实质为内信息）构成了组织系统及其运动，这种联系和作用是通过组织而发生的。管理主体相当于组织的施控系统，管理客体相当于组织的受控系统。组织是管理主体与管理客体依据一定规律相互结合，具有特定功能和统一目标的有序系统。在管理的过程中，管理主体领导管理客体，管理客体实现组织的目的，而管理客体对管理主体又有反作用，管理主体根据管理客体对组织目的的完成情况调整自身的行为。它们通过这样的相互作用，形成了耦合系统，从而更好地实现组织的目的。在体育管理主、客体的辩证运动中，不断达成体育管理的目标（图1-1）。

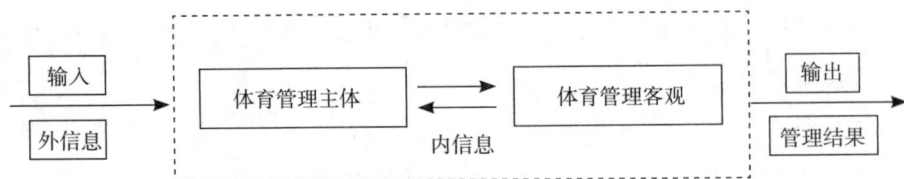

图1-1　现代体育管理的系统结构

（一）体育管理主体

体育管理主体是指具有一定管理能力，拥有相应的权威和责任，从事体育管理为的人，也就是通常所说的体育管理者。体育管理者的外延较广，包括负责某一里系统的领导者和从事具体管理事务的中层和基层管理者。他们在管理活动中处主导和支配地位，其素质的优劣和管理水平的高低是影响管理功效的关键。各级各类体育管理组织机构是体育管理者实施管理活动的载体，是现代体育管理活动中行使管理职能、实现管理目标的组织保证。

（二）体育管理客体

体育管理客体是体育管理主体所能预测、协调、控制和支配的对象。体育管理客体也是体育管理的对象，主要指体育资源。按不同的分类标准，可把体育资源划分为不同的类型。体育管理中最直接的体育资源主要包括人、财、物、时间、信息等。

（三）体育管理中介

体育管理中介是指为实现体育管理目标而采用的手段、方法、途径、步骤等的总称（这些内容也可认为是体育管理方式）。有效的体育管理中介是保证管理活动顺利进行、实现管理系统目标的重要因素。计划、组织、控制是体育管理中最基本的管理中介方式（也称为体育管理的职能）。体育管理中介还包括各种体育管理的手段和方法。体育管理手段包括管理法规、管理信息和管理工具等。其中，管理信息既是管理的对象，也是管理的手段和工具。管理工具包括信息网络、计算机等。体育管理方法是用以达到体育管理目的，实现体育管理任务的手段和途径。不同层次的体育管理方法构成体育管理的方法体系。离开了管理方法，一切管理任务就无法完成。

（四）体育管理目标

体育组织的管理目标就是要实现组织既定的目标（组织存续目的）。依据不同的分类标准，体育管理目标可分为不同类型，如按目标性质可划分为战略目标和战术目标；按时间可划分为长期目标、中期目标、短期目标；按层次可划分为的高层次目标、低层次的目标等。

（五）体育管理环境

体育管理的环境既包括体育管理主体、管理中介和管理客体所组成的组织内部环境，又包括政治、经济、文化、法律、自然等组织外部环境。体育管理的外部环境决定着管理主体、管理客体以及管理目标的性质，也决定着体育管理方式的具体采用。

第三节　体育管理学概述

一、体育管理学的产生与演变过程

（一）体育管理学的产生

体育管理学的产生，一是由于体育事业的迅速发展，要求以科学的管理取代过去传统的、经验的管理。二是由于现代科学技术的进步为体育的科学管理提供了可能；三是，受企业管理理论的影响。由于企业管理的理论与方法有了突飞猛进的发展，并且在企业管理实践中取得了巨大成效，为体育理论工作者和管理人员提供了很多借鉴，于是把科学管理的理论引入到体育管理实践中来，从而促进了体育管理学的产生和发展。

体育管理学最早产生于美国。由于美国企业管理和体育管理实践的飞速发展，为体育管理学的产生创造了可能。美国在 20 世纪 30 年代，就有人开始对这一学科进行研究，到 50 年代把它正式列为大学课程。苏联在 20 世纪 40 年代着手研究这一学科，50 年代末列为体育院校的课程。20 世纪 40 年代"体育行政"从美国引进我国，并在部分体育院校开课，直到新中国成立初期。新中国成立后从苏联引进"体育组织学"和"体育教育理论与方法",并在我国体育院系开课。体育管理学在我国正式建立则是在 20 世纪 80 年代初。

（二）体育管理学的演变过程

体育管理学的演变过程可以分为四个时期。

1. 萌芽时期（20 世纪 30 年代至 50 年代初期）

体育管理学最早产生于美国,20 世纪 30 年代就有人开始将企业管理的原理和方法引入到体育领域之中,这是人们对体育管理进行专门研究的开始,苏联也从 20 世纪 40 年代开始对体育管理学进行研究。这一时期的特点是研究人员各自为政,研究处于自发阶段,研究成果也十分零散,没有形成统一体系。

2. 创立时期（20 世纪 50 年代中期至 60 年代中期）

随着人们对体育管理研究的逐渐深入,体育管理理论体系逐渐建立起来。20 世纪 50 年代,体育管理学在美国被正式列为大学课程,开始系统地培养体育管理的专门人才。60 年代初,苏联和东欧社会主义国家也相继在体育大学、院系中推出各自的体育管理学,并有大批体育管理学教程和专著问世,标志着体育管理开始由经验上升到科学层次。

3. 发展时期（20 世纪 60 年代至 70 年代后期）

在此时期,体育管理学的理论体系逐渐完善。美国大学课程教材有《体育与竞技运动计划的行政管理》《现代体育运动管理与实践》等。苏联 1961 年正式出版第一本教材《苏联体育组织学》,1974 年更名为《体育运动管理学》,1973 年日本有《新体育管理学》,人们在从经济管理领域不断移植管理方法到体育领域的同时,也开始了对体育管理自身规律的探讨,希望能够在体育与管理相互融合的基础上,建立起体育管理科学的理论体系。20 世纪 60 年代至 70 年代后期这一时期内,体育管理的理论研究逐渐深入。

4. 成熟时期（20 世纪 80 年代至今）

这一时期的特点是由注重学校体育行政管理、校际体育运动管理的研究发展到职业体育管理、竞技体育经营管理、健身俱乐部经营管理研究,研究范围不断拓展。在北美,1995 年成立的北美体育管理学会（NASSM）和全美体育运动协会（NASPE）体育管理专业特别工作组,负责指导体育管理学专业的发展。NASSM还资助出版了《体育管理杂志》。近几年来在北美广为推崇的教材是 1991 年出版的由帕克豪斯主编的《体育管理的基础和应用》。美国出版的体育管理的教科书和专著大多偏重于学校体育的行政管理，后来逐渐涉及职业体育、运动俱乐部组织与管理、健身中心管理等。北美体育管理学者认为，未来的研究主要有两个领域：第一，侧重点扩展到更多领域，其中包括非正式教育环境，如业余体育、体育与健康中心、体育零售商店、体育咨询、职业体育；第二，从理论上来讲，体育管理学的研究必须具有更坚实的力量基础，进一步深入研究体育运动过程中的管理理论与技能仍然是未来体育管理研究中不可忽视的重要内容。

随着体育事业的发展，学者们在探索体育管理的一般规律时，不仅把视野扩展到研究整个体育运动管理规律，同时还把注意力聚集在研究体育运动的某个领域管理及某个单项体育组织的管理上。显然，这些研究的目的是为了解决体育运动领域及其具体管理操作过程中的理论与实践结合的问题。人们对体育和体育管理的认识在逐渐深入，体育管理学的研究方向与体育事业发展方向相一致的这一特点，标志着体育管理学的逐渐成熟。

与国外的体育管理相比，我国的体育管理发展更显滞后性。

1935 年金兆钧编写了《体育行政》一书，这是我国最早的一本体育管理专著之一。

新中国成立前，在我国部分体育系科中也开设过《体育行政》这门课程。

20 世纪 40 年代，美国的《体育行政》引入我国，并在体育院系中开课，直至新中国成立。

20 世纪 50 年代中期，引进了苏联的《体育组织学》和《体育理论与方法》等课程，《体育行政》课程便从教学计划中取消了。

在我国，对体育管理理论的研究在很长一个时期处于空白状态，新中国成立以后，特别是党的十一届三中全会以来，我国体育事业取得了巨大成绩，竞技体育已进入世界先进行列，在体育管理上也积累了丰富的实践经验，但几十年来一直缺乏理论概括和总结。直到 20 世纪 80 年代初，我国体育管理学的研究才起步，一些学者对体育管理理论开始展开研究，有关体育管理的文章、论文陆续见诸报刊。同一时期中国部分体育学院建立体育管理专业，系统引进现代管理科学的理论、方法与技术，揭开了中国体育管理科学化的历史。

1984 年，在国家体委科教司的支持下，由武汉体育学院同有关体育学院共同编写了我国第一本《体育管理学》教材。

1985年，北京体育学院编写了《体育运动管理学》试用教材，武汉体育学院和北京体育学院相继建立了体育管理系。

1989年出版了体育学院通用教材《体育管理学》，同期又出版了徐家杰等为全国市、县体委主任培训班编写的《体育管理学》教材；同年，武汉体育学院和北京体育大学首先开设体育管理本科专业，以后又有天津体育学院、曲阜师范大学开设体育管理专业。

1989年，武汉体育学院开始招收体育管理专业硕士研究生。

1993年由徐家杰、孙汉超主编出版了体育管理专业教科书《体育管理学》，曲阜师范大学体育系也设置了体育管理专业。

1994年北京体育大学与曲阜师范大学也相继取得体育管理学专业硕士学位授予权。

体育管理学在我国获得广泛发展，各体育学院和某些普通高校体育系也都陆续开设了体育管理学课程。在今后的日子里，我们坚信我国体育管理理论研究工作和体育管理专门人才的培养工作，将不断向前发展。

二、体育管理学的研究对象、领域及内容

（一）体育管理学的研究对象

1. 体育管理学是研究体育管理规律的科学

作为一门独立的学科，体育管理学，必然有它自己的研究对象。

毛泽东同志在《矛盾论》一书中指出："每一种社会形式和思想形式，都有它的特殊的矛盾和特殊的本质"，"科学研究的区分，就是根据科学对象所具有的特殊的矛盾性。因此，对于某一现象的领域所特有的某一种矛盾的研究，就构成某一门科学的对象"。体育管理学的研究对象就是研究体育管理活动的基本规律和一般方法的科学。体育管理规律是构成体育管理学内容体系的依据和基础。体育管理学的内容，一般应阐明学科的基本概念和学科的发展，剖析体育管理系统的构成要素及其相互关系，揭示体育管理系统运行中必须遵循的基本原理、原则、方法，体育管理的基本职能，管理客体正常运行的要求与程序，主要体育业务工

作的计划、组织和控制过程等。

2. 体育管理思想及其规律

本教材的体育管理思想及其规律有：系统分析，突出整体效应思想，即系统原理；以人为中心的管理思想，即人本原理；从实际出发，进行动态的、弹性的管理思想，即动态原理；围绕体育管理目的，突出管理效益的管理思想，即效益原理，以及体育管理的基本职能、基本方法与其他有关思想。

（二）体育管理科学的研究领域

体育管理科学的研究领域主要有以下几个：体育管理基础理论和方法，体育组织（包括营利性企业法人、事业单位以及社会团体）管理，以及体育宏观管理与政策研究；体育管理基础理论主要包括体育管理哲学、决策理论、组织理论等；体育管理方法则包括观测、评价、优化等基本技术，也包括体育企业重建、战略制定、成本控制等基本方法，还包括体育管理信息系统，决策支持系统等基本手段。

体育营利性组织管理主要指体育企业，即各职业俱乐部和商业性俱乐部，以及体育用品企业、体育娱乐企业等管理。体育事业单位主要指体育科技、体育教学、体育文化传媒等事业单位，随着"小政府、大社会"的来临，事业单位将会得到大的发展。除上述之外，还包括体育社会团体，如体育协会、社团等群众性组织。体育宏观管理主要是指政府机构对国家及地方事务的管理，比如中国体育总局对全国体育事业的管理，或各省、自治区体育局对本行政区体育事业的管理。另外也包括各单项体育协会对本项目的训练、比赛和培养后备人才的管理等，体育政策研究即对应以上的宏观政策研究。

（三）体育管理学的研究内容

1. 研究我国体育管理的历史

只有了解过去，才能理解现在。不研究历史，就难以抓住体育管理的实质，不抓住实质，就无法掌握体育管理的规律，只有了解过去和现在，才能正确地指导现实和预见未来。因此必须加强体育管理历史的研究，总结经验和教训，探索历史上体育管理发展的规律，以便正确地指导现实的体育管理实践。

2. 研究体育管理的基本原理

原理是对现代管理活动的实质及其基本运动规律的概括（本书主要介绍：系统原理、人本原理、动态原理、效益原理）。在体育实践活动中遵循这些规律，对于提高管理效益，实现管理目标，具有十分重要的意义。

3. 研究体育管理的职能

职能主要包括决定目标、组织实施和评估效果等。为使管理的原理、原则在管理的各个环节中更好地发挥作用，必须对管理的职能作具体地分析、深入地理解和认真地研究。

4. 研究管理的方法和手段

任何管理任务的完成和目标的实现，都必须通过有效的管理方法和手段来实现。离开了管理的方法手段，任何管理工作都将成为一句空话。

5. 研究管理的要素

即研究怎样开发和利用人力、财力、物力、时间、信息等要素的问题。将这些要素科学地、有机地组合为最佳运动状态，是实现管理目标的关键。

6. 研究体育部门的业务管理

体育部门的业务管理主要指群众性体育活动、运动训练和竞赛、学校体育等工作。体育事业的发展程度取决于这三方面工作的发展水平，因此，必须加强这几个方面管理的研究工作。

三、体育管理学的学科性质

（一）体育管理学是一门独立学科

体育管理学具有特定的研究对象和研究范围，它具有一系列涵义和清楚明确的概念，具有经过实践检验证明其正确的原理和原则。它能够形成一个完整的、比较严密的理论体系，而最根本也是最重要的是它能反过来指导人们的体育实践，并使人们顺利地达到预期目的。体育管理学尽管在内容体系上与其他许多学科有交叉，比如体育经济学、体育社会学等，但这并不妨碍体育管理学作为一门独立的管理学二级学科的地位与特殊性。

（二）体育管理学是一门交叉学科

体育管理学是用管理学的理论方法来研究解决体育领域的管理问题，这就表现为管理学与体育学的交叉性。丰富多彩的体育管理实践是体育管理学赖以产生和发展的基础和源泉。一方面，现代管理科学的理论、方法和技术构成了体育管理学的方法学基础；另一方面，体育学的理论、知识构成了体育管理学的认识论基础。因此，体育管理学具有双重属性，它既属于现代管理学，是其中的一门部门管理学；又属于现代体育学，是其中一门重要的、应用性强的体育人文社会科学。

（三）体育管理学是一门综合学科

现代体育已成为当今人类社会不可或缺的重要实践活动，其牵扯面之广、影响范围之宽、发展规模之大，使之足以成为世界性的通用"符号"。体育管理实践涉及自然、社会、思维和心理等众多复杂的领域，而作为揭示如此复杂的体育管理实践规律和方法的体育管理学，其内容也必然广泛涉及自然科学、社会科学以及思维和心理科学等众多学科领域。

（四）体育管理学是一门软科学

在社会系统中存在着"硬件系统"和"软件系统"，前者主要是指人力、物力、财力等可视因素，后者则主要是指权力、信息以及权力、信息的运行所构成的管理活动。因之，软科学是相对于硬科学而言的。从这种意义上说，体育管理学研究的是如何协调人们在共同体育管理实践中的关系，以达成组织目的的实现。这正如物质生产领域中管理学不研究社会生产过程中的直接物质生产活动（硬）的规律，而专门研究如何协调人们行为（软）的规律，从而获得整体的高效率一样。

四、体育管理学的学科体系

体育管理学学科植根于哲学、自然科学和社会科学的宏大体系之中。由于体育管理学受体育学和管理学一般原理的指导，因而是它们的下位学科。又由于体育管理学是一门边缘性交叉学科，因而它必然与诸多相关学科具有不同程度的联系（图1-2）。

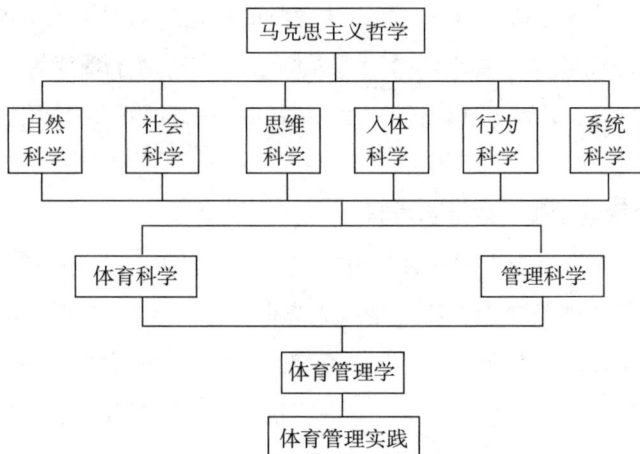

图1-2 现代体育管理学学科体系框架

体育管理学是处于整个科学理论体系中的一个子系统，它与若干门学科有着千丝万缕的联系。因此，研究现代体育管理，绝不能仅限于它自身的范畴，也不能仅限于体育或管理的范畴，而要在更广泛的范围内从不同的角度研究体育管理现象，才能做出科学、合理的解释，才能为建立现代体育管理学学科体系打下坚实的基础。从现代体育管理学的内容上看，现代体育管理学正在或已经衍生出了许多二级学科：如体育行政管理、体育组织管理、体育资源管理、竞技体育管理、学校体育管理、体育产业管理、体育项目管理等。随着现代体育活动内容的日益丰富与发展，今后还会不断衍生出适应体育管理实践需要的各种子学科。

第二章　现代体育管理的主体

第一节　现代体育管理的人性假设

一、体育管理主体的人性假设

古典管理学家对管理主体曾提出过"理性的经济人"假设，认为作为"理性的经济人"的管理主体要考虑特定情况下的每一个选择机会，筛选出其中能够产生最优结果（即效益最好的结果）的行动方针来。在当代，以管理科学理论为代表的管理科学学派更是抱守"理性的经济人"信条，坚持用"理性的经济人"假设解释人类行为。

在管理科学看来，决策者也罢、执行者也罢，经营也罢、生产也罢，组织也好、个人也好，利己主义也好、利他主义也好，组织管理主体的各种活动的目的只有一个，那就是追求效用最大，而不管这些人的职业或这些人的活动是否具有商业性质。换句话说，人类的一切活动都蕴含着效用最大化动机，都可以用这种分析范式加以研究和说明。

著名管理学家、诺贝尔经济学奖得主西蒙 (Herbert A·Simon) 教授反对这种理论，针锋相对地提出了"有限理性的管理人" (Manager of bounded rationality) 的假设。西蒙教授认为，"理性只是指一种行为方式。在西蒙看来，理性的"经济人"中所包含的"完全理性"是不现实的，相反，"有限理性"比"完全理性"更接近于现实，追求令人满意的利润比追求最大利润更接近于现实，由此他提出了"有限理性的经济人"的假设。在他看来，管理主体面临的决策形势非常复杂，人类的理智难以预料到特定条件下各种选择的可能结果。因此，管理者应该转而实现满意化，即事先确定一套可供选择的决策标准，指定各项标准可以接受的限度，并筛选出其中最能满足大多数标准的选择。

二、体育管理客体的人性假设

（一）经济人

"经济人"（Economic man）假设，也称"理性人"假设或"最大化原则"，这是西方经济学家分析经济的最基本的前提假设，这一假设是18世纪的英国古典经济学者亚当·斯密（Adam Smith）提出的，它给此后200多年人类现代工业文明社会的管理活动带来了广泛而深刻的影响。在亚当·斯密看来，"经济人"是对经济生活中一般人性的抽象，人的本性是追求私利的，是以利己为原则的。自利的动机是人类与生俱来的本性，怀着这种自利的动机从事经济活动的人就成为斯密所谓的"经济人"。科学管理理论创始人泰勒（Frederick Winslow Taylor）认为，企业家的目的是获取最大限度的利润，而工人的目的是获取最大的工资收入。假如在能够判定工人工作效率比往常提高多少的前提下，给予工人一定量的工资激励，会引导工人努力工作、服从指挥、接受管理。结果是工人得到实惠即工资增加，而企业主们则增加了收入，也方便了管理。美国的麦格雷戈（Douglas McGregor）1960年在他的《企业中的人性方面》一书中，也对"经济人"的假设作了理论上的总结。麦格雷戈提出了两种对立的管理理论，即著名的X理论和Y理论。

在"经济人"的假设下，企业管理的重要工作是制定各项工作标准，选拔符合要求的工人并适当加以培训，使之有可能达到工作标准，然后采取一套奖励措施，即经济手段来调动工人们的工作积极性，使其服从指挥，从而提高生产效率。事实上，在劳动仍被作为谋生的手段时，在收入水平不高且对丰富的物质产品世界充满欲望时，人的行为背后确有经济动机在作怪。因此，"经济人"假设利用人的这一经济动机来引导和管理人们的行为应该是一大创新，它开创了对人的管理从其内在动机出发而不是一味采取外部压迫、规制的方式。然而，对工人采用经济的激励手段，给予提高工资的刺激，并非企业家的良心发现，而是在完成科学制定出来的工作标准之后的事。20世纪初的美国是个人主义价值观占统治地位的时代，作为这种思潮的反映，科学管理的实质是从企业家和工人双方都有的个人主义利益出发，来寻求他们双方为提高效率和改善管理而进行努力的方法。

（二）社会人

"社会人"（Social mall）假设起源于20世纪30年代的"霍桑实验"，这一假设认为，人在工作中得到的物质利益，对于调动其生产积极性只有次要意义，人们最重视的是在工作中与周围的人友好相处，良好的人际关系才是调动人的生产积极性的决定性因素。由于人是社会人，有社会需求，因此，如果组织能够满足员工的这种需求，使他们获得组织工作方面的最大满足感，那么他们的情绪就会高涨，情绪越高积极性也越高，生产效率也就越高。根据这一思路，"社会人"假设提出了新的针对人管理的方案，其要点为管理人员要有人际关系处理技能、让职工参与决策、上下沟通、提案制度、面谈制度等。

从"经济人"的假设到"社会人"的假设，从以工作任务为中心的管理到以人为中心的参与管理，这在管理思想和管理方法的发展上前进了一大步。这种管理上人性观的改变，根本原因在于社会生产力的迅速发展以及企业之间竞争的加剧和劳资关系的紧张，使得管理者不得不重新开始认识管理中的"人性"问题。"社会人"的假设试图通过改善组织内部的人际关系，满足工人的各种需求来促使生产效率的提高。应该看到，"社会人"的假设理论还存在着一些缺陷，如这种方案的功利性目标依然很强，方案的出发点依然是管理主体的企业家或管理者。换句话说，方案本身只是为管理者设计的，被管理者的角色依然是既定的。另外，它对人的积极主动性及其动机研究还缺乏深度，并且它过于偏重非正式组织的作用，对正式组织的作用缺乏深入的探讨，等等。

（三）管理人

"管理人"（Managerial man）假设认为人是遵循令人满意准则进行经济活动的主体。人的理性是有限的，不可能做出最优的决策，而只在可能的范围内做出相对令人满意的决策。即使是企业中的一个操作工，他在管理过程中也有双重身份：一方面，他接受来自其他各方的指令、监督与控制，保持其行为与其他方面的一致性，因而是一个被管理者；另一方面，他在面对自己的工作领域，在操作机器和工具进行生产或服务时是一个主动的实施者，是面临各种突发问题的果断处理者，从这个意义上看，他也是一个狭义的管理者。因而，可以把所有员工都看作"管理人"。对此，著名管理学家、诺贝尔经济学奖得主西蒙（Herbert A.Simon）教授认为，任何作业在开始之前都要先进行决策。决策合理与否在很大程度上决定作业的成果，决策绝不是企业高层管理人员的专利。事实上，不仅最高管理阶层要进行决策，企业中所有阶层包括作业人员都要进行决策，决策贯穿在整个组织中。企业人员的阶段不同，实质上只是各自决策的领域不同而已。因此，西蒙认为管理就是决策，管理的一切活动都可归结为决策活动。因此，既然所有员工都在做决策，则他们都应当是管理的出发者，是"管理人"。

"管理人"假设为管理思路、理论和方法打开了新思路。"管理人"的假设建立在每个人都有的成就感上。当每个人都能够在自己行事的范围内自主工作，创造成就时，这本身就是一种巨大的激励，使其获得一种自己创造力得以发挥的满足。为此，传统的集权于上级领导，下级人员没有自主权，只得服从指挥的管理方式，已经束缚了下级人员在工作中创造性的发挥，而人真正的价值恰恰在于他的创造力。基于"管理人"假设的管理思路和管理方式则要求恰当地分权，让每个人在他所接受的授权范围内独立自主和创造性地工作、决策，发挥每个人的最大潜能，并从中塑造人本身。此外，为了保证组织目标的实现，要依靠严密计划下的决策一致性，以及相应设计的新型组织体系。

（四）自我实现的人

"自我实现人"（Self-actualizing man）的假设是对人的价值的一种最新看法。这一假设很大程度上依赖于心理学家马斯洛（Abraham H. Maslow）的"需要层次论"，这一理论认为，人的行为动机首先来自基本的需要，如果基本需要得到满足，又会激发更高一层即第二层次的需要。因此，"自我实现的人"是其他所有需要都基本得到满足而只追求自我实现需要的人。总的看来，"自我实现人"的假设是社会生产力高度发展的产物，它是在社会生产发展到高度机械化的条件下提出的。随着社会生产的发展，各种工作日益专业化，特别是传送带工艺的普遍运用，把工人束缚在狭窄的工作范围内，工人只是重复简单而单调的动作，看不到自己工作与整个组织任务的联系，工人的"士气"很低，影响着产量和质量的提高。正是在这种情况下，才提出了"自我实现人"的假设。应该看到，在当代经济社会条件下，在人们生活质量普遍提高的情况下，的确有一大批人开始追求自我价值的实现。既然现代企业中的员工可以被假定为是追求自我实现需求的人，那么现代企业在对员工的管理方面就必须设计全新的组织体系，创设全新的机制，给予良好的环境，允许这些员工在企业工作中获得成就，发挥自己的潜力，实现自己的价值。对"自我实现人"的管理如果依然采取严格的命令约束，不给他任何自由驰骋的空间，那么这种人就会不满，情绪就会低落，就会"跳槽"到他认为可以发挥其才能的地方去。因此在这方面，现代管理者往往会采取目标管理的方式，对被管理者进行合适的授权，同时又明确其应负的责任。

（五）复杂人

"复杂人"（Complex man）的假设是 20 世纪 60 年代末至 70 年代初由美国的行为科学家埃德加·沙因（Edga r H·schein）提出的。在长期的管理实践和研究中，人们开始注意到，无论是"经济人"的假设、"社会人"的假设，还是"自我实现的人"假设，虽然各有其合理性的一面，但是并不适应于一切人。因为，人是非常复杂的，不仅人与人之间是不同的，而且每个人本身在不同的年龄、不同的时间和不同的地点也会有不同的表现；人的需要、潜力等，也是随着年龄的增长、知识的增加、地位的改变，以及人与人关系的变化而各不相同的。由此提出了"复杂人"的假设。"复杂人"不拘泥于某一人性假设，引申出了形形色色的管理流派，使得管理理论进入"管理丛林"阶段。根据"复杂人"的假设，人们提出了一种新的管理理论，即权变管理理论。所谓"权变"，是指管理者应根据具体情况，相应地采取适当的管理措施。由于权变管理理论既不同于 X 理论，也不同于 Y 理论，人们通常把它称为超 Y 理论。

在管理实践中，从"复杂人"假设出发提出的权变理论，并不是要求管理人员采取完全不同于"经济人""社会人""管理人""自我实现人"这几种假设的新措施，而是要求根据具体人的不同情况，灵活地采取不同的管理措施。这也就是说，管理要因人而异、因事而异，不能千篇一律。但是，"复杂人"的假设及其理论也有着十分明显的局限性。例如，"复杂人"的假设及其理论过分强调个别差异，在某种程度上忽视了共性，其结果往往过于强调管理措施的应变性、灵活性，而不利于管理组织和制度的相对稳定。

综上所述，以上这些人性假设虽然都有各自的适用范围，有各自的局限性，它们的产生和演化过程，都是适应社会生产力发展的需求并伴随着历史的发展而先后出现的，它们各自都在劳动组织的生产和管理发展中起过积极的作用。当然，也应该看到，由于社会和人类本身的复杂性，历史上的任何关于管理和人性的理论都只能具有相对的合理性，因此，以上这些假设和理论的产生和存在，只是反映了一定历史条件下社会生产发展的客观要求。

第二节　体育管理者

一、体育管理者的角色

（一）体育管理者角色的类型

管理者角色是管理者在组织体系内从事各种活动时的立场、行为表现等的特性。著名管理学家亨利·明茨伯格（Henry Mintzberg）在20世纪60年代末曾经进行了一项关于管理工作的本质的研究。经过研究，明茨伯格开发出一个管理者角色的分类框架，管理者在组织中所扮演的角色归纳为3大类：人际关系角色（Interpersonal role）、信息传递角色（Informational role）和决策制定角色（Decisional role）（表2-1）。

表2-1　管理者角色分类

角色分类	细分角色	角色描述
人际关系角色	挂名首脑	这是管理者担任的最基本和最简单的角色。管理者作为组织的权威和免征，必须履行一些看起来简单但对组织顺利运转非常重要的职责，如主持某些仪式，接待重要的访客、签署法律文件等等
	领导者	管理者作为组织正式领袖，需要对其下属履行聘用、培训、考核、报酬、提升、表扬、批评、解雇等职责，这就是领导者的角色。管理者需要以某种方式使员工的个体需求与组织目标达到和谐
	联络者	管理者必须通过正式或者非正式渠道来建立和维系本组织与外界各方的关系和联系，尽可能获得更多的信息并为组织谋取利益

信息传递角色	监听者	作为信息接收者，管理者必须努力获得组织外部和组织内部的各种信息
	传播者	管理者必须将外部信息传播给自己的组织，将内部信息从一位下属传播给另一位下属
	发言人	管理者还需要将组织的信息向组织外部传播，比如总经理对外发表演讲或就财务状况向董事会和股东报告
决策制定角色	企业家	管理者必须努力组织资源去适应周围环境的变化，把握外部机遇
	危机处理者	管理者在组织面临重大、意外的混乱时，必须采取行动，控制局面。如控制迫在眉睫的罢工、应对主要客户的破产或违约带来的损失等
	资源分配者	管理者需要合理分配自己的时间和各类组织资源，决定组织如何分工和协调
	谈判者	谈判是管理者不可推卸的工作职责，而且是工作的主要部分，因为只有管理者有权力分配组织资源，并且只有他拥有谈判所需要的信息

在明茨伯格看来，管理者的主要任务是保证其组织实现其目标，为此，管理者必须设计与维持其组织运作的稳定性，必须负责其组织战略决策系统，并使其组织以一种可控制的方式适应环境的变化。管理者必须在他的组织与环境之间建立顺畅的信息联系，作为正式权威，管理者负责其组织的等级制度的运行。

（二）体育管理者角色的变动

体育组织的层次划分通常呈现为金字塔式，即决策层的管理者少，执行层的管理者多一些，操作层的管理者更多。决策层的管理者有时又称为高层管理者，执行层的管理者称为中层管理者，操作层的管理者则称为基层管理者。基层管理者负责直接管理组织的工作任务承担者。而中层管理者则是承上启下的，或作高层管理者某一方面的参谋。由于体育组织中的管理者所处的层次不同，故他们在不同层次组织中的角色上扮演的频率、程度等方面均是不同的（图2-1）。

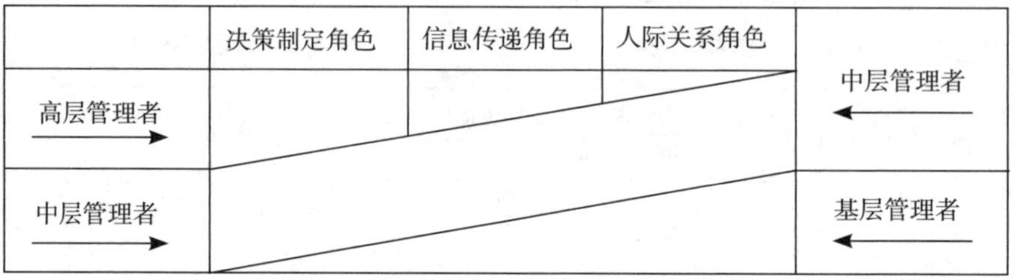

图2-1　不同层次体育管理者角色的分配

　　管理者角色随组织的层次不同而变化，像信息传播者、挂名首脑、谈判者、联络者和发言人的角色更多地表现在组织的高层，当然这并不是说高层管理者的其他角色不重要，可以忽视，而是相对于3个方面角色相比而言，以上这些角色最重要。中层管理者在3个方面的角色分配方面基本上是一致的，这也是因为中层管理者既承上启下，又独当一面的特点所决定的。至于基层管理者则主要是调动下属成员进行团队合作，因此人际关系的处理对其而言尤为重要，所以角色分配时应以人际关系角色为主。

二、体育管理者的能力

（一）体育管理个体的能力

　　一般认为，能力是个体完成某一活动所必备的心理特征的总和。管理者的能力包括基础能力和专业能力。基础能力包括人际交往能力、评价能力、处事能力、观察能力、想象能力、竞争能力、忍受能力、创新能力、应变能力等；专业能力包括计划与决策能力、组织与指挥能力、沟通与协调能力、应变与调度能力、教育与激励能力、分析与综合能力、识才与统率能力等。以上这些能力，往往是相互渗透、相互制约和互为因果的关系。

　　由于管理者所处的位置不同，因此对管理的能力要求也不一样。高级管理人员的主要任务是：制订战略目标、发展计划、整体策划、政策规定等，并负责进行强有力的推进。一般工作人员的主要任务是：了解单位的目标，按照规定要求考虑成本问题，努力进行创造并认真完成分内的工作。高级管理人员由于要进行整体策划，设定目标，为单位的发展而制订政策，这就要求他们要具有远见的预测与分析能力、果断的决策能力和有效的组织与推行能力。普通管理人员由于要达自己设定的目标，因此应具有较高的技术能力、灵活的应变能力、良好的社交能力与协调能力、独立的工作能力和有创造精神的奋斗能力。

（二）体育管理群体的能力

现代管理主体通常不是单个的管理者，而是一个管理群体，或称管理集团。在这个群体中有一个领导核心，或称领导班子，在行政管理中是以主要行政首长为核心的领导集体，在企业中是以董事长、厂长、经理为首组成的领导班子。现代管理的效益不仅与管理个体的能力密切相关，而且与管理群体的能力也有着十分紧密的联系。

一般而言，体育管理群体能力主要包括群体决策能力、执行能力、沟通能力、整合能力、创新能力等等。由于现代管理的任务艰巨，管理对象十分复杂，管理活动的动态性很强。管理群体的成员只有在能力上形成一定结构的互补性，才能对管理工作发挥较强的影响作用。用于组织性质不同、目标任务不同，对管理者具备群体能力的要求也不一样。

第三节　现代体育管理的创新

一、体育管理创新的概念

（一）体育管理创新的含义

所谓创新（Innovation），就是使组织的业务工作和管理工作都不断地革新、变化。创新不仅是业务领域上的产品、技术（工艺）的创新，也体现在现代管理的活动之中。创新是组织活力之源泉，创新关系到组织的盛衰兴败。美国管理学家 E·戴尔在其所著《管理的理论与实践》一书中曾说："如果管理人员只限于继续做那些过去已经做过的事情，那么，即使外部条件和各种资源都得到充分的利用，他的组织充其量也不过是一个墨守成规的组织。……因此，我们可以把创新看作管理人员的一种正式的职能。"美籍奥地利人熊彼特（Joseph A.Sehumpeter）从论证技术变革对经济非均衡增长以及社会发展非稳定性的影响出发，在20世纪30年代末首先提出了技术创新理论，他认为创新是指企业家对生产要素实行新的结合。后来德鲁克（Peter F.Drueker）将创新概念推广到管理，提出社会创新说，认为创新就是赋予资源以新的创造财富的能力。

一般认为，管理创新（Management Innovation）是指创造一种更有效的新的资源整合范式，这种范式既可以是新的有效整合资源以达到组织目标和责任的全过程式管理，也可以是新的具体资源整合及目标制定等方面的细节管理（芮明杰，2005）。创新活动如果发生在体育组织内就属于体育管理创新的范畴。体育管理主体的管理创新是其内在心智模式和社会、组织等因素互相影响产生的一种效应。管理主体的创新能力基于一个人的创新意识，是优秀管理主体最重要的能力，没有这样一种能力，管理的成功则无从谈起。体育管理主体的创新能力表现为管理主体在自己所从事的管理领域中善于敏锐地观察旧事物的缺陷，准确地捕捉新事物的萌芽，提出大胆新颖的推测和设想（即创意），继而进行周密的论证，拿出可行的方案并付诸实施。

（二）体育管理创新的类型

1.局部创新和整体创新

从创新的规模以及创新对系统的影响程度来看，体育管理创新可分为局部创新和整体创新。局部创新是指在系统性质和目标不变的前提下，系统活动的某些内容、某些要素的性质或其相互组合方式，系统的社会贡献的形式或方式等发生变动。整本创新则往往改变系统的目标和使命，涉及系统的目标和运行方式，影响系统的社会贡献的性质。

2.消极防御型创新和积极进攻型创新

从创新与环境的关系来分析，体育管理创新可分为消极防御型创新和积极进攻型创新。消极防御型创新，是指由于外部环境的变化对系统的存在和运行造成了某种程度的威胁，为了避免威胁或由此造成的系统损失的扩大，系统在内部展开局部或全局性的调整。积极进攻型创新，是指在观察外部世界运动过程中，敏锐地预见到未来环境可能提供的某种有利机会，从而主动地调整系统的战略和技术，从而积极地开发和利用这种机会，谋求系统的发展。

3. 初期创新和过程创新

从创新发生的时期来看，体育管理创新可分为系统初期的创新和运行过程中的创新。系统的组建本身就是社会的一种创新活动：系统的创建者在设计系统的目标、结构、运行规划时，本身就要求有创新的思想和意识，创造一个全然不同于现有社会组织的新系统，寻找最满意的新方案，取得最优秀的新要素，并以最合理的方式进行组合，使系统正常活动。"创业难，守业更难"，这必然要求积极的以攻为守，要求不断创新。更大量地创新活动体现在系统的运行过程中，系统的管理者要不断地寻找、发现和利用新的机会，更新系统的活动内容，调整系统的结构，扩展系统的规模。

4. 自发创新和组织创新

从创新的组织程度上看，体育管理创新可分为自发创新和组织创新。任何体育组织都是在一定环境中运转的开放系统，环境的任何变化都会对系统的存在及其存在方式产生一定的影响，体育组织在接收到内部与外部的环境变化信号后，必然要在工作内容、工作方式、工作目标等方面进行积极或消极地调整，以应付变化或适应中变化。这时，体育组织的管理人员要积极地引导和利用各要素的自发创新，使之相互协调并与有计划的创新活动相配合，使整个体育组织内部的创新活动有计划、有组织的展开。

二、体育管理创新的基本内容

（一）体育管理思路创新

体育管理思路创新包括以下方面：（1）新的发展战略；（2）新的管理理念；（3）新的经营策略；（4）新的经营思路与方式方法。体育管理思路创新对体育组织来说并不是一件容易的事，但一旦实现就会成为体育组织制胜的法宝。计划经济时期，我国体育发展战略目标的制定具有明显的计划经济特征，不能突破各种条条框框，从而极大地限制了体育的发展。社会主义市场经济条件下，我国体育事业的发展，首先应该积极寻求发展思路上的创新，必须大力依靠社会力量办体育，大力调整与创新，特别是通过发展体育事业，整合各种社会资源，充分发挥体育在人们消费需求和促进经济发展中的作用。

（二）体育组织结构创新

体育组织系统的正常运转，既要求具有符合体育组织及其环境特点的运行制度，又要求具有与之相应的运行载体，即合理的组织形式。因此，体育管理创新必然要求组织形式的变革与发展。从组织理论的角度来考虑，体育组织是由不同的成员担任的不同职务和岗位的结合体，这个结合体可以从机构和结构两个不同的层次上去考察。机构是指体育组织在组建时，根据一定的标准，将那些类似的或为实现同一目标有密切关系的职务或岗位归并到一起，所形成的不同的管理部门。结构则与各管理部门之间，特别是与不同层次的管理部门之间的关系有关，它主要涉及体育运动的纵向分工问题，即所谓的集权和分权的问题。由于机构设置和结构的形成受到体育活动的内容、特点、规模、环境等因素的影响，因此，不同的体育组织有着不同的形式，同一体育组织在不同的时期随着其业务活动的变化，也要求体育组织的机构和结构进行不断调整。

（三）体育管理方式创新

体育管理的方式是对实现体育管理目标的方法、手段、措施及对策的总称。现代体育的一个显著特点是在体育活动过程中广泛运用先进的理论和科学技术。体育管理的方式创新，不仅包括体育运动的理论、技术与方法的创新，也包括体育设施、体育器材等方面的创新。如在社会体育方面，实行体质监测、运动处方，使人们的体育健身锻炼建立在科学指导的基础上。在竞技体育方面，应在科学理论指导下，采用科学的训练方法，应用新器材、新设备。

（四）体育管理制度创新

制度是组织运行方式的原则规定。体育管理的制度创新包含体育组织的行政制度、思想制度、管理制度等方面的创新。体育管理制度的创新从根本上说就是管理制度的创新，是从社会经济角度来分析体育组织中各成员间的关系的调整和变革。管理制度包括对体育组织的人员、设备、资金等各种要素的取得和使用的规定。体育管理制度的创新在于不断地追求和实现体育领域内权力和利益分配间的平衡。目前我国体育管理制度尚存诸多滞后与不到位之处，应尽快建立、健全体育管理的各项制度。

（五）体育管理环境创新

体育管理的环境是构成体育管理系统的要素之一：环境创新不是指体育组织

为适应外界环境而调整内部结构或活动，而是指通过体育组织积极的创新活动去改造环境，去引导环境有利于体育发展的方向发生变化。例如，通过体育组织的公关活动，广泛宣传，可能会影响到政府体育政策的制定，还可能影响到群众的体育需求。又如积极培育体育市场，加快发展体育产业是社会主义市场经济条件下我国体育发展的重要目标，要实现体育产业的健康、持续、高效发展，必须构建良好的体育市场生态环境。这就意味着，如果不进行体育市场环境的创新，不能构建良好的体育市场竞争环境，体育产业的管理工作将会面临更大的挑战与困难。可见，体育管理环境的创新与其他管理方面的创新具有同等重要的意义。

三、体育管理创新的基本过程

体育管理创新的过程是从创新构思产生到创新结果实现，直至创新成果的应用等一系列活动过程。体育创新过程也是体育运动实践中从寻找问题，到提出构想，采取行动等环节的持续活动过程。体育管理创新过程可以分为创意形成阶段、创意筛选阶段以及创意验证与实施阶段。

（一）创意形成阶段

创意形成阶段，即产生创意的阶段，因为有创意才会有创新，故有无创意是关系到能否产生管理创新的根本。体育管理的创新往往是从组织的变革、资源的改变、环境条件的变化以及观念转变等开始的，"问题"是管理创新的源头，没有问题，不能发现问题，就不可能有创新。由于诸多因素的变化，体育管理者会面临许多新情况、新问题、新矛盾，他们一旦发现并着手去解决这些新问题，创新过程便开始了。体育管理主体可能会有各种创意，但真正产生一些好的创意绝不是一件容易的事，它往往要受到管理者的素质、管理环境等各种因素的影响和制约。

（二）创意筛选阶段

创意筛选阶段，即产生创意之后需要根据组织的现实状况，组织外部环境的状况对这些创意进行筛选，看其中哪些有实际操作的意义。在体育实践中，敏锐地观察到新情况、新问题、新矛盾以后，要透过现象分析其内在原因，并据此分析和预测未来的发展趋势，预估它们可能给体育组织带来的积极和消极后果。在此基础上尽可能利用机会，或将威胁转化为机会，采用迅速决策等方式提出多种解决问题、消除不适应现象、使体育组织在更高层次上实现突破的新构想。创意的筛选也由组织中或与组织有关的人员来进行。不过，这些人员需要有丰富的管理经验、极好的创造性潜能以及敏锐的分析判断能力。

（三）创意验证与实施阶段

创意验证实施阶段，即将选择后的创意通过一系列具体的操作设计。将创意变为一项确实有助于组织资源配置的管理范式，且在组织的管理过程中得到了验证。创意的验证与实施是整个管理创新过程非常重要的阶段，许多好的创意往往由于找不到合适的具体操作设计，从而导致这一创意最终无法成为创新。创新的构想只有在不断地尝试中才能逐步完善，只有迅速地行动才能有效地利用机会。

从体育管理创新的几个阶段来看，它们是一个不断反馈的过程，但并非有创意的人都会接着去筛选和验证创意，也许他仅有此创意而已。因此，有创意的人、对许多创意进行筛选的人，如果并未进行创意的操作设计和实施，那么这些人并不能称为管理创新主体；同样，仅仅进行创意具体操作方案的设计及实施，而自己并无创意的人也不能称之为管理创新的主体，充其量只能算是参与管理创新的工作而已。管理创新的主体应该是自始至终参与三个阶段的工作，有自己创意并成功地将其付诸实施的那些人。

四、体育管理创新的特征与条件

（一）体育管理创新的特征

根据管理心理学理论，一个人的创新能力与其个人的气质、动机、情绪、习惯、态度、观念、才能等各方面（即心智模式）有着密切的关系。富有创新能力的体育管理者通常有下列一些主要特征。

1.兴趣广泛

对任何事物都有一种好奇心理，往往能从平凡中发现奇特、从习以为常的现象中找到"异常"之处，从细微中见到方向。没有任何兴趣的人通常不会有创意，因为他看不到可能创新的方面。

2. 对环境有敏锐的洞察力

能及时找出实际存在与理想模式之间的差距，能察觉到别人未予注意的情况和细节，能不断发现人们的潜在需要和潜能，并巧妙地加以运用。

3. 具有系统思维和辩证思维的能力

善于多角度看问题，善于举一反三，触类旁通，想出较好的点子和办法，提出非同凡响的主张。

4. 富有独立意识

对现成的事物和看法不盲从，不人云亦云，勇于脱出一般观念的窠臼，坚持自己的主张，坚定地走自己的路。

5. 具有自信心

深知自己所做事情的价值，即使遭到阻挠和非难，也不改变初衷，总是勇往直前，直至成功。

6. 直面困境

敢于面对常人无法忍受的困境，鼓足勇气，大胆探索，不屈不挠，不怕失败，直至取得突出的成果。

（二）体育管理创新的条件

1. 强烈的创新意识

对一个创新主体而言，创新意识首先反映在其远见卓识上。这种远见卓识就是能够敏锐地判断组织与管理发展的大趋势，能够在现实问题中找到关键性的东西，并能看到其背后的深层原因，从而结合组织的特点提出一些有价值的创意，作为创新的萌芽。其次，创新意识反映在创新主体的文化气质、价值观上。这是因为，创新主体能够产生创新意识，一定与其文化素质及其对本业务的精通有关，也与创新主体的价值观导向有关，一些好高骛远的人可能不把某个小问题放在眼里，然而创新主体却能发现其潜在价值。

2. 深厚的理论功底

理论是行动的指南。创新的过程，就是在科学理论的指导下，不断探索规律的过程。首先要用辩证唯物主义理论武装头脑，其次要具有专项训练的理论和技术，还要有与竞技体育相关的自然、社会科学知识，包括选材，恢复、饮食与营养、医务监督与治疗、思想教育与心理训练等方面的经验和知识，这是创新必备的素质。

通过知识的不断积累和更新，人的思想境界就能始终处在改革创新的前沿，就能增强人们敏锐的观察能力、判断能力和指挥能力，创新能力也必然提高。要提高创新能力，需要有扎实的理论知识和丰富的实践经验。从某种意义上说，创新能力的高低与占有知识的多少是成正比的，而获取知识的渠道则在于后天的学习。

3. 辩证的思维方法

体育运动的快速发展，要求我们的思维方式也跟着发生变化，即由封闭走向开放、由守旧走向创新、由单一走向多维、由线性走向立体，并具有鲜明的时代性、超前性和开拓性。

（1）要有超前性思维。超前性思维是对创新工作的未来进行超前思考，以取得创新的主动权，从本质上说是总结过去、立足现实、着眼于未来。因为任何一项运动竞技都在不断地发展，如果我们站在发展的前沿，我们的思维就能捕捉和把握发展的趋势，因势利导地思考问题、提出问题，那我们就可以做出别人还来不及思考的成绩。

（2）要有联想性思维。联想是形成科学创新的一条重要途径。各运动项目虽不同，但运动技术有许多相似或相同之处，我们可以在"异中求同"中受到很大启发，互相借鉴、模仿并进行再创造。

（3）要有逆向性思维。一切事物都有两面性，都有对立面，从相反的角度去思考。有时会"柳暗花明又一村"。很多项目的技战术是用逆向性思维创新出来的。

（4）要有发散性思维。发散性思维是一种从不同角度、不同途径去设想、探索多种答案，最后使问题获得圆满解决的思维方法。其鲜明特征在于大胆创新，不受既有观念的束缚，有利于突破传统，实现创新。总之，创新是思维的凝结。许多问题用老办法去解决难以奏效，应当换一种思路，用新办法去解决。

4. 不断创新的目标

管理创新目标是一项创新活动意欲达到的状态。创新活动没有明确的创新目标是不行的。因而创新目标就成为创新的必备条件之一。然而，创新目标比一般的目标更难确定，这是因为创新活动及创新目标更具不确定性。所以，确认创新目标是一件很困难的事。但是，如果没有一个恰当的目标会浪费组织资源。现代体育组织对管理创新的目标确认多半带有弹性，以解决这一目标本身难以确认的问题。

5. 良好的创新氛围

创新主体能够有创新意识，能有效发挥其创新能力与拥有一个良好的创新氛围有关。在好的氛围下，人的思想活跃，新点子产生得多而快，不好的氛围则可能导致人思想僵化、思路堵塞，头脑一片空白。头脑风暴法是激发创新的一种有效方式，即创设一个良好的创新氛围，以便专家们可以自由地展开思维和表达自己的各种想法，提出自己的新见解，最终通过多次反复论证使新点子趋于一致，从而成为创新。

第四节　现代体育管理的基本原理

一、人本原理

（一）人本原理的含义

管理实践证明，凡是人的积极性、主动性、能动性得到较好发挥的组织，其管理效益实现得也好。在 20 世纪 30 年代以前，人们一直认为土地、机器设备、资本是管理的中心，"像 19 世纪经济学家所坚信的那样，按照逻辑的次序，把各种资源投放在一起，然后把资本这个开关投进去"，就能生产出产品。至于组织的普通职员或工人——区别于组织的管理人员——是叫他干什么就干什么，叫他怎样干就怎样干的人，对于决定他做什么工作，或者决定其他人做什么工作，工作怎样做，要达到什么目的，他没有责任，也不参与其事，这充分说明了过去是把组织的普通职员和工人当作工具和机器看待和使用的，把他们和物的资源放在同等地位，给予任意的鞭打、宰割、处分、开除。现代管理实践已认识到，人创造组织整体，人创造组织的绩效，人支配和控制其他资源，所以，人是管理的中心，一切管理工作者应以调动人的主动性、积极性和创造性为出发点。

（二）人本原理的运用

1. 贯彻能级原则

"能"是指人能力的大小。"级"指管理体系和管理结构的设置要体现不同的层次级和工作内容。能级原则要求，应根据被管理者的自身特点、能力和素质情况，把他安排到组织中不同的层次和不同的岗位上，实现组织目标和个人才能发挥的统一。实现科学的管理必须要建立一个合理的能级，使不同才能的人动态地处于相应的能级中，做到能量和级别相统一，以获得最佳管理绩效。

在管理的组织结构中，稳定的管理结构应呈正三角形，一般分为四个能级层，即决策层、管理层、执行层、操作层。决策层的主要任务是确定系统的大政方针、管理的目标和模式。管理层的主要任务是运用管理理论和各种管理技术来实现系统的方针政策。执行层的主要任务是具体贯彻执行管理指令，直接调动和组织人、财、物等管理对象及内容。操作层的主要任务是从事操作和完成每一项具体任务（图2-2）。以上4个层次，形成一个宝塔状的正三角形管理形态，每一层次不仅使命不同，而且标志着其能级差异。

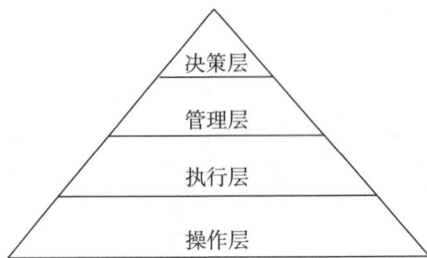

图2-2　体育管理的结构层次

能级原则的运用主要表现在以下几个方面。

（1）按层次组成稳定的组织形态。管理结构分出层次，才能使管理运动存在"势"，层次越高，"势能"就越大。现代管理要求按能分级，按层管理。

（2）不同能级应有不同的权益。权力、物质利益和精神荣誉是能量的一种外在表现，只有与能级相对应，才符合相对封闭原则。要使能级与报酬、荣誉相符。不同能级的管理人员，在待遇、荣誉方面也应有所区别，做到在其位、谋其政、行其权、尽其责、取其酬、获其荣、惩其误。

（3）各类能级必须动态地对应。现代科学管理必须善于区别不同才能和素质的人，知人善任，使人的能级与工作能级相对应。同时，人的能力是不断变化的，岗位能级的要求也是不断变化的，因此必须根据人的才能水平和岗位要求的变化，不断调整其管理职务，使之相适应，做到各类能级动态地对应，使每个人都真正各得其所，各尽其才。

2. 正确运用动力

动力是决定管理绩效的决定性因素，它不仅是管理的"能源"，更是一种制约因素。没有它，管理就不能有序施行，其他原理、原则的效能就会受到制约，人的积极性就难以发挥，同时，具备了动力但运用不当，同样也会影响到管理系统的绩效。

动力主要分为物质动力和精神动力。物质动力是指通过物质利益、经济手段等方式激发人的工作热情，调动人的积极性。有效地发挥物质动力的作用，就必须把工作成果与物质利益有机结合起来，促使人们将自身工作的好坏与物质利益挂钩，与单位的经济效益相连，从而积极认真地从事工作。虽然物质动力是最基本的动力，但并不是万能的。不重视物质动力，或过分地强调物质动力，都会受到物质"异化"的惩罚。所以，运用物质动力，必须加强思想政治工作，使之与精神动力有机地结合起来；精神动力是指用精神的力量来激发人的积极性、主动性、创造性。人都有一定的精神支柱，总是受一定的思想、信仰所支配。一个人的思想状况、心理活动，对其工作的影响是很大的。因此，提高人的觉悟，给人以精神动力是首要的。它不仅可以补偿物质动力的缺陷，而且其本身就有巨大的威力。在特定条件下，精神动力可以成为决定性的动力。

运用动力时，首先，几种动力要综合运用，达到互相补充、扬长避短；其次，要正确认识和处理个体动力与集体动力的关系；最后，运用动力时，要掌握好适宜的"刺激量"。刺激量过大或过小，都会产生负效应。因此，必须掌握好刺激量的"度"。一般来说，刺激量要逐步提高。刺激量的标准要分档次，并拉开档次差距。刺激量的标准要得到群众公认，并公开施行。

二、系统原理

（一）系统原理的含义

系统（system）理论由美籍奥地利生物学家贝塔朗菲（Ludwig V.Bertalanffy）

首先提出，经过不断丰富发展最终形成了一门科学。系统是由若干相互联系、相互作用的要素组成的具有特定功能的有机整体。自然界和人类社会的一切事物均具有系统的属性，存在着各种各样的系统。任何管理对象都是一个由若干要素组成的有机系统，管理者必须按照系统化的方法对其实施管理，使整个管理活动实现整体性优化。因此，在管理中，管理者可以把任何一个组织及其环境看成一个系统。为实现组织的目标，运用系统理论，对管理系统对象进行系统分析，以实现整体效应的最佳，就是现代体育管理的系统原理。

系统理论应用于现代管理具有普遍的方法论意义。系统方法强调整体、层次、结构、功能、环境之间的关系，突现功能互补、效应放大的乘法效应。系统论创始人贝塔朗菲提出的有关系统性能和整体效应的观点，即"整体大于各孤立部分的总和"集中体现了系统理论的一般思想原则，也是系统原理的理论基础。所谓整体效应，是指系统的整体功能要大于各要素在孤立状态中的功能之和。"整体"之所以能够"大于部分之和"是因为系统的诸要素构成有机整体后，便具有其要素在孤立状态中没有的新质，如新的特性、新的功能、新的行为等，从而使功能放大。系统的规模越大，结构越复杂，这种"放大的功能"就可能越大。产生"整体效应"的奥秘在于科学的组织管理。因此，在管理中仅仅重视系统各要素的单个作用发挥是不够的，还应该把重点放在发挥系统整体最佳效应上。

（二）系统原理的运用

1. 明确管理的目的

每个系统都应有明确的目的，它包含两层含义：一是任何系统都应有明确的、统一的目的，这样，管理才能有秩序地进行。目的不明确或不统一，必然会导致管理系统活动的无序、低效甚至无效。二是不同系统的目的不能混淆，不然，则必然会降低更高层次大系统的功效。应根据系统的目的和功能划分各子系统，各子系统的设置必须围绕系统的目的进行。在组织、建立、调整系统结构及各子系统间的关系时，要强调子系统应该服从系统的目的，使每个子系统都有确定的功能，为实现系统的目的发挥应有的作用。

管理系统的目的性，要求我们在建立任何管理系统时，都必须以多快好省地实现管理目标为中心，以此来设置相应的分系统和各种要素，确定其功能，合理安排其组织结构。管理工作的任务，就在于通过科学的手段和方法，及时地发现和消除管理系统中与实现目标无关的因素，克服各种不利于实现管理目标的因素，诸如人浮于事、以人定编、因人设职等，从而使管理系统在达到既定目标过程中始终保持相对的优化状态。

2. 把握管理工作的整、分、合

由于任何管理对象都是一个系统，系统又是由若干要素按一定结构组成的有机整体。所以，管理工作首先要从整体上把握系统的目标、所需的条件和所处的环境（整）。同时还要按照整体目标的要求，对总任务进科学的分解、合理的分工（分）。为使各要素始终围绕共同目标运转，就必须对各要素之间的各种关系不断进行综合、协调（合）。

从系统目的的整体性来说，局部与整体存在着复杂的联系和交叉效应。在一般情况下，局部与整体是一致的，对局部有利的，对整体也是有利的。但有时两者并不完全统一。当局部与整体发生矛盾时，局部利益必须服从整体利益。从系统功能的整体性来说，系统的整体功能一般不是等于各要素的简单相加，而可能出现大于或小于各部分功能之和（$1 + 1 \geq 2$）的情况。因此，系统要素的功能必须服从系统整体的功能，否则，就会削弱整体功能的实现。

现代管理强调分工，但分工只是围绕目标对管理的工作进行分解，而不是对管理功能的分解。分工后的每一个独立功能单位，都必须具有完全的管理功能，享有必需的人、财、物上的自主权。因此，在一条管理线上的管理内容（人、财、物等）是不能分解的。如果随意把输入条件、管理活动、工作成果这同一流程上的人、财、物加以分解，就无法控制和调节整个管理活动，也就无从考核人、财、物运动的效果。

3. 理清管理工作的层次性

管理系统的层次性可以理解为管理系统的等级性，它指的是任何管理系统都可以从纵向上把它划分为若干等级，其中低一级的管理机构是高一级的管理机构的有机组成部分。综观各种各样的管理系统，如果从层次上划分，大致都可以分为宏观管理、中观管理和微观管理三个不同的层次。宏观管理主要是指以制定战略、方针、政策为主的高层管理。这种管理必须集中、统一、相对稳定，切忌政出多门，政策多变。微观管理主要是指在宏观战略和总体目标指导下的对具体要素和具体事务的管理。这种管理带有明显的执行、落实的特点。从事微观管理要注意从实际出发，在坚持总体原则的情况下，尽量做到灵活、多样。介于宏观管理和微观管理之间，还存在着一个或若干个承上启下的管理层次，这就是中观管理。中观管理具有连接宏观管理与微观管理的特征。一方面，中观管理的对象既不像宏观管理的对象那样广泛，又不像微观管理的对象那样狭窄，而是同时有宏观和微观的特点；另一方面，在一个管理系统中，中观管理是连接宏观与微观管理的"桥梁"，正是中观管理把宏观与微观管理有机地连接在一起，从而形成了系统的有机整体。

在具有一定规模的管理组织中，都存在着管理幅度和管理层次的问题。由于管理者本身能力的限制，当其直接领导的下属人员超过一定数量时，往往就不能对其实行有效地领导，因此，必须通过划分管理层次、逐级进行管理来解决相关问题。管理幅度和管理层次是互相制约的关系。管理幅度小，管理人员能够有效控制和协调下属的活动，但却由于管理层次的增加而使管理工作所需的人、财、物增加，组织的信息传递复杂化，组织层次间的协调难度就会增大。同样，如果减少管理层次，又会增大管理幅度，这样虽然可以消除层次过多的弊端，但由于管理者对下属有效控制程度的下降，也会影响管理工作效率的提高。

4. 保持管理系统的相对封闭

管理系统内部要形成相对封闭的回路系统。这里所说的封闭只是针对系统内部而言，对系统外部则要呈开放状态，保持系统内部与系统外部不断地进行人、财、物、时间、信息等资源的交流。在管理活动过程中要在以下4个方面进行有效封闭。

（1）管理的组织机构要保持封闭。作为管理手段的机构来说，要构成一个封闭的回路系统，必须具有决策机构、执行机构、监督机构和反馈机构四个基本部分组成（图2-3）。决策中心是管理的起点，由此发出指令，其指令一方面发向执行机构，另一方面发向监督机构。执行机构的任务是准确无误的贯彻指令。监督机构的任务则是根据指令去检查与监督执行机构的工作情况，以保证决策中心的指令能够正确贯彻执行。反馈机构的任务是检查执行结果的情况，并对执行结果进行加工处理，然后反馈回决策机构。决策机构通过对反馈信息进行分析，采取新的措施与对策进行封闭，在此基础上发出新的指令，使管理活动不断逼近管理目标。

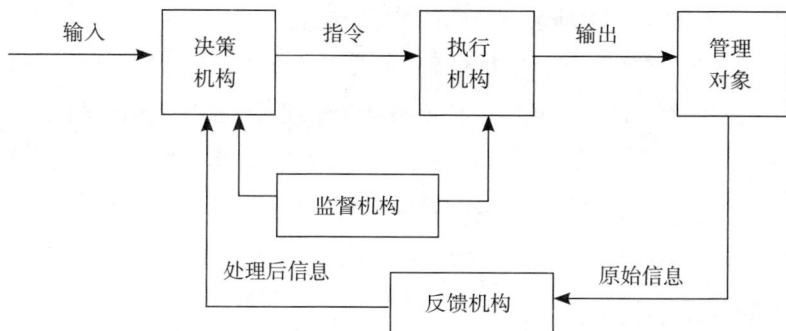

图2-3　体育管理组织封闭机构示意图

（2）管理的法规制度要保持封闭。为了保证立法的客观性、实效性。决策中心应对立法工作给予信任和支持，并允许反馈系统与自己唱反调，做到"兼听则明"。要有一个尽可能全面的执行法，还要有执行的监督法。此外，还必须有反馈法，它包括执行过程中产生矛盾的仲裁法，对执行发生错误的处理法，以及对执行结果的奖惩法等。从系统内部来看，一切规章制度，也要形成封闭回路，如实行责任制，要以奖惩进行封闭，实行晋升制，则以考核进行封闭等。

（3）管理中的人要保持封闭。人的封闭集中体现在能一层管一层，一层对一层负责，并形成回路。如果上下层级之间的指挥和沟通中断，或越级指挥，就必然导致管理上的混乱。如果没有形成通畅的回路，则可能导致管理者的独断专行。

（4）管理信息要封闭。信息在系统内要沟通、流畅，同样也需要形成封闭的回路，避免信息传输阻滞或失真。

三、动态原理

（一）动态原理的含义

由于人、财、物、时间、信息等管理对象处于不断变化、发展之中，因而相应的计划、组织、控制等环节也必须随着管理对象的变化而动态地发生变化。所以，动态原理是指在管理活动中时刻把握管理对象的变化情况，不断对其进行调节，以实现系统的目标。从管理系统的运动上看，虽然管理系统力求趋于稳定，但由于信息传递极易出现滞后、失真、不对称等现象，使得管理系统总是相对处于动荡发展变化之中。同时，管理系统中不仅存在着管理对象的复杂多变性，而且还受到相关系统的影响和制约，因而必须随着环境条件和管理对象的变化而不断变化和调节。作为一名管理者，应不断更新管理观念，在处理管理问题时避免僵化的管理思想和方法，不能凭主观臆断行事，而应根据管理环境及要素的变化随机应变。

（二）动态原理的运用

1. 对管理过程保持有效反馈

"反馈"就是由控制系统把信息输送出去，又把其作用结果返送回来，并对信息的再输出发生影响，从而起到控制作用（图2-4）。应用反馈方法进行控制时，一般会产生两种不同的效果：一是正反馈，它使系统的输入对输出的影响增大，造成系统运动加剧，导致振荡的反馈；二是负反馈，它指系统的输入对输出的影响减小，使系统偏离目标的运动收敛，趋向于稳定状态的反馈。管理实践就要求对系统进行负反馈控制。

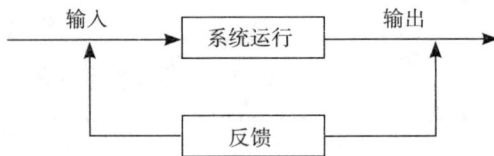

图2-4　管理的反馈过程示意图

2. 在管理过程中保持一定的弹性

弹性通常是指物体受外力作用变形后，除去作用力时能恢复原来形状的性质，常用于借喻事物的伸缩性。管理应富有弹性是由管理活动的性质决定的。管理活动纷繁复杂，影响管理的因素有许多，而管理涉及的各种因素又存在着千丝万缕的联系。这样，由于管理环境的不确定性，在管理过程中必须留有余地，保持一定的弹性，以适应客观事物各种可能的变化。因此，管理者在进行决策和处理管理问题时除了尽可能考虑多种因素之外，还要留有余地，以求综合平衡。如体现在管理组织机构设计上的管理弹性，突出强调在管理层次和管理部门的划分上应使组织机构能适应环境的变化。

四、效益原理

（一）效益原理的含义

管理活动的重要目标是利用最小的投入或消耗，获取最大的效益。现代管理的效益原理认为，管理者在管理活动中，要牢固树立效益观念，把追求最大的经济效益和社会效益放在管理工作的重要位置，克服一切忽视效益的管理思想和方式。效益原理揭示了现代管理的目的属性。管理工作的一切职能、措施、手段、方法等等，最终都是为多快好省地实现管理的预定目标服务的。对体育管理效益的理解，需要弄清以下两个关系。

1. 效率与效益的关系

效率（Efciency）是指单位时间内所取得效果的数量，反映了劳动时间的利用状况，效率涉及组织是否"正确地做事"（Do things right）的问题。效益（Effectiveness，译为"有效性""效能"）是有效产出与其投入之间的比例关系，是一个涉及组织"做正确的事"（Do the right thing）的问题。

一般说来，效率高，效益则好，但是效益与效率并不一定总是一致的，因为效益取决于系统的目标方向正确与否，即效益＝效率×目标方向正确。如果目标方向正确，则效益与效率成正比。如果目标方向失误，则效益与效率成反比，效率越高，损失越大。另外，效率和效益的辩证关系也可以反映出管理者整合资源实现目标的能力，它们的关系如表2-2所示。

表2-2　效益、效率与目标的关系

	低效率	高效率
高效益	低效率／高效益 管理者目标选择正确，但不善于整合资源以实现目标。	高效率／高效益 管理者目标选择正确，并充分整合资源以实现目标。
低效益	低效率／低效益 管理者目标选择错误，整合资源不力。	高效率／低效益 管理者目标选择不当，但整合资源充分有效。

2. 社会效益与经济效益的关系

效益好坏往往可以从社会和经济这两个不同角度去考察，即社会效益与经济效益。经济效益是讲求社会效益的基础，而讲求社会效益又是促进经济效益提高的重要条件，两者有着紧密的联系。但是，两者又是有区别的，主要表现在：经济效益较社会效益直接、显见。经济效益可以运用若干经济指标计算和考核，而社会效益则难以计量，必须借助于其他形式来间接考核。

（二）效益原理的运用

1. 遵循价值原则

价值原则是指管理的各个环节、各项工作，都应紧紧围绕提高社会效益和经济效益，科学地、节省地、高效地整合管理资源，以实现资源利用的最大经济价值和社会价值。遵循价值原则的途径、方式、方法很多，这里我们重点介绍一种价值分析的方法。价值分析又称价值工程，是美国学者麦尔斯于1947年创立的一种管理技术方法。概括起来，它包括下列3个方面的内容：（1）价值分析的基本目的是以最低的总成本可靠地实现产品（或工程）的必要功能；（2）价值分析的核心是对产品（或工程）进行功能成本总分析；（3）价值工程是一种依靠集体智慧进行的有组织的活动。按照价值分析方法，价值表示某种产品（或工程项目）的功能与成本之比，用公式表示即：价值（V）＝功能（F）/成本（C）。价值分析方法中的功能指的是管理工作完成目标和任务的效能，是一种整体功能。而成本或耗费则是既指物力、财力的耗费，也指智力和时间的耗费，是一种综合成本概念。尽管如此，我们仍然可以把价值分析方法的这个公式延伸推广到现代管理的价值原则中去使用，即：价值＝产出/投入。

根据这个公式，提高现代管理的效益，追求最佳经济价值与社会价值的途径主要有以下几种：（1）提高产出、绩效，降低成本。这是一种最理想的途径，一般都需要采用新技术、新方法才能达到；（2）产出、绩效不变，降低成本；（3）成本不变，提高产出、绩效；（4）产出、绩效略降，成本大幅度降低；（5）产出、绩效大幅度提高，成本略升。

2. 把握影响管理效益的因素

影响现代管理效益的因素是多种多样的，这些影响因素可能会来自于管理者、管理对象、管理中介和管理环境等不同层面。

　　管理者是管理的主体，在管理活动中居主导地位，起核心作用。其思想观念、行为方式对管理效益的影响是十分明显的。这是因为，管理者的思想观念，在管理活动中往往表现为管理的指导思想，这种指导思想又会支配管理行动，使其表现出特定的管理行为方式。管理者的思想观念、行为方式对管理效益的影响是通过对管理活动的决策、计划、组织、控制等职能和环节而实现的。因此，遵循效益原理关键在于管理者要树立以效益为中心的观念及行为方式。

　　管理的效益指标往往要通过管理对象才能实现，因此，管理对象也是影响管理效益的重要因素。现代管理的对象是由人、财、物、时间、信息等组成的一个有机体系，其中，人是最重要的。人的素质水平高，加之其他相应的财、物、信息等资源条件，管理的效益就会相应提高。

　　管理中介是沟通体育管理主客体的桥梁，如果中介运用不当，则会很容易发生管理主客体之间沟通不畅的问题，进而影响管理的效益。

　　效益是通过有效的管理活动来实现的，而管理活动又是在外部客观环境的影响下进行的，因此，管理环境也是影响管理效益的一个重要因素。影响管理效益的环境因素主要有政治环境、经济环境、科技环境、文化环境和社会心理环境等等。

第三章　现代体育管理中介与体制

第一节　现代体育管理的中介

一、体育管理的职能

管理的职能是管理过程中各项活动的基本功能，又称管理的要素。不同管理者在从事管理职能工作中，往往采用程序具有某些类似、内容具有某些共性的管理行为，比如计划、组织、控制等，人们对管理行为进行总结归纳，慢慢就演变成了今天我们所说的体育管理的职能。

（一）体育计划

1.体育计划的概念

所谓体育计划（sport planning）是指为实现体育工作目标而制定的工作方案。体育计划为体育管理工作提供了基础，是管理者行动的依据，同时还是管理者进行组织以及实施控制的标准。

2.体育计划的类型

（1）按计划的时间划分

可划分为长期计划、中期计划、短期计划，长期计划指的是 5 ~ 10 年以及 10 年以上的计划。

（2）按计划制定者的层次划分

可划分为战略计划、战术计划、作业计划。战略计划由高层管理者做出，决定一个组织的基本目标及基本政策。

（3）按计划的适用范围划分

按计划的适用范围可划分为高层管理计划、中层管理计划和基层管理计划。

3.体育计划的特征

（1）目的性

所有的计划开始前都需要制订一个可以达到的目标，所以，制订目标是实施计划的首要任务，计划都是围绕目标来实行的，具有强烈的目的性。

（2）先行性

在管理的职能中，组织、控制等职能的最终目的都是为了保证组织目标的实现，它们只有在组织确定了目标之后才能实现。所以，计划在管理职能中处于先行的位置。

（3）前瞻性

计划是对组织未来活动的安排，它不是过去的总结，不是现状的描述，而是要面向未来，充分考虑未来的工作。

（4）普遍性

任何组织都离不开计划，计划遍及组织的各个阶级、各个层次、各个方面，高层管理者、中基层管理者都需要具备制订计划的基本素质。

（5）时效性

无论哪一种计划，都有时间的限制，都是在一定时期内为实现其目标而编制的，超越了一定的时间，各种情况都发生了变化，计划就失去了应有的作用，届时就需要重新编制计划。

（二）体育发展战略

1.体育发展战略的含义

发展战略是对经济社会的整体或局部的长期发展所作的全局谋划。体育发展战略属于发展战略的一种，人们通常简称其为体育战略。

2.体育发展战略的特点

（1）全局性

发展战略是关系到整体的全局谋划，那些局部的谋划则不在考虑范围内，所以制定体育发展战略一定要考虑到体育发展的全局性。

（2）层次性

发展战略的层次性主要源于战略全局性的相对性。发展战略是研究全局性的问题，而全局和局部是相对的。与我国社会主义经济建设的总战略相比，体育发展战略属于低一层次的子战略。同时，体育运动本身也包含着自己的内部层次，体育发展战略又可分为社会体育发展战略、学校体育发展战略、竞技体育发展战略等。

（3）长期性

体育发展战略是对未来发展的一种长远筹划，它在总结过去经验、仔细考察现在的基础上，把着眼点放在对未来较长时期的谋划上，因而要求在战略目标、战略重点、战略措施及其实施步骤上，必须按照一定的时间步骤进行系统分析。发展战略的着眼点不仅是当前，而且是未来，妥善处理当前和未来的关系，是发展战略考虑的要点。

（4）阶段性

体育发展战略是在较长一段时间实施的，任何一个时间段都可以被分解，所以，体育发展战略具有循序渐进的阶段性，我们需要根据不同的时间段制定不同的任务、方针和战略，使体育事业更好得以发展。

（三）体育组织

体育管理的组织职能保证了决策目标的实现和计划的有效执行。作为一项职能，"组织"是为了有效地实现体育组织的既定目标，通过建立体育组织机构，确定工作职责、权限，协调相互关系等活动，使体育管理诸要素合理有效地配合，形成一个有机整体的过程。

1.体育组织设计

体育组织设计[①]是指为实现决策目标而对组织层次、部门和权责进行管理的过程。建立组织和管理组织是管理工作的主要内容，一个组织为了有效实现其发展目的，必须探索如何设计其结构。

（1）体育组织设计的内容

一般而言，组织设计的主要内容包括如下几方面。

①职能分析和职位设计。

---

① 体育组织设计也称体育组织结构设计或体育组织机构设计。本书在同一概念上使用这3个术语。

首先要分析整个组织活动要得以正常有序、有效地进行，组织应该具备哪些职能，然后根据职能设计职位。

②部门设计。

根据一定的规则把部门分类，制订形成合理的部门结构。

③管理层次与管理幅度的分析与设计。

首先要对影响管理层次和管理幅度（是指一个上级主管人员能够有效地指挥和监督的下级工作部门或工作人员的数目）的各种因素加以分析，然后划分出不同的管理层次，并确定适当的管理幅度，目的是要保证整个组织结构安排的精干与高效。

④组织决策系统的设计

包括组织领导体制的确立，高层组织的权力结构设计，组织高层决策机制的设计，各种咨询性或顾问性组织的设计等。

⑤组织执行系统的设计。

体育组织设计执行系统主要是为了使计划更好地执行。

⑥横向联系和控制系统的设计。

⑦组织的行为规范设计。

⑧组织变革与发展的规划设计。

（2）体育组织设计的程序

①确定组织设计的基本方针

根据组织任务以及组织内外环境条件，确定组织结构设计的基本思路、设计原则和主要参数。

②职能分析与设计

主要分析为完成任务需要设置的管理职能，设计体育组织的总体管理流程。

③进行组织结构的框架设计

这一步骤是设计组织管理体制，即管理层次、部门和权责的划分，其是组织设计的主体工作。一般有两种方法：一是自下而上设计法，即先确定所需的岗位和职位，然后按一定要求，将各个岗位与职位组合成多个独立的管理部门，再根据部门多少和管理跨度要求，划分出管理层次；二是自上而下设计法，即首先根据管理职能和管理跨度。确定管理层次，然后根据管理层次确定部门，最后根据每个部门所应承担的工作分解成各个管理职务和岗位。在实践中，通常将这两种方法结合使用。

④协调方式的设计

协调方式的设计是设计组织结构框架内控制横向、纵向管理的手段，这样可以使得体育组织结构协调，实现组织管理的功能。

⑤管理规范的设计

这一步是确定各项管理的工作程序、工作标准及要求等。将以上内容用规范的形式表现出来，成为组织成员必须遵守的行为规范。这一步将使组织结构合法化和规范化，起到巩固和稳定组织结构的作用。

⑥人员配备

完成以上五个步骤工作，一个组织结构设计已基本完成，然后根据设计要求，配备各类管理人员。

⑦奖惩制度的设计

组织结构的正常运行还需要有一套明确的奖惩制度来保证。一般包括管理部门及人员的绩效评价与考核制度、管理人员的激励制度等。

⑧反馈和修正

体育组织结构的设计一定会有不完善的地方，我们需要定期进行修正使体育组织结构设计不断完善。

二、体育控制

（一）体育控制的概念

所谓控制是指为了实现组织的计划目标而对组织的活动进行监视并纠偏矫正，确保组织计划与实际运行状况动态适应的行为（徐子健，2008）。

（二）体育控制的内容

1. 对人的控制

任何组织的目标都是由人实现的，加强法制建设，健全法律制度可以加强对管理者的控制、现场监督，发现问题就纠正，评估工作绩效等可以加强对被管理者的监督。

2. 对财务的控制

为保证体育组织的正常运作，必须要进行财务控制。这主要包括审核各期的财务报表，以保证一定的现金存量，保证债务的负担不致过重，保证各项资产都得到有效利用等等。预算是最常用的财务控制衡量标准，因此也是一种有效的控制工具。

3. 对信息的控制

21 世纪是一个信息社会，及时准确的信息在组织中显得尤为重要，因此我们需要设立一个体育信息管理系统来及时给管理者提供真实精确的信息。

4. 对组织实施过程的控制

体育组织的实施过程很大程度上决定了组织提供的产品或服务的质量。通过对组织实施过程的控制，可以提高组织提供的产品或服务的质量。对组织实施过程的控制一般采用现场勘察、历史同期对比、效益评估等方式。

5. 对组织绩效的控制

组织绩效是组织中上层管理者的控制对象，组织目标的达成与否都从这里反映出来。对组织绩效的有效控制，关键在于科学地评价、衡量组织绩效。一个组织的整体效果很难用一个指标来衡量，关键是看组织的目标取向。即要根据组织完成目标的实际情况并按照目标所设置的标准来衡量组织绩效。

三、体育管理的方法

管理的方法指的是管理者在管理过程中，为了达到管理目的而采用的一系列方法和手段。

（一）体育管理方法的概念

体育管理方法，是指在从事体育活动中，各种能够实现体育管理职能和管理目标、保证管理活动顺利进行所采取的手段和途径。它是管理理论的自然延伸和具体化，是实现体育管理目标的具体手段和措施。使用适当的管理方法能有效地发挥体育管理系统的功效。

（二）管理方法的分类

从不同的角度分类，管理方法可以区分为许多不同的类型。其中较为常用的方法，就是按照管理方法的内容特征进行分类。通常可以划分为管理一般手段性方法（如行政方法、经济方法、法律方法、宣传教育方法）与管理技术性方法（如目标管理方法、价值工程法、ABC 分析法、网络技术等）。

（三）体育管理方法体系

一些体育管理方法互相联系就会形成体育管理方法体系，一般将体育管理方法体系分为三个层次，即哲学方法、具体方法和一般方法。

1.哲学方法

无论使用何种管理方法都需要有正确的指导思想，否则，再好的管理方法也无济于事。马克思主义哲学是辩证唯物主义和历史唯物主义哲学，是正确反映世界一般发展规律的科学，是科学的真理，是无产阶级的科学世界观。

因此，管理哲学方法是关于管理的世界观和方法论，是关于管理主、客体矛盾运动规律的科学。一切管理学说和管理活动都是在一定管理哲学指导下的学说和活动。在社会主义市场经济条件下的现代体育管理的哲学方法，是以马克思主义哲学为基础的一系列科学方法，任何管理者也总是自觉或不自觉地在一定的思想观点和方法指导下工作。

2.具体方法

具体方法是指解决各种具体的体育管理问题而采取的措施。它针对某一问题直接作用于管理对象，具有局部性，同管理的某个职能有关，是体育管理方法体系的最低层次。如德尔菲法、头脑风暴法、权重法、网络技术等等。

3.一般方法

现代管理的一般方法是在哲学方法指导下产生的，是各种具体管理方法的概括。一般分为三种类型：一是定性的方法。主要包括行政方法、法律方法、心理学方法和宣传教育等方法；二是定量方法，主要包括经济方法、数学方法等；三是定性与定量相结合的方法，主要包括系统工程方法、评价方法等。定量的方法一般建立在定性方法的基础上，定性方法以定量方法为前提条件，但是就目前发展状况看，定量方法更加实用，把定性方法和定量方法结合起来可以更好地发挥作用。下面具体介绍行政方法、法律方法、经济方法、宣传教育方法等几种一般方法。

（1）行政方法

①行政方法的内涵

概括地讲，所谓行政方法，也叫行政管理方法，是指国家行政机关和国家公务员在行政管理过程中为履行行政职能、开展行政工作、完成行政任务、实现行政绩效而采用的各种管理手段、措施、办法、工具、技术、路径的总和。

②行政方法的特点

行政方法是沟通行政价值选择、理念和行政政策、目标的桥梁，在行政实践中有非常重要的作用和地位。

A. 权威性

行政方法所依托的基础是管理机关和管理者的权威。管理者权威越高，他所发出的指令接受率就越高。提高各级领导的权威，是运用行政方法进行管理的前提，也是提高行政方法有效性的基础。管理者必须努力以自己优良的品质、卓越的才能去增强管理权威，而不能仅仅依靠职位带来的权力来强化权威。

B. 强制性

行政权力机构和管理者所发出的命令、指示、规定等，对管理对象具有程度不同的强制性。行政方法就是通过这种强制性来达到指挥与控制的目的。但是，行政强制与法律强制是有区别的：法律的强制性是通过国家机器和司法机构来执行的，准许人们做什么不准许人们做什么；而行政的强制性是要求人们在行动的目标上服从统一的意志，它在行动的原则上高度统一，但允许人们在方法上灵活多样。行政的强制性是由一系列的行政措施（如表扬、奖励、晋升、任务分配、工作调动及批评、记过、降级、撤职、处分直至开除等）作为保证来执行的。

C. 垂直性

行政方法是通过行政系统、行政层次来实施的。因此基本上属于"条条"的纵向垂直管理。行政组织一般是通过纵向下达命令的，下级领导者一般都是接受上级的指挥，对于横向的命令是不会理睬的，因此行政方法需要坚持纵向垂直管理。

D. 具体性

相对于其他方法而言，行政方法比较具体。不仅行政指令的内容和对象是具体的，而且在实施过程中的具体方法上也会因对象、目的和时间的变化而变化。所以，任何行政指令往往是在某一特定的时间内对某一特定对象起作用，具有明确的指向性和一定的时效性。

E. 无偿性

行政方法管理中，上级对下级的人财物使用不讲等价交换，一切都是按照行政管理的需要，不考虑价值问题。

③行政方法的作用

A.行政方法的运用有利于组织内部统一目标、统一意志、统一行动，能够迅速有力地贯彻上级的方针和政策，对全局活动实行有效地控制。尤其是对于需要高度集中和适当保密的领域，更具有独特的作用。

B.运用行政方法可以强化管理作用，便于发挥管理职能，没有行政命令就没有权威、没有服从，管理就不复存在，更谈不上管理职能的发挥，正是从这个意义上讲，行政管理对任何一种管理都是必需的。

C.行政方法是实行别的管理方法的必须途径，经济法律和宣传教育方法的发挥需要经过行政系统中介。

D.行政方法便于处理特殊问题，由于行政方法具有时效性强的特点，它能及时地针对具体问题发出命令和指示，从而较好地处理特殊问题和管理活动中出现的新情况，比如当环境突然变化，组织需要作出迅速反应和及时调整时，采用令行禁止的行政方法，可以迅速排除阻力，有效地解决问题，如体育组织中进行人事调整、运动项目的重新部署、组织机构的改革等，行政方法的这一特点是其他方法所不及的。

（2）法律方法

①法律方法概述

法律方法指的是以具有法律规范性质的体育法规作为管理手段调节组织内外关系的一种方法。

②法律方法的特点

A.普遍性

法律方法的普遍性表现在两个方面：一是运用法律手段控制和制约的对象是抽象的、一般的人；二是采用的法律手段使用于一定范围的各种情况，并能在同样情况下反复使用，比如《学校体育工作条例》不仅适用于中小学体育工作，而且对全国各级各类学校体育工作均具有普遍的约束力。

B.稳定性

它把管理中比较成熟、比较稳定和带有规律性的内容，用立法的形式规定下来，加以强制实施。各项法规的制定，都必须严格地按规定程序进行。同时，由于法规制约的对象是抽象的，如一般人或组织，而不是针对个别的具体人或具体事。因此，可以在同样的情况下反复运用，一经制定就具有一定的稳定性，不能经常更改。

C. 规范性

规范性指的是人们的行为必须遵守一定的原则，法律方法通过制订法规来告诉人们应该怎么做，做什么，从而达到目的。

D. 强制性

法律、法规一经制定就要强制实施，各个企业、单位以至每个公民都必须严格执行、毫无例外地遵守。否则，要受到国家强制力量的惩处，法律和法规不能因人而异，各种行为必须严格通过执法活动来维护法律的尊严。

（3）经济方法

经济方法在人类管理中是最经常使用的方法之一，经济方法是根据客观经济规律，运用各种经济手段，调节各种不同经济利益之间的关系，以获得较高的经济效益与社会效益的管理方法。这里所说的各种经济手段，主要包括价格、税收、信贷、工资、利润、奖金、罚款以及经济合同等。不同的经济手段在不同的领域中，可发挥不同的作用。

①经济方法的特点

A. 对管理对方发生作用的间接性

行政方法和法律方法是直接作用在被管理者的管理方法，经济方法是通过引导被管理者去追求利益，是一种间接作用于被管理者的管理方法，这种管理方法有利于调动被管理者的积极性，使得被管理者有自愿和选择的余地。

B. 灵活性

经济方法的灵活性主要表现在两个方面：一方面，经济方法针对不同的对象，可以采用不同的方式。另一方面，对于同一对象，在不同的条件下可以采用不同的方式进行管理，以适应不同的情况与形势。

C. 信息接受率高

由于经济方法是通过引导被管理者的自觉行为达到管理目的的，并且经济利益对人们的敏感性很强，能引起人们普遍的关注和重视，因此经济方法传达出的管理信息接受率就比较高。

D. 平等性

被管理的个人或者组织在面对经济方法获取自己的经济利益上都是公平的，

社会按照一致的价值标尺来分配经济利益，不管是什么角色，什么地位，任何人在经济方法尺度的评判上都是一样的，没有特殊。

E. 关联性

在体育管理中运用经济方法，不仅影响面宽、涉及的因素多，而且每一种经济手段的变化都会影响到体育系统内部多方面的连锁反应。例如，对于不同层次体育竞赛中获奖的运动员、教练员的奖励问题，体育场馆的承包机制等。

因此，在管理中运用经济手段，应把握具体管理对象的特殊性质，注重未来发展的预测，使经济方法发挥其应有的作用。

②经济方法的正确运用

A. 要注意经济方法和教育等方法有机结合起来综合使用

人们除了物质需要以外，还有更多的精神和社会方面的需要，在现代生产力迅速发展的条件下，物质利益的刺激作用将逐渐减弱，人们更要接受教育，以提高知识水平和思想修养。再者如果单纯地使用经济方法，易导致讨价还价，"一切向钱看"的不良倾向，易助长本位主义、个人主义思想。所以必须结合教育方法，搞好精神文明建设。

B. 既要发挥各种经济杠杆的作用，更要重视整体上的协调配

假如忽略综合应用，单独使用单一杠杆并不能取得好的效果，必须综合运用。

③经济方法的主要作用

A. 有利于提高经济效益

体育管理的经济方法，其实质是围绕物质利益，运用各种经济手段正确处理好国家、集体、个人三者之间的经济关系，最大限度地调动各方面的极性、主动性和创造性，从经济利益上激发人们的责任心。鼓励人们在工作过程中不断节约成本，提高效益。在此基础上，使集体与个人的经济利益也得到一定的满足，从而调动人们的积极性。

B. 有利于强化管理职能

管理部门通过各种各样的经济手段来制约下级被管理者，这一管理措施使管理主体可以协调发挥各自的作用。

C. 有利于适当分权

由于运用经济方法采用了经济制约，这就给管理客体拥有相应的自主权创造

了条件，从而有利于适当分权。管理的主体就不必担心下级组织或个人由于缺乏应有的经济利益而对工作持消极态度。相反，管理客体还会主动利用下发的权利，在工作中积极完成任务。这样，管理主体就可减少一些行政监督事务。

D. 有利于客观地检查管理效果

由于运用经济方法，其管理效果是通过各项经济指标反映出来的，所以具有客观性的特点。因而经济方法有利于客观、公正地评价管理效果，调动人们工作的积极性。

（4）宣传教育方法

①宣传教育方法的特点

A. 真理性

宣传教育方法具有真理性的特点，它的真理特点说服人们，激发人们的积极性。

B. 长期性

主要表现在其工作的长期性和效果的长期性两个方面。宣传教育工作旨在改变人们的观点甚至世界观，这不是一时一刻能做到的。教育要深入细致的工作，教育工作要经常化。

C. 间接性

宣传教育方法通过真理性教育使人们自觉行动，而非直接强迫人们采取或不采取某种行为。因此，宣传教育方法是否有效的关键在于它的内容是否可信和具有说服力，它的方式是否易于被人们接受。

D. 广泛性和多样性

宣传教育的对象是不同的人。不同年龄层次的人的思想千差万别，这就要求宣传教育要应用广泛、多种多样的思想。

E. 宣传教育方法的几种形式

为了提高教育工作的效果，必须讲求工作的科学性。在新的形势下要不断创造具有现代气息和易于被人们接受的新的宣传教育方法。

A. 系统的理论教育

这是提高被管理者思想政治素质的最基本的形式。

B. 对比教育

通过对比，鉴别是非，区分优劣，提高人们的思想认识。

C. 谈心教育

这是能深入细致了解思想问题的好途径，又是解决问题的好形式。

D. 预防教育

重视事先诱导，做到防患于未然。

E. 养成教育

培养出好习惯，及时教育。

F. 配合教育

各方面互相配合，协同教育。

③宣传教育的主要内容

A. 人生观及道德教育

要树立为人类解放和社会进步奋斗献身的远大理想，大公无私、先人后己、全心全意为人民服务的精神，自觉抵制损公肥私、损人利己、金钱至上、以权谋私、欺诈勒索、贪图享乐等剥削阶级腐朽思想的侵蚀。

要遵守社会公德及职业道德，钻研业务，忠于职守。这种教育单凭教条式的空洞说教，收效甚微。应当结合具体生动的实例、案例、典型，通过讨论的方式进行。

B. 爱国主义和集体主义教育

经常进行爱国主义教育讲座，引导树立正确的爱国观，清楚了解我国的历史和现状，发奋努力投身于社会主义事业中，劝导人们热爱现在来之不易的生活，处理好个人利益和集体利益的关系，发挥团结、友爱、奉献集体的精神。

C. 民主、法制、纪律教育

管理的人本原理告诉我们必须全心全意依靠企业广大职工办好企业，不仅企业领导层在进行企业管理决策时要充分考虑本企业职工的利益，并且还应当通过各种方式吸收职工参与企业管理。同时还要对职工进行正确行使民主权利的教育。

民主体现在职工有权对企业的经营活动进行监督，有权维护自己的合法权益，有权对企业的管理工作提出批评建议，也有权参与企业管理，但应当实事求是地承认，由于信息和能力的限制，参与的程度和方式是有限度和有条件的，切不可自以为是"主人"就存有不切实际的乌托邦式的空想。

社会主义企业在扩大社会主义民主的同时，还应大力加强社会主义法治，加强劳动纪律和工作纪律，才能规范和约束人们的行动，制裁和打击各种不法行为，并同种种压制和破坏民主的行为作斗争，才能保证社会主义企业生产经营活动的正常进行，才能使职工的根本利益得到保障。

D.科学文化教育

科学技术是第一生产力，是企业迅速发展的重要条件。当今社会，科技已经成为企业的核心竞争力，目前我国职工的科学文化素质还不够高，在应用科学设备方面存在一些困难，我们需要对职工进行科学有效的文化教育，提高员工的业务素质，使他们更快地适应现代化的脚步。

E.组织文化建设

组织文化是组织员工在较长时期的生产经营实践中逐步形成的共有价值观、信念、行为准则及具有相应特色的行为方式、物质表现的总称。它是员工内在的思想观念与外在的行为方式和物质表现的统一，要通过组织文化建设来制造促进职工素质不断完善的精神环境。

在组织文化建设的指导思想上，必须突出管理的人本原理，坚持"以人为本"的指导原则。组织文化的主体是组织员工，组织员工是物质财富与精神财富的创造者，坚持把人作为第一因素，把尊重人、关心人、理解人、培养人、合理使用人、全方位地提高组织员工的素质，作为组织文化建设的主要内容。

④宣传教育工作要讲究策略

A.要取得有关领导的支持，要经常向各级领导汇报本部门的工作职能和近期工作的成效；要经常和上级部门进行交流，及时传递自己的看法和意见，只要领导支持和重视，就会事半功倍。

B.应该把宣传教育工作融入职工的日常生活和工作之中，保证宣传教育经费，使宣传教育工作制度化。

C.要有广泛性、及时性、针对性，要因人、因事、因地制宜。要面向所有管理人员和社会各界，针对宣教对象，确定相应的内容，宣传形式要多样化，充分利用电视、广播、报刊、标语等将工作宣传到每一位人员的心坎里，增强他们的事故防范能力。宣传教育的内容必须通俗易懂，内容丰富，讲究实效，形式多样，让人容易接受。

D.宣教形式要新颖多样化，除发放宣传材料和书写标语等常用方法外，还可以开展各种有奖竞赛，举办专题电视讲座，举办法规宣传月、宣传周，深入到基层，广泛听取各界人士的建议和批评。

宣传教育工作要灵活多变，如动态宣传、静态宣传、正面宣传、反面宣传等。要配置专门的宣传工作人员，配置必要的宣传工具和宣传资料，尽量利用宣传媒介，这样就更方便了。

第二节　现代体育管理的体制

一、体育管理体制概述

（一）体育管理体制的概念

体育管理体制是指国家机关、企业事业单位在一定历史时期、体育系统内的机构设置、权限划分、运行机制等方面的体系、制度、方法、形式等的总称，是实现国家体育总目标的组织基础，是各国政治制度的重要组成部分。

（二）体育管理体制的影响因素

体育管理体制有各种各样的形态，可以划分成不同类别，其影响因素包括国家的政治、经济、文化以及体育的性质和体育的发展程度等。

1.国家的政治与经济体制

一个国家的政治、经济体制，对于体育管理体制有着决定性影响。在实行计划经济的国家里，体育被视为国家事业，体育管理体制通常属于政府管理型；而在一个分散、实行市场经济的国家里，体育主要作为一项产业独立运行，因而体育管理体制通常属于社会管理型。

与国家的政治经济体制相吻合的程度，是衡量体育管理体制合理与否的主要标准。当一个国家的政治、经济体制发生变化乃至变革时，体育管理体制总要相应地适应这一变化或变革。然而，是主动还是被动地适应，适应程度如何，则常常是体育管理者面临的严峻课题。

2.国家经济发展程度

国家经济发展程度对于体育管理体制有着深刻的影响。由于体育自身具有的重要功能，使它成为人们社会生活中不可或缺的一部分。

然而，体育毕竟不是物质生产部门，当一个国家的经济发展程度低下、人民温饱尚未能全部解决的情况下，社会就无法也无力承担起支持与发展体育的责任。这时，政府就将面临是承担起这一责任还是放弃体育发展的抉择。

3. 民族文化与传统

一个国家的民族文化和传统对这个国家的文化有着源远流长、根深蒂固的影响，东方国家长期受封建传统思想的统治，人们的思想文化中有重权威的思想倾向，表现在体育管理体制上就是权力相对集中。但是在西方国家，人们都崇尚个人个性发展，所以说民族文化传统对体育管理体制也是有很大影响的。

4. 体育自身的性质与发展程度

体育自身的性质对于体育管理体制的影响是关键性的。在一个国家内部，体育自身的性质受国家政治经济体制等因素的影响。在国家集中了全部或大部分政治经济权力时，竞技体育带有较强的政治化倾向，而大众体育则表现为福利型体育。由于政治行为与福利行为本身就是典型的政府行为，这就决定了它的管理体制必然是政府管理型的。

体育的发展程度也对体育管理体制有着很大的影响。随着体育的迅速发展，它在不发达国家中已成为一项巨大的事业。一方面，如果作为福利事业，它的巨额支出将使政府不堪重负；另一方面，如果作为一项产业，它的高额收入又将吸引各社会利益集团的竞争。在这种情况下，体育管理体制会日渐向社会管理型方向偏移。

著名的国际奥林匹克运动的发展对每个国家的体育管理体制都有着重要影响，奥林匹克运动催促每个国家的体育管理体制向它接轨。

（三）现代国际体育管理体制的主要类型

世界各国体育管理体制的性质、内容与结构各有不同，按照管理权利的归属，可分为政府管理型和社会管理型。这一分类方式没有精确的定量标准，在这两类型之间，存在着中间型，称为中间型或结合型。

1. 政府管理型

这种体制的管理组织成塔级结构，最高权力机构根据下级机构的有关信息和战略制订计划，并通过指示、命令的行政手段使其所制订的计划得到执行，下级机构未经上级的批准无权修改和调整计划。

在政府型体育管理体制下，这种计划机制起主导作用。它的优势在于通过合理的人力、物力和财力的计划，全面地管理来实现计划所要达成的目标。一般来说，短期内成效显著。但是由于计划的复杂性和信息问题，作出科学合理的计划是相当困难的。长期实行这种体制的效率不高。

2. 社会管理型

社会管理型体制中，权力都分散在各个经济组织里，每个经济组织可以依据信息结合自己利益来做出判断。政府对各经济组织的管理主要是通过法律、经济、政策和教育的手段来引导和协调各经济组织的活动，市场机制起主导作用。

它的优势在于可以充分发挥各经济组织的能动性和积极性。同样，由于信息的问题和各经济组织的利益冲突，市场会发生波动和混乱，并且依靠市场本身来调整的过程通常是缓慢的。

3. 结合型

在结合型体育管理体制中，是偏重于市场机制的作用还是偏重于计划机制的作用，在不同的国家和地区是不同的。它取决于国家财产所有性质和经济发展水平等因素。通常在私有制占主导地位的国家，计划机制主要起指导性作用，市场机制起主要作用。而在公有制的国家中，政府可以利用所占有的人力、物力和财力以及根据市场的规律，在宏观和微观领域中发挥计划机制的作用，克服市场机制的缺陷，协调和控制市场的波动和失灵现象。结合型体育管理体制在目前比较流行，大部分国家都会采用这种体制，我国的体育管理体制正在向着混合型迈进。

二、举国体制

自 20 世纪 50 年代以来形成的中国体育管理体制被称为举国体制，这一体制一直延续了 40 余年，直至今日，中国经济体制改革特别是建立社会主义市场经济以来，才在某种程度上发生了本质变化，由于举国体制对中国的体育发展产生了并将继续产生深远的影响，因此，需要对它有一个比较彻底地了解。

（一）举国体制的主要特点

举国体制的原有含义是"在党中央国务院直接领导下的政府领导机构和社会体育组织相结合的"体育管理体制，是属于结合型的管理体制，然而在它的沿革过程中，一度发展成为相当典型的政府管理体制，这表现在以下几个方面。

1. 政府行使几乎全部管理职权

1952 年，中华全国体育总会成立，当时它的任务是"协助政府组织领导并推进国民体育运动，为增进人民身体健康及为国防与生产服务"。中华全国体育总会是一个社会体育组织，但是可以行使一部分政府行政权，其中需要的经费都是国家预算开支的，所以中华全国体育总会其实是一个半官方的组织。

1956 年，《中华人民共和国体育运动委员会章程》公布。国家体育总局是国务院的下属部级政府机构，它的总任务是"负责统一领导和监督全国的体育事业，发展体育运动，以增强人民体质，培养人民勇敢、坚毅和集体主义精神，并向劳动人民进行共产主义教育和劳动卫国教育"。

同年，中华全国体育总会对《章程》进行修改，其中关于总任务的条款改为"领导中华人民共和国的业余体育运动"，具体工作任务从八条减为三条，其中关于制定全国体育运动计划、制定体育制度与规则、负责国际体育事务等职能已不再存在，而只余下宣传推广群体工作与组织竞赛。

事实上，即使如此，中华全国体育总会以及后来成立的中国奥委会也并未继续行使它们的有限职权。中华全国体育总会和中国奥委会以及它们下属的各种运动协会实际上仅在名义上存在，体育总局所设的各主管业务的司处取代了这些协会，并用它们名义行使着体育业务管理职权。

2. 国家承担绝大部分经济义务

在这一时期，国家支付体育事业日渐增长的绝大部分费用。在竞技体育方面，国家负担从中、小学校队，各级体校直至国家优秀运动队的一切费用。在群众体育方面，国家不仅直接拨发经费，而且通过全民所有制企事业单位间接地支持着所有职工的体育活动。国家承担绝大部分经济义务来增强人民体制，增强我们的民族凝聚力，使得国家更加团结友爱，人民更加爱国．提高我们的国际地位。

3. 行政手段是主要管理手段

由于政府对体育事业发展承担着绝大部分义务，也掌握着几乎全部权力，因而在这一时期所有的体育行为大体都是政府行为或政府行为的延伸。行政命令成为体育管理的最重要手段。政府文件成为最常用的管理信息，以致各运动项目的运动员等级标准、体育院校的专业设置、运动员伙食、服装供应标准等纯业务性或学术性事务，均通过政府文件加以规定。

（二）对于举国体制的历史评价

建立举国体制的理论依据是社会主义体育的人民性。由于将体育界定为人民的事业，而国家代表着人民的利益，体现了人民的意志，体育由政府直接管理就成为一种必然。

在实现方面，举国体制是社会主义计划经济在体育管理体制方面的体现。在改革开放之前，我国的总体社会结构中，国家几乎占有着全部重要的资源。因此，体育不可能也不应该游离于国家政治、经济体制之外。

我国曾经长期处于政治动荡、经济困难时期，采用集中管理的方式进行管理，有助于我国的统一和发展，举国体制和当时我国的经济政治体制是协调一致的，所以发挥了很好的作用，用极有限的人力、物力和财力在短时期内在旧中国的废墟上迅速重建了中国的体育事业，并把中国建成了一个体育大国。

三、我国体育管理体制的演变及改革

（一）我国体育管理体制的演变与现状

1.1978—1980 年三年调整，形成举国体制

由于"文化大革命"的影响，20 世纪 70 年代末期，中国的经济、文化、教育事业一度瘫痪，濒临崩溃，在这百废待兴之际，1978 年十一届三中全会的召开成为中国新时期的一个转折点，这次会议的中心议题是把工作重心由阶级斗争转移到社会主义建设上来，于是全国上下各级体委重新建立起来，中国体育总会、中国奥委会等体育行政机关开始重新运作。1978 年下半年，召开了全国体育工作会议，拨乱反正，清除了"四人帮"在体育事业中的流毒和影响。

1979 年 2 月的全国体育工作会议正式提出了将工作的重点转移到体育、业务工作上来，并确定了"普及和提高相结合的前提下，侧重抓提高"的方针政策，初步形成了奥运战略。1980 年的全国体工会议则进一步完善，这一战略，更加确定了以竞技体育为工作的中心。这三年的调整，三次会议的召开，标志着中国以竞技体育为中心的举国体制正式形成。

举国体制是结合当时的生产力提出来的，是与我们的政治体制相符的，在政

治动荡、经济水平低的国情下，用极其有限的人力、物力、财力来发展我国的体育事业，并且为我国的体育事业奠定了非常好的基础。

在这期间，国家体委制订的奥运战略推进了竞技体育的迅猛发展，同时，也制订了一系列有关群众体育、学校体育的法规政策。1979年，教育部公布了《全国学生体育运动竞赛制度》《高等学校体育工作暂行规定（试行草案）》《中小学体育卫生工作暂行规定（试行草案）》。总体来说，由于国家"侧重抓提高"方针的引导，群众体育与学校体育明显滞后于竞技体育，从而形成了竞技体育一头热的局面。

2.1981—1984年，中国体育体制改革的准备阶段

经过三年的调整，中国的体育事业已基本步入正轨，在举国体制的前提下开始对体育体制各方面进行了一些初步的改革试点。1981年，开始进行以提高体育总会、单项体育协会和行业体协的地位及作用为内容的改革试点；1983年，开始对训练体制和竞赛体制进行多方面改革；1984年开始对体育科研体制进行改革。这一切为1986年的体育体制改革在理论上、实践上都做好了充分的准备。

同时，在80年代中期，国家体委逐步形成了以青少年为重点的全民健身战略和以奥运会为最高层次的竞技体育战略协调发展的思路。这一阶段体育体制的改革基本上是顺着三年调整的方向进行的，以竞技体育为中心这一政策得到了巩固，从而在短短几年内，中国竞技体育的发展令全世界震惊。

举国体制下，我国跨入了世界体育强国行列。1982年，我国选手在第9届亚运会上得到了61枚金牌，夺得了金牌的奖牌数第一名的好成绩。1984年，我国又获得了金牌总数第四名。

3.1984—1992年，中国体育体制的初步改革

在1984年至1985年之间，中国掀起了一股体制改革的热潮，中央制定了《关于经济体制改革的决定》《关于教育体制和科技体制改革的决定》《关于科学技术体制改革的决定》等一系列改革的方针、政策，全国的各行各业都在对旧有体制进行程度不同的改造与完善。

同时，1984年奥运会上中国队取得的佳绩也令国人振奋，体育事业的发展成了万众瞩目的焦点，在这种外在环境及内在动力的推动之下，1986年4月15日，国家体委颁布了《关于体育体制改革的决定（草案）》，为中国体育体制的改革拉开了序幕。

这次体制改革的中心是由国家包办体育过渡到国家办与社会办相结合，转变国家体委等行政机构的职能，理顺体委与各方面的关系，恢复、发展行业体协和基层体协，放手发动全社会办体育，并对竞赛体制、训练体制、科研体制等分别进行了一系列变革。这一时期的改革虽说解决了一部分难题，但是改革的性质、方向都还很不明确，只是小修小补，并没能从根本上进行改变。因此，改革中的深层次弊病仍然存在。

4.1992 年至今，中国体育体制改革深化

1992 年，邓小平的南巡讲话在中国大地引起了巨大反响，市场经济的确立使整个社会结构发生了巨变、利益权力再次分配、社会力量有所加强，国家的经济水平得到空前提高。这时，"小政府、大社会"的前提条件已成熟，政府没有必要也不可能再包办一切事务，下放权力给社会，由社会办体育成为一种共识，建立一种新型的、顺应市场经济基础的体制已是大势所趋。

于是，1993 年的全国体委主任会议制定并下达了国家体委《关于深化体育改革的意见》，确立了 90 年代体育体制改革的基本思路，即实现由计划经济体制下的体育体制向与社会主义市场经济体制相适应的体育体制转变，逐步建立符合现代体育运动发展规律、国家调控、依托社会、自我发展、充满生机与活力的体育体制和良性循环的运行机制。

在这一阶段，国家对体育的各个领域分别进行了大刀阔斧的改革。首先，在1993 年成立了 14 个运动项目管理中心，1997 年又组建了 6 个，并对 3 个管理中心进行了调整，20 个管理中心管理着 41 个单项协会和 56 个运动项目，这在一定程度上促进了单项体育协会的实体化。同时，国家体委机构也进行了相应的精简，1994 年，国家体委机关由原来的 15 个厅、司、局缩减为 13 个，工作人员由 470人缩减为 381 人。

1998 年，本着"精简、统一、效能"的原则，国家体委再次进行了机构改革，原国家体育运动委员会改组为国家体育总局，改组后的国家体育总局由国务院组成部门改变为国务院直属机构，内设机构减少到 9 个，人员编制由 381 人减少为180 人，但主要职责不变，这一系列的机构改革提高了我国体育行政机关的工作效率。其次，政府机关职能转变为管体育，国家一手包办转换为宏观调控，国家进行监督协调，同时我国还制定了很多政策法规。

作为体育体制的重要组成部分，竞赛与训练体制在 20 世纪 90 年代也发生了一些重大的转变。首先，对全运会体制进行了一定程度的改革：①改变举办时间，从第 7 届全运会开始，全运会改在奥运会后一年举行，而不是原来的奥运会前一年举行；②调整项目设置，缩短战线，突出重点，从 1997 年第 8 届全运会开始，全运会的项目设置为 28 个大项，并力求与奥运会项目设置一致，比 1993 年第 7 届全运会的 43 项减少了 15 项；③改革了积分方法，如：凡在奥运会、全运会前的一次世界锦标赛取得前三名的奖牌，同时计入全运会；在全运会上创、超全国纪录的实行加牌加分。

其次，原有的国家队集中训练这单一形式被打破，取而代之的是集中与分散相结合，即国家、地方、解放军、企业、高校等按照各自的实际情况办优秀运动队，从而形成了国家与地方相互竞争、全社会来办竞技体育的可喜局面。另外，随着经济水平的提高，人们的健康问题已成为现实生活中一个重要的议题，提高全民身体素质被摆上了议程。在 20 世纪 80 年代我国就形成了群众体育与竞技体育协调发展的战略指导思想，并在《中华人民共和国体育法》中以法律的形式确定下来："体育工作坚持以开展全民健身活动为基础，实行普及与提高相结合，促进各类体育协调发展。"

进入 20 世纪 90 年代后，国家体委的工作重点也慢慢由竞技体育转移到提高全民身体素质上来，1995 年 6 月，国务院批准《全民健身计划纲要》，并在全国九届人大四次会议中通过的《国民经济社会发展"九五"计划和 2010 年远景目标纲要》中，强调实施全民健身计划，普及群众体育活动，增强人民体质，加强学校体育。本次工作重点的转变，对于我国体育行业来说是历史性的变化，对于增强我国人民的身体素质有着重大意义。

90 年代的改革，相对 80 年代来说，要更为深入、更为彻底，是一场对原有体制进行的根本变革，改变了人们的观念，把体育社会化、产业化，将体育与市场联合起来，取得了较好的经济效益与社会效益。

需要指出的是这一时期的改革使一些深层的矛盾也随之暴露出来，如体育社会组织与政府部门的关系仍未理顺；全国体育总会与中国奥林匹克委员会依旧是虚设；又如，虽然体育事业的法治建设有所改善，但"人治"色彩依然很浓，这些都需要我们花更多的精力、更多的时间逐渐去完善，中国体育体制改革任重而道远。

目前我国的体育管理体制正在由政府管理型向社会管理型转变，处于政府管理体制向政府与社会结合型管理体制改革过程中的一个过渡阶段。根据市场经济的需要，社团型的体育管理体制使体育显现出了动力和活力，政府部门不应该再直接参与体育，而要为体育的发展指明方向，为市场环境下的体育运营进行宏观调控。

社团管理和政府管理的结合型体育管理体制逐步形成，体育管理体制的发展是一个漫长的过程，因此，在我国建立健全的体育管理体制，处理好政府和社团的关系，才是我国体育体制改革的重点。

（二）我国体育管理体制的改革情况

1. 中国体育管理体制改革的动因

为什么要改革？中国体育管理体制改革发轫于何处？这是中国体育管理体制改革实践者们需要回答的首要问题。从对此问题进行较深入研究的一些专家学者的观点看，运用系统的、历史的观点来分析中国体育管理体制改革的动因问题则显得比较客观且全面。体育体制的形成、发展、成熟和衰亡都是由体育发展的内外环境动态调适的客观规律所决定的，不以人的主观意志为转移。

中国体育管理体制的影响因素主要包括国家的政治、经济体制、经济发展的速度、文化与传统特点以及体育自身的性质与发展程度等。中国经济体制改革，特别是建立社会主义市场经济以来，中国体育管理体制开始发生了某种程度上的本质变化。

中国的改革开放大潮和计划经济向市场经济转变的进程，已从根本上动摇了原有的专业体育体制的基础与存在依据。我国的改革开放，社会主义市场经济改革目标的建立要求我们应该注重创新，使中国体育管理体制发生更深层次的本质变化，实现和国际体育的全方面接轨。

由以上论述不难看出，外部环境的变化是中国体育管理体制改革的"外因"，作为"随动系统"的中国体育管理体制改革似乎只能选择"应时而动"。但我们应该认识到，"内因"才是中国体育管理体制改革的根本原因。在过去几十年中，在我国计划经济体制下形成的高度集中的体育管理体制及在这种体制下产生的一些深层次的问题和矛盾，已不适应社会主义市场经济的发展。

这些深层次问题和矛盾表现为：中国体育管理的权限过于集中，各级组织权责不明，管理制度、法规不健全，法制化程度低，资金保障体系不健全，社会化程度低。其最大的问题是体育运动不能顺应经济的发展和社会的变革，以及竞技体育与群众体育不能协调发展。

从我国现行体育管理体制的结构看，各系统的纵向结构较为明显，而横向结构紊乱，各系统之间缺乏有效联系；从功能方面看，无论是纵向还是横向，各层次权力分配不突出，职责不明确，因而缺乏有效的管理，使体育管理体制内部存在着巨大的功能内耗；从社会体育管理体制看，在政府占主导地位的社会体育管理体制下，社会体育本身缺乏"造血"功能，经济上不能自我创收。

社会体育的发展不能呈现良性循环的局面；从竞技体育管理体制看，"政事不分，管办一体，统得过多，管得过死，从而抑制了社会办竞技体育的积极性，造成资金投入渠道单一，加之条块分割，多头管理，力量分散，宏观调控不力。"我国著名体育学者卢元镇教授则把中国体育管理体制改革的动因归结为两股潮流的作用：第一股潮流是中国市场经济的发展和相应的经济体制不可遏止的变革，第二股潮流是世界体育运动的发展和它自身躁动着的改革倾向。

根据以上的内容可以看出，在内外因素的交叉影响下，中国体育管理体制发生了深刻改革，这不仅是一方面的影响，而是各个方面的交叉影响，我国体育管理体制具备了改革的内外部力量，而这种改革是否能上升到实际操作层面以及改革的结果如何等，则更取决于改革的推动者、策划者的"意志"及"能力"。

2. 中国体育管理体制改革的目标

体育管理体制改革目标是管理体制改革的方向及目标性问题。早在 20 世纪 90 年代，原国家体委就提出过"五化五转变"（体育法发布后改为"六化六转变"）的改革目标，从观念层次、操作层次和行为层次提出了改革的要求与改革任务。1993 年《关于深化体育改革的意见》中提出要建立与社会主义市场经济体制相适应，符合现代体育运动规律，国家调控，依托社会，有自我发展活力的体育体制和良性循环的运行机制，形成国家办与社会办相结合、集中与分散相结合的格局。力争在 20 世纪末初步建立具有中国特色的社会主义体育新体制。进入 21 世纪，《2001—2010 年体育改革与发展纲要》进一步提出：新世纪前 10 年体育改革与发展的总目标是建立与社会主义市场经济体制相适应的、符合体育发展规律的体育体制和运行机制，初步形成有中国特色的社会主义体育组织体系。

我国体育学者于善旭教授认为：到 2010 年，基本形成与社会主义市场经济体制和社会全面进步相适应、保障国家和社会共同兴办体育事业、符合现代体育发展规律、促进各类体育协调持续快速健康发展、组织与结构科学有序、具有中国特色的社会主义体育管理体制和运行机制。

不管是专家还是官方，都指出我国的体育管理体制改革的目的是建立符合我国国情的体育管理体制，这样的构想实行的关键问题是什么呢？笔者认为，中国体育管理体制改革目标能否实现的关键问题是政府、社会及市场之间的博弈及利益分权。这是因为，在现代社会中，体育领域内的权力和利益通常归政府或社会（以各种社会体育组织为代表）所有，或者由它们分享。权力和利益的归属，决定了体育及其管理体制的性质和形态。

因此，中国体育管理体制改革的目标必然与此有着直接的联系。有些学者较明确地提出了事关中国体育管理体制目标实施的一些关键性问题：如我国竞技体育管理体制的目标是逐渐由计划经济体制下形成的统包统配、国家集权的竞技体育管理体制，向以市场经济条件下政府宏观调控、计划与市场内在统一、竞争有序又充满生机与活力的竞技体育管理体制过渡。

社会主义市场经济条件下，举国体制的重要特征在于既发挥政府的主导作用，又不排斥社会和市场的作用，并通过政府主导作用的发挥来鼓励、引导和调控社会和市场办体育，最终形成政府主导、社会自治、市场自主三者之间的协调运转和有机融合。

深化我国体育事业管理体制改革的目标是实现政事分开，建立与我国社会主义市场经济体制和体育事业自身发展规律相适应的现代体育事业制度等。由此看出，我国体育管理体制有了更加健全、完善、合理的目标，社会行为会居于主导地位，政府行为适当减少，只有这样，我国的体育体制才能蓬勃发展。

3. 中国体育管理体制改革的特色

当前，中国体育管理体制改革的进程如何以及呈现哪些特征等问题，已成为我国学者广泛关注的焦点。总体而言，当前中国体育管理体制改革体现出明显的中国特色——具有鲜明的过渡型特征。如有学者提出，由于中国经济、文化发展的不平衡，多元化管理体制将保持相当一个时期。

中国体育管理体制改革将滞后于中国的经济体制改革。在相当长的一个历史阶段内，中国的竞技运动将很可能维持职业竞技、业余竞技和专业竞技三种体制和模式共存互补的现象。中国现行社会体育管理体制也处于政府管理体制向政府与社会结合型管理体制改革过程中的一个过渡阶段。

具有中国特色的运动项目管理中心既不同于我国传统体制下政府在竞技体育宏观管理与具体事务间的双重身份，又与国外运动项目协会存在着较大区别，这是一种基本符合我国现阶段国情的过渡性管理机构。有学者认为，现阶段中国社会结构的变迁出现了一种矛盾现象，即社会结构在改革后发生了剧烈深刻的分化，但各类社会组织不但没有随着分化程度的加深和速度的加快使其功能更加专门化、单一化，反而出现了全面"经济化"或"企业化"的趋势。

加入 WTO 的中国，将快速地融入高度分化的世界大经济潮流之中，多种经济成分并存将成为其永恒主题，如果体育组织结构过于单一，就很难适应变化的经济环境。还有一些专家直接指出，我国体育管理体制并没有实现本质变化，体育管理体制改革还很不彻底，在许多方面存在问题，管理部门功能重叠、腐败现象十分严重，这些都是我们急需解决的问题。

4. 中国体育管理体制的发展趋势

（1）体育管理的宏观职能和微观职能将得到全面加强

在管理权限方面，国家不再包办一切事务，办体育的权力交给社会去行使，充分发挥基层单位与个人的自我管理、自我发展的积极性，国家行政机关只进行宏观的决策、协调、监督，将宏观与微观的管理结合得更紧密、更完善，从而使体育管理的宏观职能和微观职能得到全面的加强。

（2）政府管理型与社会管理型管理体制并存

政府管理型与社会管理型管理体制将在一段时间内并存。因为中国经济、文化发展的不平衡，政府管理型与社会管理型管理体制将会并存，而且还要保持相当一个时期。在部分经济落后、文化封闭地区（如西部地区），体育体制中事业成分较重，由于社会经济力量薄弱，不足以承担支持和管理体育的责任，政府管理型体制不得不保留下来，而且其职责应该加强；而在经济发达、体育市场相对成熟的地区（如东部地区），体育社会化与产业化程度高，产业性质突出，逐渐形成社会管理型体制。

（3）政府与社团结合管理模式是体育管理体制改革的发展趋势

政府与社团结合管理模式是体育管理体制改革的基本取向。政府根据法律的规定在许多方面发挥着指导作用，保证大众体育的利益。

一方面政府的体育行政部门应努力调整自己与体育社团及其他体育组织的关系，形成一种法律和协议的关系，而不是直接管理关系；另一方面政府积极向体育社团、行政机构、私人机构及其他体育组织分权。

依据社会体育需求分配体育资源，引入市场运作机制。通过体育立法和出台相关政策，社会体育俱乐部、体育协会将逐步完成实体化进程，人才交流制度将日趋科学合理，同时引入市场竞争机制，按照市场的需求和政策法规的保障来进行利益分配。市场经济最基本的原则是市场在资源配置中起基础性作用。依据市场经济的有关理论，整个社会体育中存在着私人品的体育产业、公共品的体育事业和既有私人品又有公共品的混合体三种情况。属于公共部分的体育事业应该由政府来进行管理、投资和发展，以满足人们对体育的需求。属于私人品部分的体育产业则应该由社会上的企业、俱乐部及协会和民间组织等力量来进行管理和发展。处于二者交集的中间部分就由政府和社会力量配合进行发展。

总的来说，我国体育管理体制的形成和我国计划经济体制的选择、我国经济和体育的发展程度以及我国体育精神的缺乏有很大的关系。今后，我国体育管理的宏观职能和微观职能将得到全面加强，政府管理型与社会管理型管理体制将在一段时间内并存，政府与社团结合管理模式是体育管理体制改革的基本取向。

5. 中国体育管理体制改革的途径

中国现有体育管理体制存在一定的弊端，坚持走改革的道路是体育界人士的共识。走改革之路，也就是不断地用有效的手段去治理体育管理体制中的弊端，促进具有中国特色的体育管理体制的逐步形成。

治理（governance）一词是相对于传统的统治（government）而言的。1989年，世界银行在撒哈拉结构调整项目失败的总结报告中第一次提出"治理危机"，认为有必要改革撒哈拉国家的公共管理和公共行政。后来，西方一些专家为"治理"增加了新的定义，使得该理论发展成包含治理、善治和全球治理的理论，并且贯穿于国际组织和西方国家的政治中。

全球治理委员会对治理理论的定义具有代表性和权威性，该委员会在1995年发表了一份题为《我们的全球伙伴关系》的研究报告，对治理做出了如下界定：治理是各种公共的或私人的个人和机构管理其共同事务的诸多方式的总和。它是使相互冲突的或不同的利益得以调和并且采取联合行动的持续的过程。

这既包括有权迫使人们服从的正式制度和规则，也包括各种人们同意或以为符合其利益的非正式制度安排。它有 4 个特征：治理不是一整套规则，也不是一种活动，而是一个过程；治理过程的基础不是控制，而是协调；治理既涉及公共部门，也包括私人部门；治理不是一种正式的制度，而是持续的互动。

治理理论的内容主要包括治理的主体、对象、方法和目标。主体方面，除政府外，还包括其他各种公共组织、民间组织、非营利组织、私人组织、行业协会、科研学术团体和社会个人等等。对象或客体是现实生产生活中所涉及的事务和活动。

管理手段的目标是在不同的关系中用权利去引导人民、控制规范人民的活动，增加公共利益。治理理论对我国经济体制和体育管理体制改革具有重要的参考价值。

我国著名学者鲍明晓曾指出："社会主义市场经济条件下的举国体制，其价值取向是既希望充分发挥政府的主导作用，又不排斥社会和市场的作用，并通过政府主导作用的发挥来鼓励、引导和调控社会和市场来办体育，最终形成政府主导、社会自治、市场自主三者之间的协调运转和有机结合。

也就是说，所谓的新型举国体制就是以国家任务和大众体育利益为最高目标，以政府充分发挥主导为核心，形成政府、社会、个人三位一体，财政和市场双轮驱动的体育事业管理体系和运行机制。

（1）加大我国体育管理体制的创新力度，转变政府职能，提高管理效率

管理效率低一直是我国体育管理体制最严重的问题之一。治理理论对政府作用范围及方式的重新界定，强调政府的管理效能，明确政府在体育事务管理中的首要职责，即"掌舵"而不是"划桨"，通过转变职能，权力下放和分权，实行"简政放权""政企分开""政事分开"。政府对体育资源呈现垄断的局面，我们需要打破这一局面，整合创造更多体育资源，这个思路和我国体育改革的基本思想是一致的。

（2）法治社会的建立，必须有公民权利意识的支撑

我国足球超级联赛中"黑哨"问题和"赌球"问题一直难以解决。究其原因，法制的不健全是其一，而权大于法，人治现象比比皆是，对法治社会的粗浅理解而后轻率搬用理论是更重要的原因。法治社会的建立不仅需要法制的完善，更需

要全社会具备守法意识。当前我国公民普遍缺乏守法意识，因此，培育法治文化是我国体育改革的重要基础。

（3）把竞争机制引入体育管理部门的服务中来

治理理论的一个重要内容就是将市场的激励机制、竞争机制和私人部门的管理方法与手段引入到政府的公共服务中来，建立一个竞争性政府。对政府而言"问题不在于公营还是私营，而在于竞争和垄断。

竞争最明显的好处是提高效率，即投入少产出多。竞争鼓励创新，而垄断扼杀创新，竞争还会产生责任感，垄断则恰恰相反；垄断导致浪费、萎缩、低效率，诱发不公平，阻碍改革等反面效果。对于可以利用竞争方式和容易明确划分业务范围的经济活动来说，采用市场机制可以大大改善服务质量"。

在我国体育管理中，鼓舞体育部门创新，提高了管理人员的自信心，促使其对"顾客"做出反应，这样"顾客"有更多的选择机会，使得政府的体育服务在竞争的激励下，降低成本、节省资源，从而提高了公共服务的质量和效率。因此，体育管理部门应根据服务内容和性质的不同采取相应的供应方式，尽可能地引入竞争机制。

（4）充分发挥公民社会和体育中介组织等社会多元主体的作用，公民社会原本主要是从国家与社会关系的角度而言的，但近年来越来越多地用于指独立于国家，享有对国家的自主性，由众多旨在保护和促进自身利益或价值的社会成员自愿组成的组织或机构，包括非政府组织，公民的志愿性社团、协会、社区组织、利益集团和公民自发组织起来的运动等，它们又被称为"第三部门"或"非营利组织"。

发展公民社会，不仅能够体现民主政治的发展，而且是实现政府有效治理的现实基础。我国公民社会在 20 世纪 80 年代后得到了长足的发展，主要表现在：体育社团的数量迅速增加，种类大大增多，独立性明显增强，合法性日益规范。体育社团和体育中介组织的主要功能是对单一市场或体育部门工作的补充，在政府与社会、政府与市场之间进行沟通、协调，发挥桥梁作用。

因此，发展体育社团和体育中介组织是很有必要的，使其承担一些政府无法做或不宜做的事，这样既可以，加强政府与社会的合作，还可以促进我国体育事业的蓬勃发展。

（5）借鉴当代工商企业管理的经验与方法，实现传统行政管理模式向当代公共管理模式的转变

经济发达的西方国家在体育管理中把企业的一些科学管理办法，如目标管理、绩效评估、成本核算等引入体育行政领域，改善了政府工作。

美国职业篮球联赛和世界五大职业足球联赛为什么能够如此成功，在世界的影响力是如此的巨大？而处于我国最先改革的足球，如今超级联赛为何如此失败？无论是政府、俱乐部还是球迷没有一方满意，三败俱伤，这些都很值得我们深思。国外先进的经验和管理方法对于管理手段单一、管理方式陈旧、管理方法落后的我国体育行政部门来说，无疑是有所裨益的。

（6）构建一个公开、透明、灵活、高效、法治和廉洁的服务性政府

全面推进体育改革，实现群众体育和竞技体育协调发展和相互促进，真正做到"以人为本"，以人民群众的利益为出发点，提高全民健康水平，加大对体育的投入，提高全民身体素质，以避免政府的"形象工程"对竞技体育投入过大，忽视群众体育。

体育行政部门只盯全运会的金牌和成绩，对奥运会的金牌看得过重，有违奥林匹克宗旨。增强体质、提高国民素质才是我国发展体育事业的根本目的和出发点，构建一个公开、透明、灵活、高效、法治和廉洁的服务性政府是现代体育发展的需要。

随着经济体制改革的深化，我国体育行政部门面临公共需求不断扩大与供给能力不断下降的双重压力，客观上难以维持对体育公共事务大包大揽的局面。

运用治理理论对政府体育改革进行分析研究并提出改革新思路，即把政府体育管理体制改革置于一个更为广泛的、相互联系的社会经济政治体系中，在国家权力与公民权利、政治民主化，国家与社会关系，政府与市场关系的调整中，以发挥市场机制为基础、以建立公民社会为依托、以转变政府职能为关键、以建立法治社会为根本，从而构建以市场经济、有限政府和公民社会三者相兼容的民主制度，真正实现有效治理。

第四章　现代体育管理的客体

第一节　现代体育人力资源管理

一、体育人力资源管理的概念

通常来讲，人力资源指的是可以推动整个社会和经济向前发展所需劳动力的现实和潜在禀赋的总和。体育人力资源指的是推动体育事业发展所需劳动力的现实和潜在禀赋的总和。

运动员、教练员、裁判员、体育科研人员、体育教育人员、体育行政管理人员以及体育经纪人、社会体育指导员等均可列入体育人力资源之列。他们或拥有一定的运动技能，获得过一定运动成就，或具有一定的体育研究能力，创造能力和管理能力。

根据体育人力资源的工作性质可将体育人力资源分为运动型、教育型、科技型、管理型和复合型等；按照体育人力资源的活动特点可分为理论型人力资源、实践型人力资源和综合型人力资源；按人力资源的所属领域可分为竞技体育人力资源、社会体育人力资源、体育产业人力资源和体育教育人力资源等。

此外，还可以依据体育人力资源的创造能力、学识水平、技术水平和成果大小，将体育人力资源分为初级体育人力资源、中级体育人力资源和高级体育人力资源。

体育人力资源管理（Human resource management）是指通过一定方式整合资源，以发挥体育人力资源的价值，促使体育组织目标实现的过程。体育人力资源管理是一切体育管理的核心，具有很强的政策性和灵活性，没有严格的固定模式。体育人力资源管理既要考虑组织目标的实现，又要考虑组织个人的发展，强调在实现组织目标的同时实现个人的全面发展。

体育人力资源管理目标包括全体管理人员在人力资源管理方面的目标与专门人力资源部门的目标。显然两者有所不同，属于专门的人力资源部门的目标任务不一定是全体管理人员的人力资源管理目标与任务，而属于全体管理人员承担的人力资源管理目标任务，一般都是专门的人力资源部门应该完成的目标任务。

不管是专门的人力资源管理部门还是非人力资源管理部门，进行体育人力资源管理的目标通常是包含以下几个方面。

（1）保证组织对人力资源的需求得到最大限度的满足。

（2）最大限度地开发与管理组织内外的人力资源，促进组织的持续发展。

（3）维护与激励组织内部人力资源，使其潜能得到最大限度的发挥，使其人力资本得到应有的提升与扩充。

二、体育人力资源管理的基本内容

（一）职位分析与设计

对体育组织各个职位的结构、性质、责任、流程以及担任该职位的工作人员素质、知识、技能等，通过调查分析获取相关信息，编写出体育职务说明书和岗位规范等文件。

（二）人力资源规划

把体育人力资源战略转化为中长期目标、计划和政策措施，包括对人力资源现状分析、未来人员供需预测与平衡，确保体育组织在需要时能获得所需要的人力资源。

（三）人员招聘与选拔

依据人力资源规划和工作分析的要求，为体育组织招聘、选拔所需要的人力资源并录用安排到一定岗位上。

（四）绩效考评

对组织成员在一定时间内对体育组织的贡献和工作中取得的绩效进行考核和评价，及时做出反馈，以便提高和改善组织成员的工作绩效，并为组织成员培训、晋升、计酬等人事决策提供依据。

（五）薪酬管理

包括对基本薪酬、绩效薪酬、奖金、津贴以及福利等薪酬结构的设计与管理，以激励组织成员更加努力地为体育组织工作。

（六）激励

通常采用激励理论和方法，对成员的各种需要赋予不同程度的满足或限制，引起成员心理的变化，激发他们向着共同目标努力。

（七）培训与开发

通过相关的培训和开发提高组织成员的群体能力、知识、工作态度和绩效，进一步开发成员的潜能，以此来增强人力资源的贡献率。

（八）职业生涯规划

鼓励和关心组织成员的个人发展，帮助组织成员制订个人发展规划，以进一步激发组织成员的积极性、创造性。

（九）人力资源会计

与财务部门合作，建立人力资源会计体系，开展人力资源投资成本与产出效益的核算工作，为人力资源管理与决策提供依据。

（十）劳动关系管理

协调和改善组织和成员之间的关系，组织文化建设，营造良好的工作氛围，保障体育组织经营活动的正常开展。

三、体育人力资源管理的基本原则

为了提高体育人力资源在各类体育活动中的综合效益，体育人力资源管理活动应遵循以下基本原则。

（一）目标原则

人才管理必须要有明确的目标，人力资源管理既要保证组织目标的实现，又要保证个人的发展，强调在实现组织目标的同时实现个人的全面发展。

（二）系统原则

体育人力资源管理的系统原则，是指将人力资源系统从整体的观点出发，统观全局，把握其结构，分析其能级，跟踪其变化，并不断地加以调节、反馈，控制方向，以实现管理目标。

（三）能级原则

能级原则指的是按体育人力资源的才能安排其工作，明确其责任，授予其职权，使人的才能和自己的工作岗位相匹配。根据人的职称、学位等安排与之相适应的岗位，对各个岗位人员的能级水平要力争做到规范化、标准化，切实做到人尽其才，物尽其用。

（四）互补原则

为了发挥体育人力资源的整体效益，在体育人力资源管理上必须讲究互补。人员的互补是多方面的，包括知识互补、能力互补、年龄互补、气质互补等。

（五）激励原则

激励原则指的是，在体育人力资源管理中，通过一定的手段，激励体育人才的热情和工作的积极性，用恰当的手段奖励他们做出的成绩和贡献。激励人才积极性的方法很多，一般有目标激励、竞赛激励、领导行为激励、关怀激励、支持激励、榜样激励和奖励激励等。

第二节　现代体育物力资源管理

一、体育物力资源管理的定义

经济资源分为物力资源和社会资源两大类，因此，物力资源是经济资源的一部分。物力资源是人类社会经济活动用以依托的客观存在物，其万千形态、特征和用途，源自何方与去向何处，用于生产或用于消费都不改变这一根本属性。

因为人们首先必须吃、喝、住、穿，然后才能从事政治、科学、艺术、宗教等等，而人并没有创造物质本身，甚至创造物质的这种或那种能力，只能立足于最初由自然界所提供的物力资源。

物力资源按照后天是否被人类加工的属性一般会分为自然资源和物质资料。

自然资源指的是自然界天然存在、未经人类加工的资源，比如土地、水、生物、能量和矿物等，它是人类生产资料和生活资料的基本来源。物质资料是指人们借助于劳动资料，使劳动对象发生预定的变化，满足人们特定需求的物力资源。

体育物力资源（sport material resources）是指在从事各种形式的体育娱乐、锻炼、比赛过程中，需要用到的物质资料方面的直接实物条件，是开展体育运动的物质基础，包括场地、场馆、器材、仪器设备等。在体育事业的发展中，凡是能被体育利用可以成为体育发展的物质技术条件的实物都可视为体育物力资源。

体育物力资源管理是指通过一定方式整合资源，以发挥体育物力资源的价值，促使体育组织目标实现的过程。其实质是在开展体育娱乐、锻炼、比赛过程中，协调需要用到的诸如场地、场馆、器材、仪器设备等方面的物质资料，以达到顺利开展体育活动目标的过程。

二、体育器材管理

（一）体育器材的分类

体育器材是对体育活动所使用的各种设备、机器、装备及用品的总称。体育器材与体育运动相互促进。体育运动的普及和运动项目的多样化使体育器材的种类、规格等都得到发展。体育器材主要有以下三种分类方法。

1. 依据体育运动的项目分类

这是将所有与同一运动项目有关的器材和装备等归为一类的方法，如田径器材、举重器材、冰雪器材等。

2. 依据体育器材的性质分类

通常可分为指定器材、自备器材、场地器材和其他器材等。其中，指定器材类指的是竞赛双方一同使用的，为防止产生分歧而事前加以指定器材的牌号（商标）、生产厂家及规格型号。自备器材类指的是运动员自身使用的器材，比如球拍、帆船和赛艇、船桨、运动服装、护具、鞋帽等。场地器材类是指竞赛和训练场馆的设施装备器材用具，如各种球门、球架、挡板、计时记分装备、裁判用具等等。其他器材主要指非竞赛使用的器材，一般是体能训练、健身活动、体育游艺用器材。

3. 依据体育器材的用途分类

可分为竞技体育器材、国防军事体育器材、民间体育器材、健身健美体疗康复器材、儿童体育游艺器材、伤残人竞技器材、辅助性器材等。

（二）体育器材的购置管理

体育器材的质量和使用者的安全息息相关，因此，必须严把体育器材的购置关。器材设备的质量决定于生产使用的材料和工艺，在购买器材设备时，要对生产厂家和选购的器材进行严格的质量检查。

对于比赛用器材设备，更应按比赛规则的要求，严格把关。尤其应注意检查器材设备上制造厂商的名称、标记或商标，看其是否符合比赛规则中的有关规定。因为一些国际单项协会对此有比较严格的规定，例如，国际田联在田径比赛规则中规定："在比赛场内使用的器械上，制造商的名称、标记或商标，必须限于每件只能有一个标记，其高度不得超过 3 厘米。"

这种器材应包括栏架、横杆、报圈用铜钟、投掷器材等，只有上述器材的制造厂商才能在器材上放置自己的标记或商标。国际田联还规定了"跳高和撑竿跳高落地区海绵包上，可有一个或两个制造商的名称或标记，在与助跑方向成直角的两侧各放一个，其字体高度应为海绵包高度的 1/10，最高为 10 厘米"。

上述这些规定，许多厂商不熟悉，而国际田联对于这些标记或商标的检查又比较严格，如果不了解这些知识，往往使购进的器材设备不能用于国际比赛，既影响了比赛又造成浪费。

（三）体育器材的入库管理

进入器材室或器材库的体育器材，应根据发货单进行验收，然后登记入库，通常采取填写器材登记表的形式登记器材设备。登记表应包括器械、器材设备的名称、数量、单价、规格、生产厂家、入库时间和备注等。

体育器材的保管多采用分类保管，例如大型田径比赛需要的器材设备共 100 多种。通常在器材库内按以下几类分别保管：径赛、马拉松、竞走、跳跃，投掷和共同使用的器材设备，在每类中又可以做更细的划分。

体育器材的保管方法必须保证设备的质量不受影响。例如跳高和撑竿跳高用的横杆、标枪等器材的保管，必须保证横杆和枪身不变形。电子设备必须置于干燥的房间内，有的需要保存在有空调设备的房间内。

多数器材应放在特制的架子上，器械可置于干燥的地面上。总之，体育器械、器材的保管方法应服从于该设备的特殊要求，任何设备都不能置于露天，受风吹、日晒、雨淋的侵蚀。

（四）体育器材的日常管理

1.体育器材的使用要求

在使用器材时应注意的事项如下。

（1）首先应注意器材的生产厂家，熟悉器材的性能，并掌握器材的特点。

（2）注意器材的使用期限和保养维修方法。

（3）注意掌握器材的一般构造和主要的功能以及易出现的问题，如滑轮的磨损、链条和钢丝绳的断裂、弹簧的失性以及摩擦片摩擦的失灵等。

（4）注意存留零件的备用件，以备将来更换。

2.体育器材的维护和保养

（1）每天打扫健身房 1~2 次，使健身房保持一定的湿度，使器材活动部位不受尘土侵袭，减轻磨损。

（2）对器材的各部位，应每天检查 1 次，查看螺丝是否松动，有无开焊、断裂之处，如有异常现象，应及时修理，保证器材安全完整和及时使用。

（3）对器材各部位定时加油紧固或更换磨损件。

（4）对所有器材每天要擦拭并码放整齐。

（5）器材的座面如果是人造革或牛皮面的，应做布套包好，以便于清洗和延长使用寿命。

（6）对各种器材，按规定合理使用，重量块回位时应该轻放，保存好调整重量的插销，不能乱扔乱放。

（7）常备易损件（如螺丝、钢丝绳、接头、销子、滑轮和握把等），如有丢失和损坏，要及时更换。

3.体育器材日常管理的基本要求

体育器材的有效管理，首先要求管理人员要有较强的责任感和敬业品质。其次，管理者还应掌握所有器材的功能、性能及构造原理，掌握各种器材的使用方法，并会维修和保养，使各种器材能正常地使用并能延长使用寿命，尽力减少由于管理不当而出现的损失和由于宣传教育不够而出现的意外损坏。

作为管理部门，应制定出完善的管理规章制度，内容包括器材的使用范围，室内的卫生规定，器材的使用方法及维修保养制度。应按日、周、月、季度、半年及一年进行维修和保养，形成制度后要严格执行，管理部门应按时检查，这样才能减少事故的发生和器材的损失。

第三节　现代体育科技资源管理

一、体育科技资源管理的含义

科技资源（Science Technology Resources）指的是人类从事科技活动所利用的各种物质和精神的总和，它是科技创新的物质基础，也是提高经济社会发展速度、质量和效益的主要保障。

广义的科技资源包括一切可以直接或经过开发后间接为科技活动提供价值的资源，如科技人力资源、科技财力资源、科技物力资源和科技信息资源等。狭义的科技资源是指物化和信息化的科技资源，包括用于各种科技活动的工具和信息及其物质、技术支撑条件。

体育科技资源是指用于体育活动的科技资源。体育科技资源管理是指，通过一定方式整合资源，以发挥体育科技资源的价值，促使体育组织目标得以实现的过程。体育科技资源的管理主体主要包括政府、企事业单位等负责科研管理的具体部门，管理的对象包括各类科技资源，管理的目标是发挥体育科技资源的价值，帮助体育组织实现既定的目标。

二、体育科技资源管理的基本特点

体育科技资源管理工作是一种和物质生产有明显区别的知识生产的形式，这种特殊性一般表现在两个方面：一方面是创造性，另一方面是探索性。与体育科技工作的特殊性相适应，体育科技管理也有以下两个最基本的特点。

（一）灵活性

体育科技管理的灵活性贯穿于体育科技工作的全过程。从科技选题的管理来看，不宜采取硬性规定的方式，而应当保持一定的弹性。

由于科技工作具有探索性，所以在实施既定研究方案与计划的过程中，往往需要根据实际情况修改方案与计划，甚至完全推翻原定方案、计划，重新开始；科技工作的自由度很大，成功与失败同在，风险与创造交错，只有尽可能地调动与充分发挥体育科技工作者的积极性和创造性，才能真正地完成各项科技任务。

比如在组织指挥上，我们应当以学术领导为主，对科技人员的学术活动不应随意进行行政干预。充分发扬民主，鼓励学生进行学术交流和百家争鸣，以营造良好的学术氛围，提高科技人员的创造力。在人事管理上，应当尊重科技人员的愿望，为人才的流动提供方便。

（二）复杂性

体育科技管理的复杂性有多方面表现。首先，由于现代体育的发展使体育科学研究的规模和组织形式等发生了巨大变化，现代体育的许多重大科研课题一般都具有广博性、多结构性、多分支性和综合性，因此，完成这类科研课题往往需要组织多学科的各种专业人员来共同协作，需要投入大量的人力、物力和财力，耗费较长的时间。

其次，体育在整个社会中的地位和作用日益加强，发展体育科技已经不再是一般性的决策，反而需要考虑多种复杂的因素，因此应当运用科学的程序进行统筹规划，使得体育科技管理的复杂性进一步增大。

最后，从具体的管理工作来看，体育科研课题的选择和计划安排也是比较复杂的，不仅要选准课题方向，而且要加强计划预测，时刻关注情况的发展变化，因此，必须充分发挥科技情报信息和科技预测的作用。

三、体育科技资源管理的基本内容

体育科技资源管理的基本内容包括以下方面。

1. 制定体育科学技术政策。

2. 选定发展体育科学技术和进行体育科学研究的方向与任务。

3. 制订有关规划和计划。

4. 科学地组织体育科技队伍，按工作需要建立相应的体育科研组织机构。包括对科技人员的考核和任用，建立与科研任务相适应的课题组、研究室、实验室等，最大限度地调动和发挥科技人员的积极性、创造性。

5. 为体育科技工作提供必要的物资条件，包括物资、经费、实验设备等，并进行有效管理，使体育科技充分发挥效力，提供体育科技工作所需要的图书和情报资料，其中包括相应的学术交流。

6. 开展培训。按工作需要和研究人员的具体情况，进行智力投资，对科技人员进行必要的培训。

7. 协调与控制。对体育科研工作进行三维交叉控制与协调，即在垂直的纵向系统（如上、下级关系）、水平的横向系统（如各部门、各单位之间的关系）及时间顺序(通过计划和规划具体体现出来)3 个方向上进行有效的组织协调与控制。

8. 组织科技成果的鉴定、推广及其管理工作。

四、体育科技资源管理的基本原则

为了达到体育科技管理的目标，实现体育科技管理的科学化，必须遵循体育科技发展的规律，运用体育科技管理的原则，进行体育科技资源管理。

（一）全局性原则

现代体育科技的管理，已不再是过去分散、局部的管理，而是处在各个层次的整体管理之中，全局性管理原则，要求从整体出发，根据多种参数，通盘筹划，统一指挥，实现最优调节与控制，取得最佳效果。

（二）综合平衡原则

综合平衡原则主要指的是，要正确处理科学技术发展和条件的平衡关系，使需要和可能统一，任务和条件一致，把科技发展和社会需要、科研能力、经济与资源条件等相关联的诸因素置于统一体中，寻求动态平衡。

（三）分工协作原则

加强分工协作有利于提高科学研究的效率。它要求对科技工作进行科学分解和合理分工，并进行有效地协作，促进体育科技的发展。

（四）经济性原则

经济性原则指的是，体育科技管理也要讲求经济效果，要求精打细算，厉行节约，争取最有效地把有限的物力、人力、财力、时间和信息，投入到最需要的地方，并尽可能缩短研究的周期，快出科技成果和科技人才，提高效益。

（五）动态管理原则

科学技术是开发性工作，随时会遇到很多新问题，因此必须建立反馈系统，实行动态管理。管理者要随时掌握动态，根据不同的科研任务、各阶段的不同要求以及情况的变化，对管理因素适时地进行调整和重新组合，以取得科技工作的高效率。

第四节　现代体育财力资源管理

一、体育财力资源管理的含义

财力资源是组织活动中的重要组成部分，也是各种资源中流动性最强的资源。任何组织要开始生产经营活动都要具备一定数量的财力资源，财力资源是生产经营活动的基本条件。没有一定数量的财力资源，组织就不可能从市场上购买物质材料、人力、信息等其他资源，也就无法有效地完成组织的目标。体育财力资源是指在体育发展过程中能够用货币形式体现的资源。体育财力资源可以转化为其他体育资源，是其他体育资源产生和应用的基础。

所谓体育财力资源管理，指的是通过一定的方式整合资源，发挥体育财力资源的价值，使体育组织目标得以实现的过程。各类体育组织是体育财力资源管理的主体，体育经费是管理的对象。为实现财力资源发挥最大效益，需要整合人力、物力等资源，通过对体育经费进行规划、培育、开发、配置及利用等，最终实现体育组织的既定目标。

二、体育财力资源管理的基本内容

体育财力资源管理的内容包括预算管理、收入管理、支出和费用管理及核算与监督管理等。其中，预算管理是核心，收入管理、支出管理是基本内容，核算与监督管理是保障。

（一）预算管理

财务收支预算是体育事业单位依据本单位的事业发展计划和工作任务编制的一定时期内的财务收支规模预计，是国家财政预算的基础。预算管理主要通过对体育事业下一年预算的编制、审批和执行，从而保障体育财力资源运用的有效性。

（二）收入管理

收入是体育单位通过开展各种业务及活动，依法通过各种形式、各个渠道获得的资金。收入管理主要依据国家有关方针政策，对收入的方式、项目、范围、标准、用途、手续、办法及收益分配进行管理。加强收入管理，有利于调动各体育单位的积极性，提高经费自给能力，减轻国家财政负担。

（三）支出与费用管理

支出和费用管理主要是根据国家财经法律的有关规定，对费用发生、成本开支等进行预测、控制、分析，计划、监督，使得体育组织合理安排和节约使用物力、财力、人力，降低成本，为体育事业发展积累资金。

（四）核算与监督管理

核算是体育财力资源管理的基本内容，体育经济实体要进行经济活动，都要求提供真实的、正确的、完整的、系统的会计信息，会计核算通过对财力资源进行确认、计量、记录、并进行公正报告的工作。监督就是通过预测、决策、控制、分析、考评等具体方法，促使体育活动按照财政预算的要求进行，以达到预期的目的。

三、体育财力资源管理的基本原则

（一）依法理财

依法理财指的是体育财力资源管理应当遵守的基本准则，在社会主义市场经济条件下，一切经济活动都应该在法律规定的范围内运行。

各级各类体育事业单位、体育组织、体育经营单位在财力资源的管理中，应该树立牢固的法律意识，一切有关财力资源管理的活动都要依法执行，根据国家有关方针、政策、法律、法规的规定，按照社会主义市场经济要求，加强体育财力资源管理。《中华人民共和国体育法》《中华人民共和国会计法》《体育事业单位财务管理办法》是各级各类体育单位、体育组织在财务资源管理中应该遵循的法律法规。

（二）精简节约

精简节约是体育财力资源管理中必须长期坚持的一项基本原则，人民群众对体育公共服务、体育运动健身的需求是不断发展变化和不断提高的，因此对体育财力资源的需求也是无限的。

由于目前，国家财政拨款还远远不能满足人们日益增长的体育消费需求。这就要求在体育资金的使用过程中要权衡轻重，区分轻重缓急，优先把资金用到最重要、最需要的地方。积极贯彻勤俭节约的原则，反对大手大脚、铺张浪费，让有限的资源发挥更大的作用，促进体育事业健康、稳步发展。

（三）量入为出

量入为出要求保证体育资金的顺利周转，各类资金不但在数量上，而且在时间上要保持协调平衡。收不抵支、入不敷出的状态会导致资金链的短缺，使得项目不可以正常运转。收大于支，又会造成资金闲置，不利于提高资金的使用效果。

从时间上来说，若支出大部分在前，收入形成在后，会造成寅吃卯粮，影响资金正常周转。在体育财力资源的管理中要坚持"量入为主"的原则，以收定支，使体育资金的利用良性循环，不断提高资金的利用效果。

（四）追求效益

追求效益原则要求以经费使用的预期收益作为经费分配的首要尺度，按照"评估—投入—再评估—再投入"的操作方式去动态的配置体育经费，效益既包括社会效益，也包括经济效益。体育财力资源的使用必须以投资体育公益事业、社会效益最大化为主，以发展体育事业、增强人民体质、提高体育运动水平、促进社会主义物质文明和精神文明建设为最高标准。

四、体育财力资源管理的基本方法

（一）预测方法

体育财力资源管理预测方法主要是对各级体育单位计划期的财务指标的测算，它是在过去与现在财务资料的基础上，对未来的财务状况与财务指标作的估计。财务预测是在占有大量财务与其他经济活动资料的基础上，运用科学计算方法来进行的。

准确的预测总是根据科学合理的方法，按照内容一般分为：流动资产需要量和短期性投资预测、固定资产需要量和长期性投资预测、成本费用预测、产品价格和收益预测、利润总额和分配指标预测；按财务预测所跨时间长度来分，预测方法一般分为：长期预测、中期预测和短期预测；按预测是否定量一般分为：定性财务预测和定量财务预测。

（二）决策方法

体育财力资源管理决策方法是根据各级各类体育单位发展战略的要求和国家宏观体育管理政策的要求，从提高经济效益和更好地满足广大人民群众日益增长的体育需求的总目标出发，确定体育财力资源各项具体的财务奋斗目标，并从两个以上的财务备选方案中选定一个达到某一体育管理目标的实施方案的过程。

体育财务决策是在体育财务预测的基础上进行的，是体育财务管理的核心，预测是为决策服务的，而具体的体育财务计划则是财务决策的具体化。

财务决策一般包括以下几个步骤：确定财务目标；根据财务预测提出备选方案；分析、评价、对比各方案；选择实施方案。

财务决策方法决定决策的成败，决策方法的分类多种多样，按照作用通常分为战略决策和战术决策；按照性质通常分为经营性决策、管理性决策和业务性决策；按照管理层次通常可分为高层决策、中层决策和基层决策；按照决策条件一般分为确定型决策、风险型决策和不确定型决策。

（三）预算方法

体育财力资源管理预算法就是以货币形式表示的各级各类体育单位财务方面的发展经营计划，是指在一定的预算期内以货币形式反映体育单位发展经营活动所需要的资金及其来源、财务收入和支出、财务成果及其分配的预算。

预算指的是预测和决策的具体化和数量化，是各体育单位组织财务活动的主要依据，为单位整体和内部各个部门确定了明确的目标和任务，有利于协调各部门的经济活动，同时也是评价各体育单位工作成果的基本尺度。

预算可以有不同的形式，按时间长短来分，有长期预算、中期预算和短期预算三种；按影响程度来分，有战略性预算和战术性预算；按编制方法来分，有固定预算、弹性预算、滚动预算和零基预算。

（四）控制方法

体育财力资源管理控制方法指的是依据各体育单位财务预算目标、财务制度和国家有关体育事业发展政策，对实现（或预计）的财务活动开展情况进行检查和对比，便于及时发现偏差并且纠正，使之符合财务目标和制度要求的管理过程。

简而言之，即为依据财务目标，发现实际偏差与纠正偏差的过程。控制方法是体育财力资源管理的经常性工作，是实现财务预算、执行财务制度的基本手段。

通过财务控制，能使各体育单位的财务预算与制度对财务活动发挥其规范与组织作用，使体育资金占用与费用水平控制在达到预定目标的范围内，保证各体育单位经济效益的提高及体育发展目标的最终实现。

控制方法按时间不同可分为事前控制、事中控制和事后控制；按指标不同可分为绝对数控制和相对数控制；按方法不同可分为财务目标控制、财务预算控制和财务制度控制。

（五）分析方法

体育财力资源管理分析方法指的是以体育单位财务的实际和预算资料为根据，结合体育单位发展经营活动的状况，对造成财务偏差的主观和客观因素进行揭示，并判定影响因素对分析对象的影响程度，提出纠正偏差对策的过程。其一般程序包括揭示差距、测定各影响因素的影响程度和提出对策。

财务分析对加强体育单位财务管理具有重要作用，其可以为财务预算的制定与调整提供依据；可以及时揭露问题，采取控制措施保证财务预算的执行；还可以检查财务制度的执行情况，帮助正确处理体育单位与各相关单位之间的财务关系,增强体育单位进行财务管理的自觉性。目前主要有的分析方法是:对比分析法、因素分析法、趋势分析法和比率分析法。

（六）考核方法

体育财力资源管理考核方法指的是将各体育单位报告期财务指标实际完成数和规定的考核指标进行对比，确定有关责任单位和个人是否完成任务的过程。财务考核与物质奖励紧密联系，是贯彻责任制原则的要求。

考核工作主要在体育单位内部进行。考核指标应是责任单位或个人应承担指标是否完成责任的可控制性指标，一般根据所分管的财务责任指标进行考核，使财务责任指标的完成有强有力的制约手段与鼓励措施。通过财务考核，可以促进各级各类体育单位加强基础管理工作，提高体育资金使用效益。考核指标主要有：绝对指标、相对指标和指标完成百分比及评分考核。各种指标可单独使用，也可配合使用。

第五节　现代体育信息资源管理

一、体育信息的概念与特点

（一）体育信息的概念

体育信息指的是对反映体育系统活动和运转的各种情报、指令和资料等的总称。依据不同的角度和标准，一般把体育信息分为以下几种不同的类型。

1.环境信息

环境信息主要是指来自本系统、本地区、本部门以外，与本系统、本地区、本部门体育事业发展有关的各种信息，包括国内外体育信息和政治、经济、社会、文化、科技等方面的相关信息；中央和各级党政领导机关发布的重要的方针政策、各种重大决策和工作部署；社会对本单位的要求；其他单位的经验、状况；有关历史状况和未来发展趋势等信息。

2. 系统信息

系统信息主要指的是来自管理系统内部、反映信息管理系统自身基本状况和运行情况的信息，通常包括组织机构的设置和分工、工作的有序化和协调程度；各部门人员的业务能力、人际关系等；有关规章制度、工作程序及执行情况；经费、设备等方面的状况、潜力、需求变化；各项工作的进展情况，存在薄弱环节的问题和潜力等。

3. 业务信息

业务信息主要是指来自管理对象的各种信息，包括各职能部门管辖对象运动状态的有关信息，例如决策与控制过程中各种动态信息；条件变化情况；各项工作部署或任务完成情况；与决策目标偏离的情况及需要解决的问题；工作完成后的综合效益评价及总结等。业务信息也包括各业务部门和专业技术人员在工作中所产生和需要的各种信息。

（二）体育信息的特点

体育信息的特点主要表现在以下几个方面。

1. 广泛性

随着信息技术的不断发展，体育的社会地位和价值渐渐提高，如今世界几乎每时每刻都在进行体育活动或者重大的体育比赛，世界上各个电视台都有体育频道，世界上的体育杂志已经有几百种。

体育信息已不仅仅是体育工作的重要"资源"，也是人们获取健康知识和丰富精神生活的养料，具有广泛的社会作用和效果。

2. 综合性

体育是一种复杂的社会现象，它既包括生物学因素，又包括社会学因素，因此，体育信息内容具有综合性特点。它的内容是相当丰富的，其涉及面非常广，与各个领域均有联系，在体育内部种类复杂，项目多样。它的用途广泛，同一份信息可被多方面所利用，不管管理人员、教练员、教师、科研人员、还是运动员、学生、业余体育爱好者都使体育信息在用途中具有多面性。

3. 时效性

在体育竞赛中，信息瞬息万变，只有以最快的速度捕捉最新的信息，才会获得成功。随着体育科技的迅速发展和体育水平的不断提高，体育信息更新速度也不断加快，它的寿命周期也在缩短。

4. 国际性

体育在通过各种竞赛来提高运动技术水平的同时，也使体育本身超越了国界，成为促进各国人民相互了解、友好往来、增进友谊的纽带和桥梁。同时由于体育比赛的胜负关系到民族的尊严和国家的荣誉，所以能得到举国上下的极大关注。国际体育的竞赛组织、规则、规程、场地、器材规格等等都具有国际约束力。只有根据国际统一的技术规则取得的成绩，才能得到认可。

5. 保密性

由于体育竞赛活动对抗性强，它的胜负往往关系到集体和国家的荣誉，为了取胜，许多技术、战术及其训练方案和手段都是秘而不宣的，未授权的主体往往不能直接获得。

6. 直观性

体育信息的直观性主要表现在现场观摩和声像信息中。一方面，体育比赛的情景、运动员运动状态的变化方式都可以拍摄下来，转播或放映给现场内外的观众收看；另一方面，在教学训练中可用声像技术及时反馈信息，对动作反复观看，从而对其技术进行诊断，以取得最优化控制。

二、体育信息资源管理的含义

人类社会的一切活动都离不开信息，构成现实世界的三大要素是物质、能量和信息。信息资源是人类生产和管理中所涉及的一切资料、文件、图表和数据等信息的总称，它涉及生产和经营活动过程中所获取、产生、处理、存储、传输和使用的一切信息资源，贯穿在管理活动的整个过程。

信息资源管理（Information Resource Management）是现代信息技术，特别是以计算机和现代通信技术为核心的信息技术的应用所催生的一种新型信息管理理论。体育的发展离不开信息和对体育信息的管理，体育信息资源管理是指通过一定方式整合资源，以发挥体育信息资源的价值，促使体育组织目标实现的过程。

保证体育信息资源的开发利用在有领导、有组织的统一规划和管理下，协调一致、有条不紊地进行，使各类信息资源达到最佳配置，达到更高的效率、效能和更低的成本为体育组织运作提供支持是体育信息资源管理的目的。

三、体育信息资源管理的基本内容

根据体育信息资源工作流程，我们可以将体育信息资源管理工作分为信息的收集、加工整理、检索、研究、报道、服务等环节。

（一）体育信息收集

体育资源建设工作中的首要环节是信息的收集工作，而调查研究各类信息源的状况则是搞好信息工作的首要条件。信息源指的是人们获得信息的来源，由于目前信息的载体是文献信息，因此文献工作是国内外体育信息工作的主要内容。

体育信息源的类型主要有体育报刊、图书、会议文献汇编、学术论文、声像资料、体育档案等材料。体育信息收集较为常用的方法有问卷调查法、参观考察法、专家咨询法、预定采购法、信息检索法、日常积累法、访问交谈法、交换索要法、委托收买法、技术截获法等。

（二）体育信息的加工整理

体育信息的加工整理是指在已收集到的体育信息资料的基础上，把无序的、零的文献资料等用科学的方法变成有序的、可供排检利用的文献资料的集合过程。现实中，无论是通过现场调查所获得的体育信息，还是通过查阅文献资料所得到的体育信息，在进行加工整理前，都是一种原始状态的信息。

就是从体育信息数据库中检索而来的信息，在未按照一定要求加工处理前，也是一种原始状态的信息。我们只有按照一定的程序、目的和方法进行专门的加工整理，才能将这些原始状态的信息变换成有序的、系统化的体育信息，才能进行检索、报道。在加工整理的过程中，我们实际对这类原始状态的信息进行了一次全面的校验和鉴别，剔除了不真实、不准确的信息，大大提高了信息的真实性和可信度。

体育信息的加工整理主要包含两方面的内容：一方面是对文献资料本身的科学管理，即分类、登录和保管等；另一方面是编制检索工具，即二次文献工作，包括对文件资料的选择鉴定、主题分析（标引）和编制文摘和索引等工作。其目的都在于揭示文献资料的内容，并不断改善文献资料的存贮与检索，提供良好的检索手段。

（三）体育信息的检索

检索就是查找和索取的意思，体育信息检索就是从数量庞大、高度分散的体育和有关科技文献中按照一定线索，获取信息的查找过程。这项工作既可以由信息服务人员根据用户要求进行，也可在服务人员的辅导下由用户自己来进行。体育信息检索有文献检索与事实（包括数据）检索之分。

文献检索是一种从大量集合的文献中查找出符合主题或属性符合需求者要求的过程，例如查找和某一课题相关的文献。事实检索是查找特定事实和数据的过程，它所查找的是结果而非文献，例如查找现代奥运会源于哪一年。从检索方式上看，两者是相同的，区别仅在于检索对象的内容上。前者检索的是文献或有关文献的报道，后者则是检索文献中所反映的事实。总的来说，文献检索是最基本和最重要的信息检索。

（四）体育信息的研究

体育信息的研究工作是针对体育领域中的某一具体问题，通过广泛收集信息资料，并对这些信息资料进行分析、研究，使之激活成新的再生信息，从而了解现状、预测未来，为该问题的决策和解决提供依据和咨询服务的一项研究性工作，它也是我们通常所说的三次文献工作，它包括了文献综述、述评、专题研究、系统资料整理等多种形式，其特点是信息容量大，而且有观点、有分析、有数据、有结论，能密切联系体育运动实践中的具体问题，其成果得到广大用户的欢迎。

（五）体育信息的报道

体育信息的报道也称为体育信息的传播或者传递，体育信息的报道是体育信息管理的重要内容之一，从信息的收集到信息的研究等各个阶段索取的成果，通常只有通过报道才能传播，才会满足信息需求者的需要，实现信息本身的价值。

所以，体育信息的报道是一个很重要的环节。体育信息报道的形式较多，常见的有文字报道、口头报道和直观传播报道三种。

文字报道最为常用，可分为两类：一类为定向报道，主要是指信息部门主动进行的信息刊物的编辑出版工作。另一类为定题报道，指信息部门根据用户的专门要求所进行的各种信息报道，其报道方式有专题文献题录、文摘、索引等，也有专题评论、学科总结或专题文摘汇编等。

文字刊物方便使用和收藏，是当前最主要的一种报道形式。口头报道指的是座谈、讲座、经验交流、会议等形式，也是信息报道的有效形式。直观传播报道是可以最直观、迅速地传递体育信息的一种报道方式。

（六）体育信息服务

信息服务是指专职信息服务机构针对用户的信息需要，及时地将加工整理好的体育信息以用户方便的形式准确地传递给特定用户的活动。信息服务是体育信息管理中最重要的一个内容。只有全面、准确地了解用户的体育信息需求，信息服务才能做到有的放矢，高效快捷。只有做好体育信息的收集、加工整理等各项工作，信息服务才有雄厚的资源基础。

信息服务的方式也是各种各样的。比如依据服务对象的范围，信息服务通常可分为单向服务和多向服务；依据提供服务的时机，信息服务通常可分为主动服务和被动服务；依据收费情况，信息服务通常可分为无偿服务和有偿服务等等。

一般来说，按信息服务工作基础的不同，信息服务可分为报道服务、检索服务、文献服务、咨询服务和网络服务几大类。

文献服务是指专门的体育信息服务机构利用图书馆、资料室、档案馆等固定的文献保管场所向用户提供记录在一定载体之上的信息的服务方式。

这类服务方式主要有阅览、外借、复制等。咨询服务是指咨询受托方（咨询人员或咨询机构）根据委托方（用户）的要求，以专门的信息、技能和经验，运用科学的方法和先进的手段，进行调查、研究分析、预测，客观地提供最佳的或几种可选择的方案或建议，帮助委托方解决各种疑难问题的一种高级智能型信息服务。

网络服务是利用网络资源提供信息服务的方式，随着计算机和通讯技术的快速发展，很多信息服务都是通过网络进行的，信息服务已经进入了网络时代。

第五章 学校体育管理

第一节 学校体育管理概述

一、学校体育管理的概念

学校体育管理指的是遵循学校体育和教育的基本规律，充分利用有限的财力、人力、物力、信息和时间等因素，用最佳的手段和方法，对学校体育工作进行组织、领导、计划、控制等的综合活动。

学校体育工作的好与坏将直接影响我们下一代人的健康成长。因此，学校体育工作与学校对体育是否重视和关心，是否舍得投入，是否管理恰当有着密切的联系。

众所周知，学校教育的任务就是培养德、智、体、美、劳全面发展的人才，那么体育教育也是培养人才必不可少的一个方面。学校良好的体育教育与每一个学生的健康成长是分不开的，有了健康的体魄，才能更好地为学生的学习、成长打下坚实的基础。所以，学校良好的体育教育工作对整个学校的学习风气、精神面貌、组织纪律等都有着举足轻重的影响。

二、学校体育管理的主要任务

学校体育主要包括各级各类大中小学的体育课教学、课外体育活动、课余运动训练和运动竞赛等项工作。其管理任务有以下几个方面。

1.建立和健全学校体育的各级管理机构，制定一整套管理法规并明确各有关管理机构和人员的管理职责。

2.科学合理地制订学校体育管理的各种计划和文件，使其和学校体育发展的需要相适应。

3.科学合理地组织和管理学校体育各环节、各方面的活动，保证活动低耗、高效地顺利进行。

4.协调学校体育各管理部门和学校体育内、外部的各种关系，为学校体育工作的顺利开展创造良好的育人环境，提供必要的物质技术基础等条件。

5.定期和不定期地对学校体育管理工作进行检查评估，促进体育教学质量的不断提高和学生体质的不断增强。

三、学校体育管理构成的基本要素

（一）拥有高素质的体育教师队伍

学校体育管理的目标指的是学校体育管理活动的出发点，也是学校体育管理活动的终点。在整个体育管理活动过程中，第一要素是人，学校体育管理目标的主体是老师，因此，拥有高素质的教师队伍，对促进体育教育在学校的作用的深刻理解，自觉地遵守学校体育工作要求，明确学校体育工作的服务主体，在整个服务过程中按照要求来规范自己的行为都具有重要意义。没有好的教师就不会有好的教育，这应是认同管理的重要思想要素。

但人的思想对某事物的认同有着千差万别，不同的角度，不同的理解，可产生不同的认识。为了达到目标，管理就是要统一人的认识，来进行从开始到目的的完成过程。

所以说，学校体育管理目标的实现还要建立相应的制度来保证进行，使每一个管理客体在体育工作中的行为符合体育工作的要求并受到制度的约束，没有这一要素，管理工作就会陷入困境。

教师是学校体育工作的具体执行者和中坚力量，其基本职责有如下几点。

1.自觉坚持政治、思想、业务进修，做一名具有高尚道德品质、科学文化知识、教育教学能力强、体格健壮、姿态优美的体育教师。

2.根据教育计划和大纲精神及时制订各种教学文件。

3.热爱关心学生，上好体育课，积极开展学校体育活动。

4.协助学校医务部门检查学生身体，建立健康卡片。

5.积极做好体育宣传工作。

6.自己动手及时维修、自制体育器材，教育学生爱护公物。

7.结合学校体育实践，积极开展科学研究工作。

（二）健全的学校体育管理体制

建立健全学校体育部门的组织框架以及给予体育在学校教育中应有的地位，创造一个良好的体育管理部门的工作平台。管理的主体可以利用这一平台和同一层次的管理主体一同进行使之协调配合和管理，特别是在涉及全校、全院的大型活动时，显得尤其重要。

因此，建立以校、院级领导为首的学校体育领导机构有利于学校体育工作的开展，也有利于进一步提高学校体育的管理水平，这也符合国家贯彻实施的各种条款精神。

（三）明确体育管理目标，建立科学管理方法

学校体育管理目标的实质就是对体育教学、群众体育、运动队训练与竞赛、体育科研四个方面采用科学方法管理的一项活动。学校体育管理都要围绕着体育管理目标来进行。管理目标有综合目标与具体目标，有较强的时间效应，有些是反复不断的，例如对人的工作要求的管理。

学校体育工作自始至终都是需要人来完成的，人是部门管理中最活跃的部分。人的思想在社会活动中素质各异，因此对各种事物的认识也不断发生着变化。所以，人的管理是学校体育管理中最重要的环节，是软管理，它需要在管理过程中不断地进行思想工作，采用科学方法和公平的标准来评价。

此外，有些则是硬管理，是具体的，管理结果比较明显，变化较小，比如运动器械、体育经费、体育场地、体育资料管理等。不论是软管理还是硬管理，管理目标都要有一定的保证系统，并建立与之相适应的科学数据系统来实现，形成学校体育管理目标体系。

（四）完备的体育课程体系与教学质量

体育教学的过程要有一套完备的体育课程系统来支持，要从教学大纲、教学

计划、教学进度、教材、教学参考书以及教师备课方面进行系统的一条龙的目标管理。

学校体育目标的实现依赖于体育教学、群众体育、运动队训练与竞赛、体育科研这四个方面，仅仅把学校体育目标实现定位在体育课上是不正确的，体育课是不可能完成增强学生体质的目的的，只能通过体育教学，学习到科学锻炼身体的技巧后，在课外活动时间里利用学到的体育技术和科学锻炼身体的方法进行反复活动才可以有效增强体质。

要加强学校体育管理就必须综合地考虑以上四个方面的问题，并建立健全体育课堂教学质量评价标准。合理地安排学生的课外活动，组织好学生课外体育竞赛，以体育竞赛促进体育教学，以体育教学提高竞技水平，带动学校体育的整体发展。在课程体系的建立中明确体育工作者服务的主体，规范工作中的行为。结合工作业绩，把工作成效优劣与分配进行有机结合，是促进学校体育教学质量稳步提高的最有效的方法。

四、学校体育管理的方法

学校体育管理的方法，主要有以下几种。

（一）政策法规管理法

学校体育管理的政策法规管理法指的是，运用国家各种有关学校体育的条例、法令、决议、规章制度等来管理学校体育的方法。

目前，我国在学校体育中实施的法规有：《体育法》《学校体育工作条例》《学生体质健康标准》《全民健身计划纲要》。另外，国家教育部、国家体育总局颁发的规范性文件对学校体育同样具有法规效力。如《体育（与健康）课程标准》《高等学校体育教学指导纲要》等。

（二）行政管理法

学校体育管理的行政管理法指的是，运用行政组织的职能与手段，对各级学校体育实施管理的方法。因为行政管理具有指令性、权威性、针对性的特点，可以有效地发挥指挥、组织、控制、调节的作用，因此是一种常用的管理方法。

（三）目标管理法

学校体育管理的目标管理法是指依据学校体育工作有关规划及计划，科学地确定出一定阶段的工作目标并通过实施、检查达到目标的一种方法。

在体育教学、课余运动训练、课外体育锻炼等方面，应经常运用目标管理法，以促进学校体育的整体发展。

（四）宣传教育法

学校体育管理的宣传教育法指的是，运用各种形式的宣传教育手段或途径，对学校体育工作进行管理的方法。

由于宣传教育法具有引导性、多样性、说理性、灵活性和表率性的特点，可以启发管理者和被管理者的积极性和自觉性，使管理制度和办法顺利地贯彻和推行，并使管理具有教育意义。

（五）评估与奖惩法

学校体育管理的评估和奖惩法指的是，不断对完成学校体育工作目标的程度进行控制、监督，并且有针对性地对完成情况采取奖励或惩罚的方法。

这种方法强调对学校体育工作完成好的集体和个人的体育工作成绩进行肯定、表扬，以起到激励、示范和推动学校体育工作的作用，对学校体育工作完成不好的集体和个人进行批评教育或惩罚处理等。

第二节　学校体育管理的内容

学校体育管理内容是指围绕学校体育工作所肩负的目的和任务而进行的一系列活动内容。按管理范围分，学校体育管理可分为宏观和微观两大部分。前者主要是指学校外部对学校体育工作的管理，后者则指学校内部的体育管理工作。

宏观管理的主要内容有如下几点。

1. 研究制定学校体育发展的整体战略目标、长远规划和投资建设的战略布局等。

2. 研究制定学校体育的法制建设并监督实施。

3. 建立健全全国和地区性学校体育管理体制和管理基本要求。

4.研究拟定学校体育管理的总体改革方案和措施。

微观管理的主要内容有如下几点。

1.建立健全学校内部体育管理机构的设置，加强体育人事管理等。

2.加强学校体育各项业务工作（体育教学、课外体育活动、课余运动训练和运动竞赛等）的管理，不断提高管理效果。

3.加强学生体质、健康管理，不断促进学生身心的健康发展。

4.加强学校体育的制度建设、体育情报信息与宣传教育工作和场地器材的经费管理。

5.贯彻落实学校体育工作的检查与评估。

一、体育教学管理

学校体育是德、智、体全面发展教育方针的重要组成部分。体育对学生的意义不仅是强身健体，它在培养学生刻苦坚毅的品质，提高学生适应现代社会生活的能力等方面都发挥着其他学科教育所不可替代的作用。尤其是今天，学校教育在从应试教育向素质教育转变的过程中，从培养学生健康人格和身心素质的角度出发，学校体育的作用更加明显，战略地位更加突出，它不但是学校教育的重要内容，而且是学校教育的重要手段。

体育教学作为学校体育工作的主要组成部分和强身健心的中心内容，是完成学校体育任务的基本途径，同时也是一项复杂的专业性业务活动过程，涉及众多因素，如教师、学生、管理机构、管理队伍、教学条件等。因此，只有加强体育教学管理，充分发挥各因素的作用，处理好各因素之间的关系，才能提高体育教学质量，完成教学任务，达到培养教育的目的。所以，对体育教学管理的研究就成了体育教学从应试教育向素质教育转型时期的一项重要内容。

体育教学管理是指根据体育教学的规律和特点，对体育教学工作进行计划、组织、领导和控制的过程。

（一）体育教学管理的内容

1.体育教学计划的管理

体育教学计划是体育教师依据《体育与健康课程标准》，再结合具体的某个学校的实际情况制定的体育教学工作计划文件，是体育教师教学的主要根据，同时也是检查和评估体育教学质量的重要内容。

对体育教学计划的管理分为四个环节：一是对制订体育教学计划的管理；二是对实施体育教学计划的监控；三是对实施体育教学计划后的情况进行的考评；四是对体育教学计划进行情况考评的总结。

2.体育课堂教学的管理

体育课堂教学是学校体育工作的重要环节，体育课堂教学管理将成为学校体育教学管理的重中之重。

（1）编排班级数量及每班人数

班级教学是学校体育教学的基本组织形式，根据具体学校的情况进行班级的编排以及每班人数的确定，这一点对保证和提高体育教学的质量有着重要的作用。

在编排时，应充分考虑每班的具体情况，人数应定在40人左右，可以不按平时上其他学科时一个班的人数来上，因为现在很多学校每个班级的人数基本上在60人左右，若按照这个人数来上体育课的话，不符合体育教学的特点，不利于体育教学活动的开展，编排班额应根据学校具体情况进行。

（2）编排课表

采用隔天排课，如星期2、4或1、3或1、3、5进行。具体到某一天课时时，可采用早上3、4节或下午5、6节。另外还应考虑场地的限制，将同一进度的班级分别排到不同的时间，以便有足够的场地器材供学生使用。

（3）制定课堂常规

体育课堂常规，是为了保证体育教学工作的正常进行。对师生提出一系列的基本要求，是学校体育教学管理的一项重要工作。实施课堂常规，不仅有助于建立正常的教学秩序，而且对加强学生的思想品德教育，建设精神文明都有十分重要的作用。在实施新的《体育与健康课程标准》时更应该加强体育课堂常规的要求。

体育课堂常规，应根据各校的实际情况制定，虽然无须强求一律，但常规条文的规定应明确具体。体育课堂常规主要包括道德方面的常规、次序方面的常规、人际方面的常规、安全方面的常规和学习方面的常规等。

（4）备课与上课

备课是上好课的前提，备课也是教师提高业务水平的学习过程，所以说，教研室应该认真组织全体教师在个人备课的基础上进行集体备课。

（5）体育课成绩的管理

学生的体育课成绩由体育教师进行考核，做好体育课成绩的统计、分析与研究，为改进教学、修订考核标准与办法提供可靠依据。

体育教师再把学生体育课成绩汇总上交学校体育教研部（室、组），由上级主管对成绩进行分析研究，总结经验，开展对考核内容、标准、办法的研讨，并及时进行改进。

3. 体育教学质量评估

体育教学评估的目的在于通过评估客观地了解体育教学质量的实际情况，为进一步指导和推进体育教学质量的提高，促进体育教学改革，提供反馈信息，也为主管部门和领导者提供决策依据。体育教学评价按方式可分为领导评估、专家评估、校际评估、自我评估和学生评估等。

4. 体育教学质量评估的经验总结

通过对体育教学质量评估的经验总结，对提高评估和体育教学质量的反馈信息有着重要作用，促进评估的改革与发展，为进一步推进体育教学质量提供了保障。

（二）体育教学管理的基本环节

1. 计划

体育教学管理的环节是指体育教学管理过程的运行程序。教学管理过程的运行程序一般包括"计划—执行—检查—总结"四个环节。这四个环节是按其顺序相互衔接进行循环，并周而复始，螺旋上升的。每循环一次，教学工作都有新的发展，管理水平都有新的提高。下面从体育教学管理角度，对体育教学管理的计划作具体说明。

体育教学管理的第一步是制订计划，体育教学管理的有关方面都应该分别制订出计划，体育教学管理计划的实质是体育教学管理者对体育教学管理过程进行有序的决策，也就是制订体育教学工作计划。

学校体育教学工作计划是根据教育方针，体育教学大纲和教材、体育教学的规律与原则以及本校的实际情况制定的，主要包括学年体育教学工作计划、学期体育教学工作计划（教学进度）、单项体育教学工作计划（一项教材计划）、课时计划四种。

（1）学年体育教学工作计划，它的主要任务是将体育教学大纲规定的各类教材内容和时数，科学地分配到两个学期中去，并订出考核项目和标准。

（2）学期体育教学工作计划，它是根据学年体育教学工作计划将一个学期的教材分别安排到每一节课中去，并安排考核日期。

（3）单项体育教学工作计划，它是学年和学期体育教学工作计划的具体化，主要是制订各项主要教材的教学进度计划。

（4）课时计划（教案），它是体育教师在充分备课的基础上编写的一堂体育课的教学方案。教学内容包括教学任务、教学内容、教学方法、教学的组织形式、负荷与休息的安排等方面。

以上四种工作计划是一个整体，并有明显的层次，不管是哪种计划的制订，都应该符合体育教学规律并从实际情况出发，多次推敲，走群众路线，留有余地，并保证其有相对的稳定性。

2.执行

制订计划是为了执行，否则，计划只是一纸空文。因此，要建立执行计划的运行机制，例如：

（1）指导

领导要深入基层，深入实际，了解情况，掌握计划执行情况，帮助下属解决困难。

（2）协调、贯彻落实计划

要与有关部门相互配合（例如后勤、班主任、团队组织等）。为此，必须克服"铁路警察，各管一段"的现象。

（3）组织

从讲求社会效益和经济效益的角度出发，合理地组织物力、人力、财力和分配时间，力求低消耗、高效益。

（4）调节

在计划执行过程中，根据反馈信息，可随时调节原计划的内容等，使计划更符合实际，收到更大的效果。

3. 检查

检查是对计划实施的验收，也是对体育教学管理人员的考核，通常只有布置，没有检查，马马虎虎，对体育教学管理情况不清楚，不但会出现自流现象和失控现象，而且也不会发现什么问题，找不出薄弱环节，不利于改进工作。

检查的方式和种类多种多样，有上级对下级的检查，有平行单位的互查，也有本单位内部检查，有单项检查和综合检查，有平时抽查和定期检查。检查应与总结评比结合。检查教学应包括对教学质量的检查与评价。

4. 总结

这是对计划本身和执行计划结果的评价。通过总结，一方面可以较客观地了解已经执行的计划在多大程度上符合客观实际，看看计划本身存在着什么不足，这样可以为修订计划提供依据，可以积累经验，找出今后努力的方向；另一方面可以评价不同人员的工作情况，为培养人才积累资料。

总结分为单项总结和综合总结，全面总结和重点总结，一般性阶段总结和期末或者学年结束总结。任务总结要一分为二，有理有据，实事求是，民主评议。

二、课外体育活动管理

课外体育活动的管理工作是学校体育工作的重要组成部分，是增强学生体质的有效途径和措施，是体育课的延续和补充，是培养学生体育兴趣、发展学生体育特长、培养学生终身体育意识的最佳途径。

加强课外体育工作的管理，对全面贯彻执行《国家体育锻炼标准》《全民健身计划纲要》具有重要意义；对巩固和提高体育课所学的知识技能，扩大学生体育知识、技能范围，培养学生参加体育锻炼的兴趣，完成学校体育工作任务具有重要作用。

（一）课外体育活动的主要形式

作息制度内的课外体育活动——课间操、早操等。

作息制度外的课外体育活动——体育兴趣小组（班）、校内外休闲体育活动、校内外体育俱乐部、节假日体育、培训班活动等。

（二）早操、课间操的管理

早操、课间操是学校体育管理工作的一部分，有效地组织早操、课间操，可使学生振奋精神，更好地进行一天的学习生活，有助于消除学习中的疲劳，提高学习效率。

在早操、课间操的管理中，要保证其开展的正常时间，不可占用此时间（特殊情况除外），由学校教研部（室、组）负责完成，体育教师和班主任密切配合，还应充分发挥学生干部的带头作用以及进行一系列的宣传活动，让学生了解其重要性。另外可对早操、课间操的内容进行一定的修改与完善。

（三）其他活动

校内外休闲体育活动、体育兴趣小组（班）、节假日体育、校内外体育俱乐部、培训班活动等的管理课外体育活动是保证学生每天一小时体育活动的有效措施。学生可设专门机构和人员负责组织课外体育活动。活动的内容要围绕《国家体育锻炼标准》和《全民健身计划纲要》进行，也可以开展一些学生喜闻乐见的体育活动等。

三、课余运动训练与竞赛的管理

（一）课余运动训练管理的特点

1. 针对性

针对性特点指的是针对学生，其管理和社会运动训练有区别，在目标计划的制订和组织实施方面都应该考虑这一点。

2. 基础性

学生正处于生长发育期，他们的身心发育水平还处于形成和发展阶段。所以，在管理时主要从心理方面来进行思想教育，身体训练从基础方面着手，使学生全面的发展。

3. 训练时间的课余性

学生的训练主要是利用早上、下午、周末或寒暑假来进行。所以，指定计划就要充分考虑这个时间限制。

4.普遍性

由于体育运动具有训练项目、参加人数多等特点，使得管理过程所采用的方式、方法等要具有普遍性的特点。

（二）课余运动训练的组织形式

学校运动队、体育传统项目学校、基层运动训练点、体育运动后备人才试点校。

（三）课余运动训练竞赛的管理

1.建立课余运动竞赛管理体制

学校课余运动竞赛管理，不仅要遵循运动训练竞赛规律，而且要符合学校教育规律的要求。因此，要建立学校训练竞赛管理机构；明确学校课余训练竞赛管理结构各部门、各层次的职责要求，制定严格的训练竞赛管理规定。

2.课余运动竞赛的基本要求

（1）明确课余运动竞赛的宗旨。

（2）做好宣传教育工作。

（3）坚持竞赛的业余性和经常性。

（4）依靠领导与组织，发动群众、培训骨干。

（5）课余竞赛要和课外体育锻炼密切结合。

（6）厉行节约、勤俭办竞赛。

四、体育教师的管理

体育教师的管理是学校管理中人事管理的一部分，是学校体育管理的核心部分。加强体育教师管理是学校全面贯彻教育方针的需要，是调动体育教师积极性的需要，是不断提高体育教师思想素质、业务素质的需要。

体育老师应该不断更新教学观念，刻苦钻研，深入研究体育课程改革，不断提高自身的教学能力，提高体育教学效果，提高教学科研水平和能力，勤于思考，加强对学生体育锻炼的指导，充分发挥教师的主导作用，为培养学生的综合能力服务。

在体育教师的管理中，需要一种激励机制来刺激其不断地提高自己的综合素质。如没有相应的奖惩机制，体育教师则没有太多的激情去对待我们的体育教育事业，也就谈不上体育教学质量的提高与进步了。

在体育教师使用激励中不仅要运用物质激励手段，而且还要运用制度激励手段、环境激励手段、生活激励手段，不仅要满足体育教师的生理、安全、归属的需要，还需要满足体育教师的自尊和自我实现的需要。

对体育教师使用激励要善于把多种激励手段结合起来运用，在一定时期内，可以依据体育教师的主导需要采取一种激励手段为主，另外几种激励手段为辅的方法。

值得注意的是，激励手段要依据体育教师需要的变化而变化，不能一成不变，当前，对体育老师使用的激励手段主要包括制度激励手段、物质激励手段、环境激励手段和生活激励手段。

（一）制度激励手段

1. 深入贯彻按劳分配制度。

2. 实行完全意义的聘任制。

3. 实行末位淘汰制度。

4. 实行低职高聘、高职低聘制度。

5. 教师参与管理制度。

6. 绩效工资制度。

（二）物质激励手段

1. 进一步提高工资水平。

2. 提高除工资外的其他经济收入水平。

3. 提高福利待遇。

（三）环境激励手段

1. 融洽的人际关系。

2. 健康向上的校园文化。

3. 优越的工作条件。

4. 事业吸引引导。

5. 提高职业地位。

（四）生活激励手段

1. 关心教师的成长。

2. 解决好教师的后顾之忧。

（五）使用激励机制时的注意事项

体育教师使用激励要坚持业绩优先原则，奖励的大小、多少应该和教师的工作业绩相联系，在严格统计体育教师劳动的质和量的基础上，做到劳动和报酬一一对应，并体现优劳优酬。

在公平问题上，要公正地看待体育教师及其各种劳动，尽可能把体育教师付出的各种劳动形式都考虑到工作业绩之列，并把它作为应得劳动报酬的条件，要制定科学的劳动换算标准。

体育教师本身的各种劳动形式之间的系数比，以及与其他学科教师劳动形式之间的系数比要相对公平，经过系数换算后的体育教师的每一节课的课时费要与其他学科教师的每一节课的课时费一样，在高（中）考奖励上，要制定公平的奖励标准。体育教师与其他学科教师的奖励比要根据一年来的工作量比而定。

管理者应努力克服各种干扰和问题，在体育教师使用激励机制时，尤其是制度激励实施过程中，管理者必定会遭到各方面的不同干扰和压力。管理者要敢于承受各方面的压力，勇于抛弃"老好人"的做法，用公平、公正和敢为天下先的心态把既定的使用激励制度执行下去。

在体育教师使用激励过程中，可能会较多地遇到资金缺乏问题，这需要管理者不断开拓资金来源渠道，从目前看，学校管理者可从扩大生源、多形式开办校办产业、与其他学校联合办学、办班、吸引企业赞助等渠道来扩大体育教师使用激励资金。

五、学校体育经费的管理

（一）学校体育经费的来源

事业拨款：教育行政部门按学生人数下拨的教育事业经费中用于体育的比例部分，另外包括教育行政部门的体育专项拨款。

体育维持费：用于维持正常学校体育工作开展。

体育设备费：用于购置大型体育设备。

专项经费：用于学校体育场馆建设。

学校筹措：是学校内部从创收、校办产业等方面划拨体育之用的部分。

社会集资：是学校或体育教研部（室、组）因重大赛事、体育活动和体育场馆建设等向社会各界募集得到的资助（或赞助）费。

自行创收：是由体育教研部（室、组）通过合法手段为师生和社会提供有偿服务而获得的收入。

（二）学校体育经费的支出

日常办公经费：电话费、差旅费、办公用品费和业务往来费。

体育教学、训练与科研经费：师资培训费、课外活动和其他体育活动经费、校内外比赛经费、专业图书资料费和体育科研经费等。

体育场馆建设与维护和体育器材添置与维修经费。

教师福利待遇所用经费等。

（三）学校体育经费管理的要求

应当严格执行国家和学校制定的财务制度和经费使用办法，坚持财务审计的监督制度，加强学校财务或总务部门的相互协调。教研部（室、组）每年必须按学校的统一要求，提交年度经费预算，分项列支，专款专用，按年结算。经费的使用应本着勤俭节约的原则和财务管理的规定与权限，履行相应的报批手续。

第三节　学校体育管理的检查与评估

科学的评估对学校体育工作具有导向性，可以帮助各级管理层了解学校体育工作情况，便于决策和指导，提高管理水平。

通过评估可以将有关信息及时反馈给各级管理人员，便于领导做出科学决策；通过评估还可以与兄弟学校其他组室进行比较，有利于相互学习、共同提高。

对学校体育管理工作进行检查与评估，就是对学校体育管理所包括的内容进行检查与评估。检查与评估的方式既可以是综合性的，也可以是针对某项内容进行专门的检查与评价。如：教育部对全国各普通高等本科院校开展的本科教学质量评估，属综合性检查、评估；某校开展的针对课堂教学质量的检查与评估，则是专项性的检查评估。

一、学校体育管理效果检查与评价的程序

（一）组织准备阶段

1.明确组织检查与评价部门和被检查与评价范围（单位、个人）。

2.确定检查与评价的目的。

3.选择检查与评价方法。

4.制定检查与评价指标体系。

5.安排检查与评价进度。

6.组织遴选检查与评价成员。

7.准备检查与评价用具。

组织准备阶段主要进行检查和评价前的组织准备、思想准备和资料准备，通过学习和动员，端正思想观念和态度，明确检查和评价各指标体系和要求，积极准备实际材料，为检查和评价提供客观、全面、清晰的备查材料。

（二）检测实施阶段

1.全面搜集检查与评价信息。

2.处理检查与评价信息。

3.作出检查与评价结论。

（三）总结阶段

1.对检查与评价结果做出客观的分析，肯定做出的业绩，找出存在的问题，帮助指导单位做出相应的调整，以便实现最终目标。

2.检查与评价结果应用定性语言描述和定量分析相结合。

3.向被检查与评价对象反馈检查与评价结果和原因分析，并向有关部门做出检查与评价报告。

二、体育教学管理的检查与评估指标

（一）确定检查与评估指标的原则

1.综合性原则

体育教学是一项复杂的专业性业务活动过程，涉及学生、管理机构、教师、管理队伍、教学条件等各种因素。管理的具体内容应该是多样性的，评价指标不是单一的，而是一个可以反映体育教学不同侧面的综合性多元化指标。

2. 管理性原则

既然是对体育教学管理进行评价，则必须体现管理的特点。评价指标中应有反映管理过程不同阶段的指标（如计划、实施、检查等），同时还应有反映不同管理职能的指标（如计划、组织、控制等）。

3. 简便易行性原则

确定评价指标的一个重要目的，是将它应用于对学校体育教学管理工作的考核评估中，这就要求指标的确定必须简便易行，有利于实践操作。

（二）确定检查与评估指标

1. 体育教学计划和教案的制订，反映体育教学计划过程的管理，旨在确保体育教学计划系列的科学性和可行性

对教学发挥指导作用所制订的计划系列包括全年教学计划、学期教学进度、单元教学计划和课时计划（即教案）。它们应以教师的独立钻研为主，在此基础上进行集体研究和讨论。体育教学计划和教案是上好体育课的基本保证，是体育教学管理的基本环节。

2. 体育课堂教学常规的制定，反映体育教学管理的制度建设

体育课堂教学常规是各级学校根据本地区、本校实际情况制定的，重点是规范体育教师在课堂教学中的行为的规章制度。它是一个学校体育教学管理法规体系中的重要内容。体育课堂教学常规的内容一般包括：对教师课前准备情况的要求，如备课质量、着装等方面；对教师课中组织教学情况的要求，如示范动作、运动负荷和运动密度的合理安排、教学方法、教学语言等方面；对教师课后的要求，如及时做课后小结等。

3. 体育教学大纲的实施程度，反映体育教学组织过程的管理

体育教学大纲指的是指导学校体育课的纲领性文件，使体育课得以规范，使学生可以接受系统科学的体育教育。在对体育教学计划的管理中，必须按照教学大纲去制订教学计划，确定教学内容；在对体育教学过程的管理中，主要是检查、落实是否严格按照教学大纲去组织教学。没有体育教学大纲指导的体育课，其作

用效果将大打折扣。

4. 体育教改和教研的开展程度，反映体育教学管理的深度

体育教改和教研工作是衡量体育教学管理是否具有较高质量水平的一个重要尺度。高质量、深层次的教学管理必然带来体育教改和教研工作的蓬勃开展，从而极大地提高体育教学质量。

全年组织了多少次教学研究活动，实施了多少有关教学内容、组织方法上的小型教学改革，发表了多少教学论文，这些都是衡量体育教改和教研开展程度的重要参考依据。

5. 体育教学质量的检查和考核，反映体育教学管理的控制职能

从管理角度看，必须对体育教学进行有效控制和监督，体育课教学质量的检查与考核评定是加强控制的重要措施。

学校主管领导应当保证深入课堂一线，体育教研室应经常进行定期或不定期、全面或专题的课堂质量检查，及时获得学生的反馈信息，帮助教师改进教学，进一步提高教学的质量。

6. 体育课成绩的评定方式及其作用，反映体育教学管理的完整性

体育课成绩的考核和评定是体育教学的重要内容，是体育教学过程管理的最后一环，因此它反映了体育教学管理的完整性和规范性，是评价体育教学管理水平的重要指标。体育课成绩的评定标准目前没有一个较统一的模式，一般认为应采取综合评分的方法，即对项目考试成绩、考勤和达标成绩综合考虑进行评分，这是当前较正规的考评方法。

体育成绩体现了体育科目和体育教学在学校教育中的地位，从一个侧面反映了作为管理者的学校领导对体育教学的重视程度，所以也是管理水平的评价指标之一。从素质教育的角度来讲，体育作为教育方针中的一"育"，作为一个不可缺少的科目，其成绩应作为评"三好"和升留级的条件之一。

7. 体育教学文件的规范完备程度，反映体育教学辅助过程的管理

体育教学辅助过程的管理，主要指的是为体育教学提供物质条件的后勤管理，体育教学文件的管理是其中的重要内容之一。

体育教学文件包括：国家的教育方针，上级部门颁发的各种有关教学的法令、条例、规定、指示、制度、体育教学大纲以及根据上述文件精神制订的体育教学

工作计划，由此可见体育教学文件是体育教学质量的信息库，应充分重视并认真搞好教学文件资料的积累、整理、统计和分析。

对体育教学文件管理的要求是做到："一清"，即教学文件的整个细目清楚；"二全"，即各类文件全，全体教师资料全；"三规范"，即各种文件整体存档规范，各项文件格式要求规范，各项文件执行、检查、评比规范。

三、课外体育活动管理的检查与评估

（一）领导是否重视，管理制度是否建立

如今的学生，通常可以自行安排选择锻炼的时间和运动的形式，同时他们也十分渴望得到指导、帮助和提高。还有一部分学生因长期缺乏锻炼的自觉性，需要有人去引导和督促。

为了使每个学生都能走出教室、寝室参加体育锻炼，而且合理安排锻炼时间以期达到最佳效果，就应对其加强领导。在学校教研部（室、组）建立课外体育活动小组，具体负责组织实施。根据体育教师的业务水平、专业特长，让他们到基层进行直接的面对面地辅导。从而做到学生锻炼有组织、有计划，奋斗有目标，遇到技术难题有人帮，教师辅导有对象，克服过去学生锻炼自由化，教师只浮在操场上的做法。

（二）早操、课间操形式和内容，是否实现多元化教育目标

《学校体育工作条例》提出：要保证学生每天有一小时的锻炼时间。坚持开展早操、课间操活动，是提高学生身体体质和健康的必要举措。

为了提高学生的活动质量，达到每天合理适宜的运动负荷，必须加强早操、课间操的管理和组织形式的改革。

改变长期以来早操只跑步、课间操只做广播操的单一形式。对早操、课间操的管理，要注重学生的主体性、全体性、创造性、发展性，充分关注学生的个体差异与不同需求。

为使每一个学生都动起来、都得到锻炼、都受益，则不必刻意追求动作以及形式的完美统一，要讲究锻炼实效。

根据教育部要求，推行大课间活动，适当延长课间操的活动时间。在传统广

播操的基础上，增加多样性的活动内容。如安排适量的原地小步跑、高抬腿跑、后踢腿跑，球操、绳操、健身操，以及学校特色体育等。

也可采用合操、分操、任意操、课间跑步等各种组合形式，增加运动量。在安排活动内容时，要坚持健身性、科学性、兴趣性、简易性、实效性的原则，要考虑季节气候特点、学生生理、心理特点、学校场地、器材实际及学生实际，考虑学校的体育文化氛围及传统体育基础。实验证明，"课间操的运动负荷：小学生心率控制在 130 ～ 150 次 / 分区间，中学生心率控制在 120 ～ 140 次 / 分区间，课间操后的学习效率最高。"

（三）是否加强医学监督的作用，确保课外活动质量

课外活动是培养学生体育兴趣，发展学生体育特长、培养学生终身体育意识的最佳途径，是学校体育课的补充和延伸。

在体育活动内容的安排上，不仅要考虑不同年龄段学生的生理、心理特点，而且要针对学生体质健康存在的问题，选择具有一定运动负荷、有效提高学生健康水平的体育项目，通过这些项目的锻炼改善学生的心肺功能、增强体能、全面提高身体素质。选择有效的练习方法，提高锻炼效率。

如对活动项目采取循环练习法，不仅可以激发学生兴趣，而且增加了练习密度，保证了一定的运动负荷，坚持课外活动的"三结合"原则，做到活动项目与课程标准相结合；普及与提高相结合；校内体育与校外体育相结合，校医务室要对课外活动、业余训练实行运动医学监督制度，将医务室对学生运动量的测定，作为课外活动班级综合评比的主要依据。

四、课余运动训练与竞赛管理的检查与评估

课余体育训练是在学校体育教学和课外体育活动的基础上，为推动学校体育的发展，提高学生的运动训练水平，培养后备体育人才，组织有一定体育特长的学生以代表队的形式在课余时间里进行专门的训练和比赛。它是学校体育的一个重要组成部分，也是学校教育的一个重要方面，是学校贯彻"普及与提高结合、不断提高课余运动训练水平"的重要途径，搞好学校课余运动训练工作，对全面贯彻《学校体育工作条例》具有重要意义。

检查和评估的主要内容通常是传统项目的优势程度、训练计划的制订与实施情况、竞赛计划的制订与实施情况、后备人才培养的质量与输送情况、运动竞赛的成绩等。

五、体育教师管理的检查与评估

教师是完成党的教育方针中体育教育的主导者，是体育教育的具体方案、是影响完成党的教育方针提出的人才目标培养的体质保证的主要因素，是措施的组织和实施者，对未来一代祖国的建设者、劳动者的质量有着直接的影响。

检查与评估的主要内容为体育师资队伍的群体结构、体育教师的个体结构、体育教师的敬业精神和教书育人效果、工作量完成情况、体育教师的业务培训情况等。

六、学校体育经费管理的检查与评估

学校体育经费来源的途径和金额的多少，学校体育经费的支出方向和金额的多少，这些具体的数字将说明经费管理的好坏。经费管理得好则表现为经费来源的途径多、金额多，且这些经费的支出该明了，并且用到了实处，让学生们成为最终的受益者。

七、学校体育场地设施与器材管理的检查与评估

学校体育场地、器材、设备是否齐全、是否完善、是否将体育器材纳入教学仪器供应计划、不断改善体育工作环境条件，对新建、改建项目，学校应当按照国家有关学校体育场地、器材的规定进行设计和建设。

是否认真制定和严格实施各类体育场地、器材、设备的保养、维修制度，督促有关部门定期对体育设备和器材进行检查和维修，对已破损或不牢固的器材、设备，应停止使用，并由专人负责管理落实。

八、学生体质与健康管理的检查与评估

根据国家、地方制定的有关学生体质管理规定与要求是否健全与完善，并严格执行，是否建立相应的管理机构，起到了管理的作用。是否根据《学生体质与健康标准》和学生生长发育的特点，制定各年龄段学生体质测定的指标体系、测试办法、测试要求；对学生体质与健康进行定期检查。对学生进行健康教育的重视够不够，是否建立学生健康档案，分析研究，提出改革措施。

九、学校体育科研管理的检查与评估

学校体育科研人员中对体育科研骨干管理的检查和评估，管理部门是否注重提高科研骨干的体育知识、技能、组织能力和科研能力，能带领或独立进行科研的工作能力，对工作出色者应及时表扬和奖励，应要求他们定期向组织汇报任务的完成情况，使他们真正成为体育科研工作的带头人。

对体育科研人员进行量化考核的重视与否，这能具体反映出科研人员及学校的科研情况。另外，体育科研成果的获取情况、体育科研情报的拥有情况、体育教育教学科研成果的应用情况等也将对管理的效果进行了反映。

十、学校体育宣传工作管理的检查与评估

从学校各类出版物对体育宣传的占有比例，校内各传播媒体、墙报、宣传栏等对体育新闻、科技、技术等知识与技能的宣传量，各宣传管理部门是否有专门的体育宣传管理人员对宣传工作的管理效果进行评估。

下篇

篇

篮球管理实务篇

第一章 篮球队伍管理概述

第一节 篮球队伍管理的目标与特点

一、篮球队伍管理的目标

（一）目标的含义、特点和作用

目标指的是组织在一定时期内预期达到的境地和标准。目标的含义通常包括以下几个方面：其一，表明组织的目的性，组织整体的发展方向；其二，具有明确的边界条件，即组织管理活动的实践界限，数量上与质量上的一定要求以及职责范围；其三，常常由一系列的指标构成；其四，管理活动的目的与评价活动标准之一。

目标通常具有以下特点。

1.方向性

目标具有一定的方向性，它能够为人们指明前进的道路和方向。

2.层次性

表明组织总体方向的总目标，需要分解成一些低层次的目标，即子目标，这些子目标的实现构成了组织总目标实现的基础，一般来说，目标的层次可分为两级、三级或更多级。

3.网络性

组织系统中，各层次、各部门、各成员的目标之相互联系，纵向有从属性，横向有联系性，纵横优劣的排列，则组合成为目标网络，或称目标体系。

4. 可考核性

组织目标一般要转化为一定的指标，并制定出一系列在质量和实践上均有具体要求的标准，从而便于检查、考核和评价，最终达到落实目标的目的。

5. 挑战性

合理的目标总是要求在原有的水平上达到一个新的高度，需要经过一定的努力才能达到。

组织目标是管理者和组织中一切成员的行动指南，没有明确目标的组织，就无法形成统一的行动，难以进行有效的工作。

目标的具体作用有如下几点。

1. 指向作用

组织目标是组织的目的、宗旨的具体化，指明组织的发展方向。它既是管理工作的出发点，又是管理工作的终极归宿。

2. 激励作用

目标不但可以指明方向，而且还为人的行动提出了明确的标准，成为一种推动力。目标价值越高，实现目标的概率越大，所激发的力量也越大。

3. 标准作用

组织目标确定以后，管理过程中要以目标为导向，作为检查、控制的依据，管理结束时要按照目标进行考核、验收，成为评估工作成效的衡量尺度。

4. 凝聚作用

组织目标把组织的各部门和全体成员拧在一起，表现出强大的向心力，形成统一的有机整体，为实现共同目标而协调配合、锐意进取，组织的各部门和各个成员，只有在总目标指引下，团结协作才能实现自己工作的价值。

（二）目标管理的过程

目标管理是一种有规律的操作过程的管理方法，它是依据管理活动的规律和目标管理的特点而进行的，目标管理一般应依据以下程序进行。

1. 确定目标

确定目标是目标管理的第一步工作和关键环节。只有制定出符合本单位实际、又有利于长远发展的目标，才能使目标管理活动获得好的成效。

目标的确定，需要经过周密地调查，依据上级的要求、主观条件和客观条件诸因素进行认真的分析论证，千万不可草率从事。一个好的目标必须做到：关键性与全面性结合，灵活性与一致性结合，可行性与挑战性结合，指令性与民主性结合，具体化与定量化结合。

2. 目标开展

它是指目标从上到下层层分解、层层落实的过程，包括目标分解、对策展开、目标协商、明确目标责任和授权、绘制展开图等，它们相互联系、相互制约，构成一个不可分割的整体。目标展开的好与不好，将直接影响目标的实施和整个目标管理活动的成效。

3. 目标实施

目标实施是关系到目标能否实现的中心环节。目标实施要求精心组织，随时依据环境变化搞好调节平衡，充分发挥下属的积极性和主动性。

4. 目标考核

它是目标管理的最后一个环节，也是下一个目标管理周期的开始，考核工作做得好与不好，将直接关系到目标管理的效果。目标考核工作内容包括考评成果、实施奖惩和总结经验三方面。

（三）目标的内容及确定

目标包括目标方针、目标项目和目标值。

目标方针是目标的高度概括，规定了篮球运动组织在一定时期内总的发展方向、发展战略、发展规模和需要达到的水平，是确定目标项目和目标值的依据。目标方针的确定，必须做到方向正确、含义明确、简明扼要，并且要有鼓动性和号召力。

目标项目是目标方针的具体化，具体地规定了篮球队伍组织为实现目标方针在各个主要方面应达到的水平和主要要求。目标项目的确定应注意：各周期目标衔接，纵横目标结合，构成一个连续的、科学的系统。

目标值具体表示各项目目标应达到的水平和程度。目标值分定性与定量两类。定性目标值是指没有量化的目标值，有的定性目标只能采取模糊转换量化，有的还无法量化。不能量化的目标，也要尽量使其具体化，制定具体的考核标准；定量目标值是指能够用数字表示的目标值，如表示数量的教练员数、等级运动员数等，以及表示质量的场地使用率、活动出勤率的达标率等。

（四）目标效果评价

目标管理的最后一个环节是目标考评，目标考评主要是对目标效果的评价。目标评价的方法和形式主要为自我评价、民主评价和领导评价。

自我评价是指个人或部门自身对照目标进行总结评定，并赋予价值确定的评价方法，它是其他评价方法的基础。这种方法虽然带有一定的主观性，但具有自我教育、自我激励作用。

民主评价是指个人或部门的同行对其进行评价并赋予价值确定的评价方法。这种方法既可以横向比较目标成果的优劣，还可以起到交流经验、加强沟通的作用，较为客观和民主。它是惩罚与表彰的依据。

领导评价是指由领导给部属加以评断和赋予价值确定的评价方法。领导评价一般是带有决定性的评价，所以领导者必须充分掌握被评部属的有关情况和信息，公开客观地作评价，而不应以个人的好恶，从个人印象出发进行不负责任的评价。

以上三种评价方法在篮球队伍管理中都是必不可少的目标管理评价方法。自我评价是执行者对本职工作的自我认识、自我鉴定，反映其责任感和自信心，是做好管理工作的基本要求；民主评价是共同工作的同行集体的一致认可与鉴定，反映其工作质量在整体中的地位和可信程度，是提高管理工作的效率的关键环节。

领导评价是上级部门或领导者对下属工作的考察与尝试，反映其胜任该工作的适应程度，是反映管理者水平及其权威性的具体体现。在具体实施目标管理评价时，可根据需要与可能的原则单独应用以上三种中的一种，也可以综合应用此三种评价方法。

二、篮球队伍管理的特点

篮球队因其归属系统、性质、水平、级别层次的不同而各具特色，尤其是职业俱乐部球队更因其产业与商业化气息而具有全面差异，它们的最终目标不同，组合结构不同，成员在智力、能力、知识、性格等方面也大相径庭。

为此，要实现一个球队的目标，重要的是挖掘每位成员的最大潜力，同时有意识、有组织地进行不间断地协调活动。另外，人们在群体中的相互作用是一个发展、变化的动态过程，每个人的技能、个性特征、训练水平虽有一定的稳定性，但不是固定不变的，也需要做出及时调整。这些协调的综合活动就是篮球队的管理，它反映的是整个教学训练过程中对运动员情况的具体管理。

从现代管理学角度看，管理的范围包括人、财、物、时间、信息，其中最主要的管理对象是人。

篮球队的管理包括对运动员的训练管理、生活管理、学习管理和思想教育管理。运动员不是孤立存在的，只有当他们在发展的环境中努力从内外两方面约束自己时才能不断完善自己，同时也为创造这种理想环境做出贡献。科学的管理可以充分调动每名运动员的积极性、主动性和创造性，将篮球队建设成一个团结战斗的集体。

随着篮球运动职业化与竞赛产业化进程的加快，篮球队的管理越来越受到人们的重视，加强管理力量、提高管理水平已成为我国加强篮球队的建设、赶超世界先进水平所必须解决的一个问题。

篮球队的成员主要由一至两名教练员和十几名运动员组成。在这样的篮球群体中，球队队员在一定的空间和时间内相互作用、相互影响，直接或间接地使用有效的相互作用在持续性、广泛性和融合性上达到密切的程度，并逐渐形成一个自身的内部准则，以指导其价值的实现。篮球队的管理具有以下几个特点。

第一，篮球队的管理是以竞赛活动为中心的周期性行为。管理过程中的各个阶段（制订计划、组织实施、检查调整、做出总结，既有各自的独立性，又有紧密的连接性，它们之间互相联系、互相促进，并且按照篮球运动和管理学科的基本规律，依照一定的次序，连接成一个封闭的循环系统，即一个管理周期。

第二，管理周期的重复性。篮球队的管理不是随着某次比赛的结束而终结，恰恰是以它为起点，开始新一轮的管理，周而复始，不断进行。管理周期的重复出现，并非简单的重复，篮球队的整体情况可能会发生一定的，甚至是重大的变化，例如新老队员的交替、主力阵容的调整、比赛结果的赛后作用等，管理者应根据实际情况，有效地调节管理活动。

第三，大量的管理活动渗透在实际的训练过程中，为训练工作的物质和精神两方面作保证。

第四，竞赛期间的管理工作有其特殊性，比赛过程中的生活管理和思想管理尤为突出。

第五，管理工作的效果要在比赛中体现，并得到社会的检验与认可。篮球队的技术和战术水平、比赛作风、文明程度等直接反应管理水平。

第六，篮球队的管理者，以领队、教练员或教练小组为主，其他专业人员为辅。教练员不仅要具有专业技术，还要掌握多种学科知识，具备较高的管理能力。

第七，篮球队的管理幅度（即管辖人数）较大，所以管理的内容较多，是贯彻全面素质教育的重要管理过程。

第八，篮球是一个整体、一个团队的运动，而不是一个人的运动。

第九，篮球队伍存在着一定的结构。球队中的每一个成员都占有一定的地位，扮演着一定的角色，并由此构成一定的等级体系和人际关系网络。教练员在球队中居于主导位置，是球队的灵魂，并指挥球队的活动；而篮球队员则分别扮演着各自的角色，并按照角色规定进行交往与活动，发生互动与联系。

第十，篮球队有一定的目标。这种目标即篮球运动的方向和目的，没有目标，篮球运动就没有动力，更谈不上存在和发展。

第十一，篮球队的队员有共同的价值和规范。球队的价值和规范是球队每一个成员所必须遵守的准则，它使球队成员的共同活动得以协调进行。球队成员如果违反这些规则，必将影响既定目标的实现。

第二节　篮球队伍管理的原则与方法

一、篮球队伍管理的原则

篮球队伍管理与一般管理活动一样，都必须遵循一般管理的客观规律，遵循科学管理的基本原则。

规律是事物发生过程中内在的本质联系和必然趋势。它具有不以人们的意志为转移的客观必然性，是事物本身所固有的。管理工作的基本原则，是对管理实践活动的实质内容进行科学的分析总结而提炼出来的，是对管理规律的科学阐述，它是一个发生、发展的过程，并将随着社会的发展而进一步完善提高。管理原则反映了管理活动的规律性、实质性的内容。原则是根据对基本规律或原则的认识而引申出来的，是人们必须共同遵循的行为规范。

管理原则对于指导篮球训练、篮球队伍、篮球运动管理实践，提高管理效能，有效地实现管理目标，具有重要的意义。篮球队伍的科学管理需要遵循系统原则、人本原则和动态原则等。

（一）系统原则

1. 系统原则的概念

系统原则是指为了实现现代化科学管理的优化目标，运用系统理论，对管理对象进行细致的系统分析。

系统原则最重要的观点是"整体效应"观点。著名的定律——整体大于各孤立部分的总和。"整体"为什么会大于"部分之和"？这是因为系统诸要素经过合理的排列组合，构成有机整体之后，便具有其要素在孤立状态中所没有的性质，即放大了功能。系统的规模越大，结构越复杂，这种"放大的功能"就可能越大。而"功能"能否放大的关键在于科学的组织管理，我国的"神舟计划"负责人在总结该计划时，曾深刻指出，我们没有使用一项别人没有的技术，我们的技术就是科学的组合管理。

这正抓住了事物的本质。说明如果管理得好，采用合理的方法，可能产生 $1+1>2$ 的效果；相反，如果管理不当，就会产生出 $1+1<2$ 的效果，这就是整体效应。获得整体效应,并使整体效应尽量增大,这是优化管理的最大追求目标。

系统原则理论的运用，是现代管理区别于小生产管理的分水岭，系统原则理论要求每个管理人员必须从思想上明确，自己负责的对象是一个可以控制的整体动态系统，而不是一个孤立的、静止的系统，应该从整体出发，使局部服从整体，又使整体照顾局部，同时还应明白，无论如何管理，都必须考虑系统整体的利益，摆正自己的位置，为更大系统的全局利益服务。

2. 系统原则的要点

系统原则的要点，在于系统的目的性、整体性和层次性。

（1）目的性

每个系统都有自己明确的目的，目的不明必然导致管理的混乱。要根据系统的目的和功能设置各子系统，建立其结构，各子系统的目的由系统目的分解而来。

一般来说，一个系统只有一个目的。

（2）整体性

整体性是系统最基本的特征之一，它是由目的性引申出来的。主要解释了整体与局部、整体效果与个体效能的关系。要素与系统关系十分密切、不可分割。系统的整体功能建立在一定的要素功能基础上，但又大于各要素功能的简单相加。

没有要素的功能，就没有整体功能；但是，如果各要素不能进行科学的综合和继承，就不能取得整体效果。因此，把握形同的整体，着眼于整体效应，这是我们认识和运用系统原则的精髓。

（3）层次性

只要是系统，想必都有一定的层次结构，每一层次都有各自的功能，规定明确的任务和职责、职权范围。系统的层次性，要求管理必须分层次进行，建立层层管理、层层负责、各负其责的管理秩序。

从社会管理系统来说，可以划分为宏观、中观、微观三个不同的层次；从一个部门、一个单位的管理来说，可以划分为决策层的管理、管理层的管理和执行层的管理，各系统的层次之间有着密切的相互联系。

3.系统原则所引申的管理原则

第一，整分合原则。

整分合原则要求管理工作必须在整体规划的基础上明确分工，在分工基础上有效综合。具体来说："整"，是根据系统原则的整体性要求，从整体上把握系统的目标、所需的条件和所处的环境，防止偏离总目标。

"分"是根据系统原则的层次性要求，按照整体目标的要求，对总任务进行科学的分解、合理的分工，建立各种规范；"合"是根据系统原则的目的性要点，在分工之后，对各要素之间的各种关系不断综合与协调，从而保证整体目标的实现。进行"整—分—合"分析应该注意以下几点：

（1）树立整体观点。整体观点是大前提，最终目的是扩大整体效应，实现整体目标。

（2）抓住分解这一关键。分解正确，分工才合理，规范才科学、明确。不善于分解，就不会合理分工，无法抓住关键，只能疲于应付，难以成事。

（3）分工与协作相结合。分工固然重要，但它并不是目的，还必须进行强有力的组织管理，使各环节同步协调，有计划按比例地综合平衡，既分工又协作才能提高效能。

（4）明确分解对象。我们所说的分解，是围绕目标对管理工作进行的分解，而不是对管理功能的分解。管理功能要求人、财、物等要素统一，否则管理便无法进行下去。

第二，优化组合原则。

贯彻整分合原则，要求既要搞好分工，也要搞好协作，所以，分工不能随心所欲，分级也不能没有标准，各级更不能任意组合。要想有效实现系统的目标，提高其整体效果，必须使系统的组合达到优化。

优化组合，主要包括以下两个方面：

一方面，目标优化组合。实行目标管理的单位，要发动群众，民主制定科学的总目标，然后根据优化组合原则，把总目标层层分解到下级组织或个人，发挥各自的长处，组成优化的目标体系。在实现目标的过程中，要使各个分目标之间相互促进、相互协调，从而保证总体目标的完成。

另一方面，组织优化组合。组织优化，要建立稳定的管理三角。组织结构常见的为各种三角形，其中以正三角形结构最稳定、最合理。

优化组合，必须贯彻管理跨度原则。管理跨度，是指一个上级能直接有效地领导下属人数的限度。管理跨度的大小，受管理者的素质、能力、支持及管理对象的状况、分布距离等所限制，它决定着组织的管理层次、人员数量；它对组织结构的横向划分、纵向联系产生影响。

在一个管理三角形中，一般来说，越是上层领导，直接管理的人就越少，越是往下，直接管理的人就越多，形成塔状的梯形结构。

第三，相对封闭性原则。

这里所说的封闭，是针对系统内部的管理而言的。但是，系统的封闭是相对的，这种相对性主要表现在系统总是要与外系统发生联系。对于系统外部，呈现出开放状态。因此，内与外，封闭与开放，都是相对的。

实践证明，一个单位内部管理的好坏，主要看它是否根据系统原则，对本单位进行封闭管理。也就是说，系统内部要形成有效的管理运动，必须使系统内的管理手段、措施等构成一个连续的、封闭的回路，这就像电线一定要形成回路，电子才能得以运动而产生电流一样。不封闭的管理，不能形成有效的管理运动，漏洞百出，难以获得理想的整体效果。

（二）人本原则

1. 人本原则的概念

管理是一个动态过程，是包括管理者、被管理者和管理环境三个要素相互影响、相互制约、相互促进的活动过程。

管理三要素以人为核心，以发挥人的主观能动性和创造性为根本；离开了人，既不存在管理者与被管理者两大类要素，更谈不上管理。人本原则，就是一切管理应以做好人的工作，调动人的积极性、主动性为根本。

人是生产力诸要素中最活跃的因素，现代管理把人的因素放在第一位，重视处理好人际关系，尽量发挥人的自觉性和自我实现精神，这是管理思想上的巨大进步，它与过去把人当成一部"活机器"进行严格而僵化的管理是有根本区别的。

随着科学技术的进步，人们的工作更多地依靠脑力和智力，一些高技术的工作、实际上很难用简单的办法来加以监督，这就必须依靠人们的主动性和创造性，重视人的能量的开发，在管理过程中贯彻人本原则。

在目前篮球队伍管理中，有些管理者、教练员，只习惯于采取强制性体罚的管理办法，对被管理者进行各种各样的限制，而不是千方百计地激发他们的积极性和主动性，因而无论在训练、比赛和文化学习等方面，效果不佳、事倍功半。

2. 人本原则引申的原则

第一，行为原则。

行为是人们外在活动的表现形式，意识则是人们内心的活动表现。人的行为受人的动机支配。而人的动机是由人的需要决定的。行为原则，就是了解人的需要与动机，根据人的行为规律进行管理。

贯彻行为原则，必须了解人的心理反应，激发人的动机，增强人的心理适应性，扩大人的心理容量。

（1）了解人的心理反应。

在管理活动中，各类管理诱因（包括第一、二信号系统的外界环境）与人的大脑发生反应，能产生心理现象与心理能量，从而直接影响管理行动。这个过程可用图 1-3 来表示。

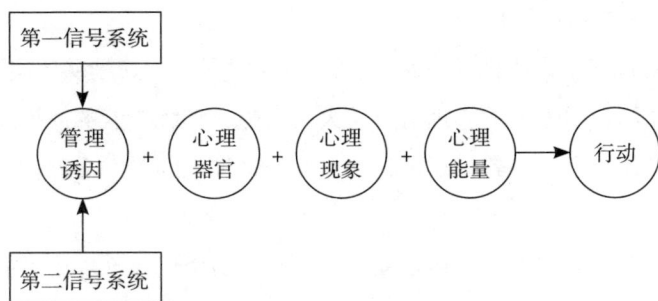

图1-3　心理反应过程

（2）激发人的动机。

人的行为受动机支配，一个树立为国争光思想的运动员，才有刻苦训练、拼搏不止的表现；而人的动机又是需要决定的，一名教练员的业务水平提高到一个新的水平时，需要晋升高一级技术职务，就会产生申报高一级教练员技术职务的动机。

由于需要的不同，人们的动机就有很大差异，由于素质的不同，也会形成积极的动机和消极的动机，并针对情况，采取措施，以强化积极动机，消除或剥削消极动机，从而产生正确行动，有效达到管理目标，如图1-2所示。

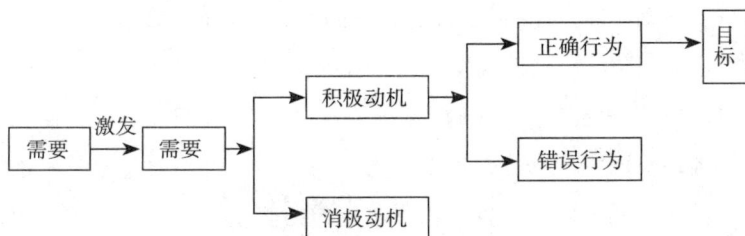

图1-4　激发动机过程

（3）增强人的心理适应性。

适应是指对外界环境和内心世界变化而产生的相应承受力。心理适应使人能够应付复杂的环境变化。由于诱因的多次出现，人的心理器官反复受到刺激，渐渐习以为常，随之适应下来。

我国运动管理中提出的"三从一大"训练原则，尤其是从"实践出发"，就是贯彻行专原则，增强人的心理适应性大为增强，训练有素的体操运动员，在器械上面表演自如，泰然自若；反之，一名未经过训练的人登上器械，心理上一定会产成慌乱。

高度的心理适应能力，是在长期的实践和经历中反复磨炼出来的，所以，管理者必须投身于管理实践，才能提高管理能力和水平。

第二，能级对应原则。

"能级"是一个现代物理学中的概念，能是做功的量。在现代管理中，机构和人都有一个能量问题，根据能量大小进行分级管理，能量大的人办高能级的事，能量小的人办低能级的事，做到能级对应，这就是能级对应原则。

贯彻能级对应原则，尤其要注意人的能级对应。人的能力有大小，要根据人的能力水平安排相应的能级工作，才能各得其所、各尽其能。

第三，动力原则。

管理与物质运动一样，必须要有动力，有了动力才能推动管理活动的进行。开发各种推动管理运动的动力，科学地综合运用不同动力，为科学管理提供强有力的动力支持。这就是管理的动力原则。

（1）动力的种类。

贯彻动力原则，必须掌握三种动力，即物质、精神、信息。这三种动力，各有特点。应正确配合使用，使其发挥整体效应。

①物质动力。物质是第一性的，物质的存在决定人们的意识。物质是人类赖以生存的基础，所以物质动力是根本动力。物质动力就是通过给予一定的物质鼓励和经济效益来调动人的积极性。物质奖励包括奖金，也包括晋职、加薪以及创造优越的工作条件等。

物质动力不是万能的，使用不当，也会产生一定副作用，因此，使用物质动力时，往往需要结合使用其他动力。

②精神动力。就是运用精神的力量激发人的积极性。人是唯一有精神意识的动物，正确地运用精神动力可以弥补物质动力的不足，而且其本身就有巨大的威力。

精神动力包括爱国主义、受到尊重、同志友谊、组织关怀和思想政治工作等。精神动力是调动人的积极性的一种重要动力，如果把它与物质动力等结合运用，可以取得更好的效果。

我国一贯重视运用精神动力，重视做好思想政治工作，积累了宝贵经验。日本的管理学家指出，今后科学管理的方向是向中国精神学习精神鼓励，当奖励电视机、汽车已不能激起人们的兴趣时，采用"授予先进称号"等方法，更能调动劳动者的积极性。

③信息动力。信息动力，就是指通过增长知识、交流信息所产生的动力。在人类物质生产过程中，信息不仅是一种无形的资源，而且是一种有效的动力，它具有超越物质和精神的相对对立性。

社会生产力的发展，把人类从自然经济推向商品经济、从封闭状态推向全面开放，使信息传递的重要性越来越明显地显示出来。

（2）如何正确运用动力。

首先，三种动力要综合运用，达到扬长避短，取得最佳效果。在具体运用中，可以根据实际情况，有所侧重，即以某种动力为主，结合运用其他动力。其次，要正确认识和处理个体动力与集体动力的关系。较为理想的是让个体动力在大方向基本一致的前提下，得到充分发展，以求获得比较大的集体矢量。如果片面地让每个个体在无任何约束条件下充分自由地发展，或者把每个个体动力矢量硬性拔向一个统一的集体方向，其结果均不理想。最后，运用动力时，要掌握好适宜的"刺激量"。刺激量过大，没有必要；刺激量过小，起不到作用，必须掌握好这个度。一般来说，刺激量要逐步提高；要制定刺激量的标准，并公开施行。

（三）动态原则

1.动态原则的概念

任何事物都在发展变化之中，管理也不例外。管理活动是一个多因素、纷繁复杂、千变万化的系统工程。动态原则，是指在管理活动中重视动态特征，注意把握管理对象的变化情况，不断调节各个环节，以实现整体目标。

管理的动态特征，主要表现在构成管理系统的诸要素之间的相互作用和管理的时间与空间之间的变化关系。

管理系统诸要素之间的相互作用，体现为相关因子的变化关系。相关事务，当结合以后，其数量由小变大，由少变多，其质量由弱变强，是积极相关；反之，为消极相关。贯彻动态原则，须引向积极相关。两个事物之间有包容、隶属关系，或相等和等价关系的，成为完全相关。

两个事物之间彼此有程度不同的影响和相互作用的，成为不完全相关，它们没有因果关系和决定关系，而只有影响作用；两个事物之间不存在相互作用与影响的，是完全不相关。两个事物，当一个数量增加时，另一个也随之增加，成为正相关；当一个数量增加时，另一个数量减少，则称为负相关。

某事物只与单个其他事物相关的，是单相关；而与多个事物相关的，称为复相关。现代管理，不仅要提高每个人的积极性，提高其个体效应，而且要增强人与人、人与物的整体效应。

时间与空间都是运动着的物质的存在形式，两者无法分离。管理系统的结构，往往要随时间的变化而变化，在不同时间、不同地点，采取同一措施，可能取得完全不同的结果。

在不同的条件下，时间因素和空间因素还可以相互转换。如篮球运动队在训练场地充足的条件下，为了加大全队训练总负荷，提高训练密度，训练时间不延长，把全队分为两个组同时进行训练；如果场地紧张，则可不分组而采取延长训练时间来达到目的。

2. 动态管理引申的管理原则

第一，弹性适应原则。

管理所碰到的问题，往往带有很大的不确定性，并且都带有一定的后果。所以，动态管理必须留有余地，保持充分的弹性以适应客观事物各种可能的变化，即弹性适应原则。

在管理工作中，既要注意局部弹性，又要注意整体弹性。要采取遇事冷静的积极弹性，避免遇事"留一手"的消极弹性。

第二，时机价值原则。

时机，就是时间的几率。"不讲早迟，只要适时"，可见掌握时机之重要性。"时机就是胜利"，掌握了时机，就能掌握胜券，失掉时机，就会造成失败，导致前功尽弃。

时机有它的特定性质，一旦当它以某种形式表现出来，就成为瞬时价值，这一瞬时就成为"关键时刻"。在这些关键时刻里，事物往往可以朝多方向或以各种不同的速度发展，我们如能审时度势，稍许添加能量和条件，就可以使其沿着我们需要的方向前进。

一旦错过机会，再要拨正方向，往往需要付出极大的代价。甚至不能成功，造成"一失足成千古恨"。选择和把握时机，充分发挥时机的作用，运用时间的几率价值，以期达到常规条件下达不到的目的和成就，就成为管理工作中的重要课题。

二、篮球队伍的管理方法

篮球队伍的管理方法主要包括：行政方法、经济方法、法律方法和思想教育方法。科学的管理需要有力的、规范的行政方法和法律方法来支撑，需要灵活的、合理的经济方法及思想教育方法作保障。它们均属于定性范畴的管理方法。

（一）行政方法

篮球队伍的行政管理方法是指依靠各级管理机构和领导者的权力，运用行政手段，按照行政系统规范进行管理活动的方法。它是行政管理系统采用命令、指示、规定、指令性计划和职责条例等行政手段对其各子系统进行调节与控制。由于它是由上级发布命令，下级则要服从上级，上下级之间的关系非常清晰，这就要求在运用行政方法上，上级对下级所下达的命令、指令或指令性计划等，一定要符合部门的实际和管理活动的规律；更要求上级领导除了要有责任外，还必须具有较好的领导素质，即有较高的理论政策水平和较强的组织管理能力，否则，就会降低管理的质量，影响管理的功效和目标的实现。在篮球队伍管理中，行政方法主要有如下四个特点：

第一，权威性。运用行政方法进行管理，起主要作用的是权威。因为行政方法是否有效，所发出指令的接受率以及上下级之间的沟通，在很大程度上取决于管理者的权威。行政方法的这种权威性，有利于发挥领导层的决策作用，便于通过有利的行政措施，对所辖各级管理部门进行有效的组织、指挥、调节和控制。

当然，领导者权威的提高，主要是自身在管理活动中所表现出来的良好的领导素质和才能，并依靠被领导者的拥戴，这一点对于我国的篮球队伍管理系统正确地选拔和考核管理干部是十分重要的。

第二，强制性。行政方法是通过各种行政指令来对管理对象进行指挥和控制，因而行政方法就必然具有鲜明的强制性。行政方法的强制性一般只对特定的下级部门或特定的所属对象才会产生效果。

第三，纵向性。也称垂直性。行政方法是通过行政系统对子系统进行控制管理的，行政命令通常是通过垂直纵向逐层传达执行。然而，在篮球队伍管理中，往往会出现一些横向传达命令的事情，产生很多矛盾、多头指挥等问题，从而使行政指令失灵。为此，需通过沟通和协调，来保证管理目标的实现。

第四，针对性。也称具体性。表现为从行政命令发布的对象到命令的内容都是具体的。

从行政方法的上述特点中不难看出它在管理活动中的作用，概括起来有如下几点：

（1）有利于集中统一，避免各行其是；（2）有利于管理职能的发挥和管理目标的实现；（3）行政方法还有利于灵活地处理管理中的特殊任务，对于篮球队伍出现的新情况，遇到的新问题，能通过管理部门有针对性的行政命令，使一些特殊或紧迫的问题获得较好而及时的解决。

虽然行政方法有不少优点，对搞好篮球队伍管理起着重要作用，但也存在一些不足和弊端。比如，行政方法不利于管理的分权，难以发挥下属的积极性，加之协调任务重，不利于横向沟通。

由于行政方法强调领导者的权威性，易导致出现"人治"的现象。尤其是随着改革的不断深入，篮球队伍管理部门的多元化，行政管理方法所发挥的作用将逐渐减少。

（二）经济方法

所谓经济方法，是指依靠经济组织，按照客观经济规律的要求来实现管理目标所采用的各种经济措施和手段。

其目的是达到较高的经济效益和社会效益，以实现管理的目标。在管理实践过程中，常用的经济手段有价格、税收、工资、奖金以及经济合同等，不同的经济手段在不同的领域所起的作用是不同的。

在宏观管理领域中，主要是运用价格、税收、信贷、利息等经济手段；在微观领域中，主要是运用工资、奖金、罚款等经济手段。不论是在宏观领域还是在微观领域都要重视物质利益的原则，正确处理好国家、集体与个人之间的经济关系。

在社会主义市场经济中，经济方法可以有效地提高篮球队伍管理的效能，克服管理中那种单纯依靠行政管理的做法，调动和激发运动员、教练员的积极性、主动性，从而不断增强管理的活力。

具体来讲，经济方法的作用主要体现在以下几个方面。

首先，有利于提高经济效益。

提高经济效益，就篮球队伍管理而言，就是要提高篮球队伍的投资效益。如初级训练投资的经济效益，其主要指标有：培训和训练运动员的数量，输送运动员的数量，运动员的成才率等。

高级训练投资的经济效益，可以通过培养和训练优秀运动员的数量，在国际国内重大比赛中获奖牌的数量等项目指标反映出来。正确、适当、科学、合理地运用经济方法，可以有效地提高各层次运动训练投资的经济效益。

篮球队伍管理经济的运用直接关系到运动各级训练组织的积极性和提高训练工作的效率，因此，必须尽量做到少花钱、多办事、办好事，克服那种大手大脚铺张浪费的不良作风，不断提高篮球队伍管理的社会经济效益。

其次，有利于强化管理职能。

强化管理职能，主要表现为上级管理机构能通过各种经济手段来控制下级管理组织和被管理者的工作及训练情况，将他们的经济利益与必须承担的工作任务、本职责任挂起钩来，区别情况进行赏罚。

再次，有利于适当分权。

经济方法的经济制约作用，给基层单位以相应的经济自主权创造了条件。例如，实行费用定额管理、经费包干管理，既有利于分析和比较培养运动员的费用消耗和其他各种训练费用消耗和实际情况，又有利于充分发挥下级部门的自主权，使管理的逆向作用得以较好的发挥。

这样一来，上级管理机构就不必为下级机关和人员由于缺乏应有的经济利益而对工作持消极态度担忧。相反，下级和相关人员还会主动利用下放的权利，在本职工作中积极地完成任务。

最后，有利于客观地检查评价管理效果。

由于运用经济方法是通过具体的经济指标反映管理效果的，所以具有客观性、可比性的特点。

为了充分调动下级管理部门和被管理者的积极性，经济方法所采用的各项经济技术指标和效果，一般也都是公平的、有效的。诸如运动员、教练员奖励制度，是以某次竞赛的成绩作为奖励标准，具有明显的激励效能。此外，运动竞赛中的效益也是将经济收入作为评价效果好坏的依据之一。

当然，运用经济方法也同行政方法一样，有利有弊。它的缺陷是不利于解决管理中的某些具体问题。因为经济方法是一种强调物质利益原则的方法，只注重利用经济手段来调节人们的经济利益关系，其本身带有一定的局限性。

如果对物质利益不注重适度原则，过分强调经济方法的作用，就会适得其反。在篮球队伍管理中常会出现因物质利益上的不平衡，使一些运动员产生错误认识和行为。例如，有些运动员把注意力仅仅局限于物质利益的追求，形成"一切向钱看"的错误倾向，有的运动员在获得高额奖金后，就放弃了继续拼搏的精神，运动成绩迅速下降，严重影响了运动员的健康发展。

由此可见，经济方法也要与思想教育方法、行政方法等结合使用，以便消除经济方法所带来的副作用。在社会主义经济体制中，独立单位逐渐成为实体，通过经济手段来调整各种关系，经济方法具有更大的效能。

（三）法律方法

篮球队伍管理的法律方法，指在篮球队伍管理中运用法律、条例和章程等各种形式的法规来进行管理的方法。篮球队伍管理的法律方法具有强制性、普遍性、规范性和阶段性等几大特征。

运用法律方法管理篮球队伍运作，是篮球运动管理实行"法治"的重要内容之一。法律方法在篮球队伍管理中的主要作用表现在以下几个方面。

第一，建立、健全和保持、维持正常的管理秩序。

篮球队伍管理的目的是提高运动管理系统的功效，实现管理目标。而管理功效提高的关键在于人、财、物等的合理流通。

如果把这种合理流通方式通过法律方式规定下来，通过法律规范来调节各种关系，则可以建立正常的管理秩序，使整个篮球运动管理系统按照法律规范正常有效地运行，形成一个良性循环的运行机制。

第二，规定和调节各种管理关系。

篮球运动所涉及的范围很广泛，它包括国家、集体等之间各种错综复杂的利益关系。由于法规是篮球队伍管理中各种利益关系按照一定规范进行有效调节的依据，尤其是在规定和调节不同行政管理系统、不同管理层次关系等方面，法律方法更具有特殊制约作用。从而可有效地解决和消除那些互不买账、相互推脱的不良现象。

第三，促进篮球运动的发展。

篮球运动的发展要有一定的法规作保证。例如篮球人才的选拔与培养；运动员安置；设施的设计与建筑；篮球场馆的管理和使用等，都应予以法律保护。

而对那些有碍篮球运动发展的因素，如对篮球运动管理中责权不清；信息不通；人才浪费等进行必要的法律制裁等。我国篮球运动的发展需要充分利用法律保护和发挥制裁功能，因而需要加强对促进篮球运动发展的有关法律条文的制定。

（四）思想教育方法

思想教育方法，指通过特定的宣传和教育，使人们自觉地趋向共同目标并采取行动的管理方法。

思想教育方法是以对人们思想活动的发展规律的正确认识作为其客观依据的。掌握人们的思想活动规律，可以从几个方面加以理解。

首先，社会物质生活条件是思想形成和发展的基础。当前我国正处在经济改革时期，人们思想观念普遍受到市场经济的影响。因此，篮球队伍管理部门的思想教育工作者和管理人员，必须使自己的认识符合于变化了的新情况，认真研究和把握新时期存在于教练员、运动员队伍中思想活动的特点和规律，有效地、有针对性地抓好思想教育工作。

其次，应看到虽然客观外界条件对人们的思想有重大影响，但由于人的主观因素的作用，能够有分析、有选择地对待和制约着客观外界条件的影响。因此，在运用思想教育方法的同时，要对人的主观因素进行具体分析，注意启发和激励人们主动接受教育和自觉进行自我教育，引导人们正确处理国家利益、集体利益和个人利益之间的关系，当前利益和长远利益的关系，局部利益和整体利益之间的关系，使人们的思想朝着健康的方向发展。

最后，人的行为是在一定的思想支配下进行的。人的需求引起动机，动机支配人的行为，行为导向目标。因此，人们的一切行动，包括管理活动，无不受到动机的制约。而人的正确动机可以通过非强制性的思想教育方法来激励和转换而获得。可以说，思想教育的方法就是为了激发人们良好的动机，使之趋向共同的理想与目标。

在篮球队伍管理系统中，一方面，任何工作的进行都离不开灌溉、疏导和对比等思想教育工作方法，激励行政管理人员、教练员、运动员工作和训练人员，以促进管理目标的实现。另一方面，思想教育方法对其他管理方法的综合运用起着宣传、解释的优化作用。

各种管理方法都具有优缺点，如何兴利除弊、综合运用，如何适应现代篮球运动管理的发展而不断完善等问题，都需要应用思想教育方法，通过多种形式的途径向人们进行宣传、解释，使之能正确认识和客观对待以及灵活运用各种方法，以便发挥它们的作用，提高篮球运动管理整体功效。

实践证明，我国各级管理所应用的各种方法或者所制定的各种法规、方针、政策和规整制度等实施的好坏都同思想教育宣传、解释是否有力密切相关。从思想教育方法的作用可以看出它具有如下几个基本特点：

第一，先行性。任何一种管理方法的实行，特别是管理规章制度的实施，都应事先向群众进行广泛宣传，首先使群众充分了解这些规章的内容，然后再思考自己如何配合行动。

第二，滞后性。大量的思想教育工作是在事情发生之后或出现思想问题的苗头时加以运用的。要求管理者对已经发生的问题实事求是地、科学地、正确地进行分析，以理服人，使思想教育工作落到实处。

第三，表率性。管理者要对人们进行思想教育，必须严格要求自己，做出表率，否则将事与愿违、适得其反。

第四，疏导性。开展思想教育必须动之以情、晓之以理、因势利导，以提高思想认识，启发人们的自觉性，从而达到教育的目的。

此外，思想教育方法还具有灵活性、真理性等特点。在篮球队伍管理实践中，只有正确地运用思想教育方法，把握思想教育的特点，才能及时地解决管理中的各种问题。思想教育应贯彻于篮球队伍管理的全过程，思想教育不仅是领队的事，教练员同样负有思想教育任务。

第三节 篮球队伍管理的构成因素及管理内容

一、篮球队伍管理的构成要素

在现代管理中，行为科学学派成为现代管理理论的主流，人与人的关系，已特别受到重视。从事篮球活动的过程，在很大程度上就体现了人与人的关系。

社会心理学家分类显示，篮球队属于小的有组织的团体，它是包含运动员、教练员的社会共同体。在篮球运动过程中，其成员之间存在着现实的相互作用和联系，其运动过程必将受到管理所包含的因素的制约。

篮球队中的每一个成员都有一个共同明晰的群体目标和个人目标，他们被指派担负一定的角色（如前锋、中锋和前卫），然后根据各种角色活动的类型，承认其根据规定和指导原则进行的活动。

但就篮球队伍群体效率而言，需要队员以最佳方式达到球队的目标，所以篮球队伍管理主要由以下几个构成因素。

（一）规范管理

规范管理是我国篮球队伍建设的根本任务之一。它的主要任务是履行道德品质和社会规范教育。

当前，我国社会正处在转轨型时期，人们的价值观念正在发生转变。由于大环境的影响和球队内部管理的不足，成员中的思想观念还存在不少误区。目前最重要的是要坚持不懈地对球队成员进行爱国主义教育。伟大的祖国永远是运动员温暖的怀抱和坚定的肩膀，哺育我们成长，辅助我们攀登高峰。一个人或者一支运动队要想干出一番大事业不能没有精神支柱，众所周知，爱国主义就是当年中国女排强大的精神支柱。在世界体坛升国旗、奏国歌，为国争光是当年女排最大的号召力、凝聚力和战斗力。

规范管理要以正面教育为主，把关心队员、爱护队员作为管理的出发点，与运动员交朋友，了解他们的心理活动，采用循循善诱、疏导谈心等多种形式和方法解决思想和实际问题，使其自觉提高觉悟。并要定期或不定期表彰先进和模范人物。使全队有学习的榜样，赶超的目标。

（二）目标管理

人的行为特点是有目的性的行为，与无目的的行为结果迥异。漫不经心地训练或练习是做无用功。当运动员在学习某项技术时，有无目的与要求是区别计划训练和简单重复的基本特征。练习虽然是多次完成某一动作，但并不是一种动作的机械重复。无论是训练或是个人练习都是有目的、有指导、有组织的学习活动，而简单重复本身并没有改进动作方式目的。因此，在篮球训练中，运动员为自己确定一个适宜的目标，对于提高训练效果具有重要意义。

目标管理的目的在于提高训练效果。动机是内在的，目标是外在的。管理往往通过设置目标来激发动机，指引行为，这是一种激励的方法，所以目标管理被视为管理的核心组成部分。目标管理有助于激发和强化运动员的训练动机。集体运用中，可分为建立目标、计划实施、检查评估、调节反馈和奖罚小结等五个步骤进行。

1. 训练管理

运动训练是指在教练员的指导下，为不断提高运动成绩而专门组织的一种教育过程。从训练管理职能上可分为编制计划、组织实施、教育激励、检查等四个步骤。

训练管理是一个计划—执行—控制，再计划—再执行—再控制的螺旋式上升过程。这个过程的效果是由教练员的管理水平高低来决定的。

常规运动训练控制系统是由教练员与运动员组成。运动员作为被控制系统是在控制系统——教练员的严格控制下进行训练的，运动员没有独立性。

然而，运动员的训练活动往往又是在教练员不能有效实施直接控制的情况下进行，因此，在现代篮球的训练过程中，训练管理要由"计划训练"向"目标训练"过渡。

计划训练是指运动员必须严格按照教练员制定的计划进行训练，目标训练则是根据"目标管理"原理，不仅要求运动员按照总目标、总计划的模式进行训练，而且允许运动员在总目标、总计划规定的范围内，根据自己的特点和机体状况，灵活机动地确立具体目标，选择最优练习方法和手段进行自主训练。

这种训练既有教练员对训练总目标的宏观主导控制，又有运动员主观能动的自我微观控制，它是一种较为科学的多层次训练管理方法。

2. 比赛管理

比赛是篮球运动最鲜明的特点。通过比赛可以全面检查训练工作，激发运动员的荣誉感和上进心，因此，球队成员要根据比赛的不同性质制定不同的要求，认真对待每一场比赛。就一场比赛而言，比赛管理可分为赛前准备、赛中管理、赛后总结三个工作步骤。

赛前准备：一场比赛的赛前工作重点是开好准备会。准备会应争取做到知己知彼、虚实并举、明确对策，并有"预案"。对比赛中的文明礼貌、体育道德等也应该提出具体要求，还要加强准备活动的指导。进入场地要求精神饱满、斗志昂扬，这些并非小事，而是集中注意力和进行自我激励的一种策略和手段。

赛中管理：赛中既要要求队员认真贯彻既定比赛方案，又要多谋善断、随机应变，力争比赛进程中的主动，应利用规则加强同场上的联系，但应情绪稳定、雍容大方，集中注意力于全局，不为暂时的领先或落后所左右。

赛中管理的关键有两点：一是人，二是谋策。对场上和配用队员都充满信任，要用其所长，敢于动用后备力量，重视整体战斗力的使用和发挥；场上情况千变万化，要审时度势，抓关键、抓要害、谋对策；少指责，多鼓励，对具体问题少说"不该怎么做"，多说"应该怎么做"，言简意赅，要多鼓励。赛中管理也是人的管理，要讲究管理艺术，不断提高管理水平。

赛后总结：赛后应及时进行总结、奖励。发挥成绩，纠正错误，以利再战。总结应提倡只对一个实质问题加以分析、研究、明确改进意见。并落实到今后的训练中去。重大比赛要进行全面总结、奖评。

3. 日常管理

日常管理要通过建立适宜又严格的规章制度来实现。球队成员的个性、爱好和打球动机各自不同，这就需要用纪律和制度来规范行为，统一步调。

在一般情况下，篮球队应建立以下几种制度：（1）言行规范制度；（2）日常生活制度；（3）训练制度；（4）比赛制度。通过这几项制度的建立和执行要让队员们达到这样的目标：第一，创造和保持球队的整体良好形象。第二，保持和增强队员的体力。第三，加强和提高调节与控制情绪的能力。第四，形成球队良好的整体性格。

制订与执行规章制度应注意以下几点：

（1）发扬民主，发动队员参与规章制度的制定。

（2）在规章制度面前人人平等。

（3）依靠党团员在执行中起到带头作用。

（4）教练员、队长，应成为执行各项规章制度的楷模。

总之，规章制度是球队的"宪法"，它同球队的管理原则和管理目标是一致的。而教练员决定着执行规章制度的广度和深度，应做到有法必依、令行禁止，不能搞形式主义，否则，就会形同一纸空文。

二、篮球队伍的管理内容

（一）形成团队精神

篮球运动是一项团队活动项目。一个相处融洽、配合默契的团队，才能同心协力、同舟共济，才能在比赛中取得优异的成绩。因此，篮球队伍的管理者应该想办法使球队形成一种优良的团队精神。

而这种团队精神的形成，有赖于球队成员良好的心理相容性和凝聚力，由两个决定性因素所反映出的团队人际关系的融洽程度所决定。

系统理论的有关观点认为，整体的属性和功能大于各孤立部分的总和。这就说明一支球队按照正确的方式联合起来，就会产生难以预料的力量。

在不少篮球队中人们不难发现，有的球队中成员人际关系友好、真挚，集体心理宽松、和谐、上下齐心合力，这个球队便表现出一种积极进取的面貌，这就必然对其成员形成一种向心作用产生积极影响；而另一支球队，成员间却相互猜疑嫉妒，甚至有时会产生矛盾和冲突，内耗严重。毫无疑问，如此的内部环境对其成员必会产生离心作用和消极影响。

可见，不同的群体心理氛围在球队中产生的作用与影响是有区别的。重视配制良好的心理氛围可在球队内部产生以下积极的作用。

第一，合力作用。

袁伟民在总结中国女排成功的经验时曾经说过："在集体比赛的项目中，除了比技术外，很重要的一条就是比团结。"这便说明集体的力量并非完全取决于个体的素质和技术，而是在很大程度上取决于集体内人与人的关系。如果球队内部成员都热爱集体，目标一致又齐心合力，就有利于形成集体的内聚力，从而提高训练或比赛的整体效应，增大合力，产生 $1+1>2$ 的效果。

第二，互补作用。

在球队中，只有在一种良好的心理氛围中才能形成多方面的双方交流，做到取长补短，共同进步。

"人才互补理论"认为，若具有不同知识、才能、气质、性格的科学工作者组成一个研究集体，它的知识结构、职能结构的合理程度和学术水平将是任何一个科学家所望尘莫及的。在篮球队则更需要这种互补性的存在。

这不仅因为无论是教练员还是运动员都不可能是十全十美的完人，而且还因为比赛中需要不同"位置"特点的最佳搭配和组合方式才能形成一个高度协调、高度默契，并能形成综合优势的战斗集体。

第三，集体交流，配合默契的作用。

篮球运动是个集体项目，技、战术的运用，需同队成员间信息传递形成高度的默契和配合，而高度的默契配合只能来自平时的不断沟通、交流与切磋。不言而喻，如果球队缺乏一个宽松、融合的内部环境，没有一种互为依存的良好心理氛围，这种交流和切磋将是不可能的。

第四，调节情感的作用。

情感基础是篮球团队心理氛围的最大特点。密切同他人的交往是每个人内心深处与生俱来的一种基本需求。为球队培植一种宽松、融合的心理环境和氛围，可以促进人际交往，通过亲切交往诉说各自的喜怒哀乐，可相互激励、相互慰勉，从而调节、增进成员间的思想情感，使人与人之间产生一种亲密和相互信任感，并从中吸取力量。这种来自于情感交融的力量有时是无法估量的。

（二）培养球队核心

篮球核心的培养是现代篮球运动发展趋势的要求。篮球核心是球场上的主要得分手或者组织者。他们综合了技术、智慧、自信和意志等竞技素质，是球队的灵魂。

当代篮球核心必须具有非凡的身体素质、超高的技术技巧、良好的心理素质和极强的战术意识。

因此，我们必须坚持科学选材与训练相统一的原则，全面训练与扎实细致的原则，在专门能力训练的基础上发展创新的能力，让篮球明星带动全队训练和比赛成绩的全面提高，让球队核心的光照耀后来者前行，并促进与推动篮球运动的发展。

（三）保持队伍的战斗力

管理出成绩，管理出战斗力。中外篮球的管理实践告诉我们：篮球队伍水平的高低，取决于管理者对管理与训练关系处理水平的高低。一支高水平的篮球队伍，所凭借的是七分管理三分训练。

我国篮坛劲旅广东宏远队，是一支特别能战斗的队伍。他们保持旺盛的战斗力的秘诀有三点：一是有一个团结协作的管理班子，二是培养形成队员的作战欲望和高昂的士气，三是保持队伍不减员、无伤病。

当然，这种旺盛的战斗力不是上述因素的简单相加，而是各种因素的有机融合。要保持篮球队伍的战斗力，应充分发挥不同层次的运动员在队伍管理中的作用：

第一，球队队长的作用。

教练员应充分发挥队长在领导球队和增进队员团结方面的作用。队长同全体队员情同兄弟姊妹，有比教练员接受全队队员更多、更优越的条件，无论在训练、比赛，还是在日常生活中，队长都是教练员的好助手，应充分调动队长的积极性，帮助队长培养威信，关心队长的成长，要放手工作，严格要求，并同他保持经常接触，以便使队长与队员之间、队长与教练员之间建立一种良好的队友关系。

队长应从思想强、资历老的队员中产生。他应对球队满怀热情，又能处处以身作则，还应做"助理教练"。这虽然只有少数人才能做到，然而他却是优秀球队的需要。教练员应在培养上做好工作。

第二，球队骨干队员的作用。

球队骨干队员一般指主力队员，善于调动主力队员的积极性，并由此影响全队，是教练员做好全队管理工作的一个重要环节。

应当看到，主力队员的实力越强、名望越高，对他们的管理越复杂。工作中既要注意新生主力队员的自尊心，循循善诱，虚心听取他们的意见，又要晓之以理，严格要求、严格管理。要求他们同全队其他成员一样。自觉遵守球队各项管理制度，处处争做一般队员的榜样。主力队员是全队的"排头兵"，主力队员管好了，管理工作则事半功倍。

第三，调动年轻队员的积极性。

年轻队员是全队取得更大成功的希望所在。他们的主要情感要求是关心其迅速成长和全队的信任。工作中应以鼓励为主，加强个别交往和谈心，要使他们自尊自信，理解教练员的满怀期待之情，并教育全队给予更多的关心和爱护。

（四）管理方法的创新

现代管理方法的作用是巨大的，但管理方法不能自动发挥作用。方法能否合理地发挥作用，还在于管理者能否妥善运用它。篮球运动实践的大量事实说明，同样的管理方法在不同的管理者手中，所发挥的作用和取得的效果大为不同。任何一种管理方法的正确运用，不仅要根据不同的管理目标和任务而且要依据不同的管理层次和管理对象进行确定。如果管理者只是机械地照搬某种方法模式，无视具体管理对象的特点和客观条件的变化，不讲求管理方法的创新，是不可能取得任何管理效果的。

第二章　篮球运动员、教练员与管理人员管理

第一节　篮球运动员的管理

一、篮球运动员的选材管理

现代运动迫切需要运动员的发展前景及早显露出来。随着竞技体育的发展，运动员科学选材成为选拔运动员的重要组成部分。选材的成功就意味着训练成功了一半。正确认识篮球运动员的科学选材，努力促进篮球运动的全面健康发展，既是现实需要，也具有重要的理论意义。

（一）体能

1. 身体形态

对身体形态而言，高大强壮的身躯、出类拔萃的身体条件是优秀篮球运动员应具备的条件。应首选身材高大、臀部略小、大手并且手指细长、较长的四肢、清晰细长的跟腱、关节围度较小、高足弓的优秀青年篮球运动员。

2. 生理机能

（1）最大摄氧量

是指在运动强度进一步增长而吸氧量不再继续增加时，1分钟被机体所消耗掉的氧气数量。其数值代表着人体吸进氧、运输氧和利用氧的能力。

（2）身体工作能力

身体工作能力是人体在某种负荷下能继续工作多长时间，或在某段时间里接受多大负荷的能力。

（3）血乳酸

血乳酸是人体在较长时间激烈运动时，为了保证机体能量的迅速增加，肌糖元或葡萄糖在无氧条件下分解、释放出能量并在肌肉中生成代谢物乳酸，肌乳酸通过扩散、强化或活化等形式，透过肌细胞进入血液，即称血乳酸。

（4）肌纤维组成

人类骨骼肌是由快肌纤维和慢肌纤维组成的。快肌纤维的特点是收缩较快，但易疲劳；慢肌纤维的特点是收缩较慢，持续时间长。篮球赛场上优秀运动员所表现出来的不是持续跑能力的高低，而是快速反应及快速冲刺能力的高低。这就要求优秀篮球运动员为快肌型运动员。

3. 身体素质

（1）速度素质

速度素质是指人体进行快速运动的能力或在最短时间完成某种运动的能力，速度对篮球比赛有着重要的意义。速度素质好，能加快攻守速度和节奏，可获得在攻守时间上、位置上和人数上的优势，有助于提高攻守的成功率，提高比赛强度和运动负荷，从攻守数量上和质量上超过对手，掌握比赛的主动权。

（2）耐力素质

耐力是机体长时间活动并抵抗疲劳的能力。耐力素质的好坏与人体的循环系统、呼吸系统、肌肉系统和神经系统等机能水平直接相关。

（3）灵敏素质

灵敏是人在各种复杂、突变的条件下快速、协调、准确、灵活地完成动作的能力，是各种素质和运动技能在运动中的综合表现。

（二）技能

篮球技术是篮球运动的基础。篮球技术分为进攻和防守两大类。作为技术类的选材指标，应充分考虑如何体现某项技术的动作规格和运用形式，并力求与比赛要求相吻合。技术指标主要有以下几类。

投篮能力指标：篮球比赛是以得分多少决定胜负的，投篮又是得分的唯一形式，是篮球运动最重要的进攻技术。

运球能力指标：运球是运动员在比赛中变换控制球的一种形式，可将多种运球方法组合在一起，按规定路线和距离完成运球，用这种方法来检测运动员的球感和运球技巧。

防守能力指标：防守和进攻是组成篮球比赛密不可分的技术，所以教练员总是要求攻守兼备。

传球能力指标：传球是把篮球场上五个队员联系起来的纽带，起着桥梁的作用。

突破能力指标：突破是撕开对手防守的最有力的武器，是后卫队员不可缺少的技术。教练员可以根据技术测试结合比赛以及位置特点对运动员进行综合评价。

（三）心理能力

篮球运动员的心理选材，就是运用心理学的理论、方法和手段把具有优越先天心理因素的运动员选拔出来。篮球运动员的训练与比赛，既是生理活动又是心理活动，两者密不可分，其中心理活动起着调节、控制和主导作用。良好的心理素质是保证高水平竞技能力稳定发挥的重要条件。

（四）战术能力

篮球运动属于技能主导类同场对抗性项目。在竞技能力的决定因素，中技战术起着决定性的作用。要求运动员技术全面又有特长：技术熟练、准确而实用。战术特征表现为战术方法、比赛阵型和比赛意识有机结合，整体攻防战术协调发展，个人、组合与全队战术协调发展。

（五）运动智能

它是指运动员以一般智能为基础，运用包括体育运动理论在内的多学科知识，参加运动训练和运动比赛的能力。教练员在选材时可以设置一些具体运动情景来考察运动员在运动信息加工过程中的知觉、注意、记忆和思维能力。

二、篮球运动员训练管理

运动训练主要包括训练量和训练强度，在训练中两者之间是相互配合的统一的整体，在训练中两者的合理配合能够使训练取得良好的效果。训练量和训练强度在训练中的不同阶段是不一样的，在训练的开始阶段主要是增加训练的量度，在此基础上加强训练的强度。训练的强度是指动作质量的完成情况，篮球训练主要包括四个阶段，即基础训练阶段、专项提高阶段、最佳竞技阶段和竞技保持阶段。

在基础训练阶段，主要是基本动作的掌握和完成情况，在这个阶段中需要增加训练的量度，主要目的是为了使运动训练中的运动员能够对动作的自动化做进一步的强化。在专项提高阶段的训练中，训练量和训练强度相持平，根据运动员在训练中某一个方面的弱项进行强化，使运动员掌握某一专项技术。最佳竞技阶段的主要任务是使运动员对专项技术动作掌握地更加经济合理。在这个阶段，训练的强度要大于训练的量度。在竞技保持阶段的训练中，主要是完整动作的完成以及完整的技战术的完成，要提高运动的强度，甚至高于比赛的强度，以适应比赛的要求和条件。

篮球体能的训练主要是力量、速度、耐力、灵敏、柔韧等的训练，在这些内容中力量是最基本的。近年来，各个篮球俱乐部在训练上主要采用核心力量训练。核心力量训练能够明显提高运动员核心稳定性，使运动员在篮球对抗中保持身体的稳定。由于篮球运动对抗性的存在，运动员在比赛中很难把平时已经掌握的技术动作发挥出来，在中身体失去平衡的情况下，动作技术完成的不够完整，然而核心力量训练能够使运动员在对抗中尽可能保持身体的平衡，使技术动作完整地展现出来。简单核心力量的训练主要包括深蹲、平板支撑、侧支撑等。

技能是指运动员对技术动作的掌握和完成情况，在训练中体能和技术是相辅相成的，两者之间紧密联系。良好的体能是技、战术发挥的前提。一般具有良好体能的运动员在训练中掌握技术动作的速度较快，技术掌握的熟练可使运动员在训练中更节省体力，更经济合理的运用技术动作。在篮球训练中，技术训练遵循由简单到复杂、由基本技术到高难技术的过程，特别要注重培养运动员的基本技术。良好的基本技术在训练中的作用不言而喻，对运动员在比赛中技术的稳定性发挥具有至关重要的作用，基本技术掌握得好，运动员对高难技术的掌握也相对迅速。篮球运动主要包括投篮、传球、运球技术，教练员在训练的开始阶段可以对这三项技术分别进行，在运动员对技术动作基本掌握之后可以将这三项技术进行完整地训练。

战术能力是为比赛而准备的，良好的战术能力是建立在良好的体能和技术能力的基础之上的。在战术训练中，训练内容的安排和技术训练相似，都是先练习简单战术再练习复杂战术，先练进攻战术后练防守战术，练习进攻战术的开始阶段不设立防守队员，然后逐渐加入消极防守，后来积极防守，最后是比赛强度的防守。篮球的进攻战术主要是传切、掩护、挡拆、空切、策应、突分等。战术中细节很重要，应注意战术配合的时机，例如传切配合中何时传、何时切，一旦错过时机，效果就会大打折扣。在战术训练中，队员之间默契的培养也是非常重要的。

在篮球训练中，只有训练量和训练强度的合理配合才能够使训练取得良好的效果，不同的训练阶段，训练的量和强度是不同的。核心力量训练能够明显提高运动员体能。

建议教练员和运动员在训练中要遵循训练的基本理论，不断丰富和完善训练理论，使运动员在训练和比赛中取得良好的成绩。

三、篮球运动员的竞赛管理

（一）篮球运动员竞赛集体意识的培养

1. 单个技术需全队支持

篮球比赛集体意识是指篮球队员在比赛实践活动中对于队员间心理世界的反映。要加强集体意识的培养，从而提高球队整体水平。所有队员的技术，都必须在整个球队的支持配合下表现出来，并得以发挥。

2. 达成行动一致

集体意识最重要的是行动一致。行动一致需两个前提：一是身体动作上的一致，二是心里想的一致。对于一个由新成员组成的球队，获得这两个前提需要经过漫长的培养。首先在思想指导上初步建立一些基础配合，包括进攻基础配合和防守基础配合，进攻的传切配合、突分配合、策应配合、掩护配合，防守的关门配合、夹击配合、补防配合、挤过配合，在建立这些基础配合后，无论是在训练中还是在比赛中都能灵活运用，达成一种共识。其次体能训练要跟得上来，快攻、回防行动一致。球到人到是体能跟上，人到球到是配合意识跟上。

（二）篮球运动员竞赛心理的调适

1. 明确比赛任务，激发比赛动机

运动员只有明确比赛任务，才会增强责任感，才会动员自己的全部力量投身到比赛中去。因此，在参加重大比赛之前应加强思想动员，使运动员明确比赛目的、任务，端正参加比赛的动机。然后根据本队以及每个人的实际情况科学地进行分析，提出具体任务和措施，让运动员做好技术、战术、体能及心理上的各种准备。确定比赛目标时要切合实际，目标实现与否会影响运动员技术水平的发挥，如果运动员将目标定位太高，一旦对手发挥出色，就会造成心理紧张，使其动作变形，直接影响技术的发挥。因此一定要根据本队的实际情况客观地确定比赛目标，才能让运动员在比赛中保持稳定的情绪，取得优异的成绩。

2.设计科学的模拟训练，提高自我调控能力

模拟训练是一种适应性训练，它是指人为地设置某些对象、境况、环境等条件，让运动员在这种条件和环境下进行训练或比赛，使之逐步适应，产生与之对应的抗干扰能力，以利于在正式比赛时保持比较稳定的心理状态。模拟训练是赛前最适宜的心理训练方法之一。篮球运动员赛前模拟训练一般可采用两种方法：一种是人为地设置与比赛过程相似的对象、环境，让运动员在这种条件和环境下进行训练或比赛。另一种方法是赛前战术模拟训练，教练员应针对性地制订出比赛中的各种攻防战术，例如比分落后与领先、前后场边端线掷界外球、内外线进攻、前后场抢篮板球及二次进攻与反击快攻以及犯规等情况下的战术配合，要求运动员在理解和领会的基础上熟练地运用这些战术。通过模拟训练，可以让队员摸清对手的战术套路以及球队特点，提高比赛场上的应变能力，了解对手、适应对手，并增强战胜对手的信心。

3.树立取胜信心，发挥队员潜力

信心是一种相信自己的愿望一定能够实现的心理状态，是运动员潜力得以发挥的重要因素。有信心才能使心理活动的过程积极起来。在分析一个运动员的自信心状况时，应考虑到运动员的个性特征与年龄特点。有的运动员过高地估计了自己的实力，对这类运动员在赛前要帮助他们多分析一些困难因素；有的运动员对自己的实力估计不足，没有取胜的信心，对这类运动员要多鼓励，让他们充分看到自己的有利条件，帮助他们树立必胜的信念。

4.培养顽强的意志品质，增强抗干扰能力

意志品质的训练主要是发展迅速进行自我控制的能力，增强比赛时的对抗及抗干扰能力。这些训练可以使队员的实战能力以及心理承受能力得到提高，可以强化队员的意志力及心理稳定性。在职业联赛中，由于队伍的技术水平和教练员的水平相差无几，所以比赛的输赢经常被一些小的因素所左右，敢打敢拼的球队

更容易在联赛中获胜。

篮球比赛中如何调整好运动员的心理状态，使其体能、技术、战术水平得到正常发挥，也是一场关系到比赛胜负的心理战。做好比赛前的充分训练，才能使比赛中的队员能在各种错综复杂的情况下始终处于稳定的心理状态，发挥出最佳竞技水平。

5. 篮球运动员赛中心理调控

比赛中，心理训练的任务是发展和维护赛前的最佳心理状态，并根据赛场上双方心理状态的变化情况，采取相应的心理调节手段。篮球运动员比赛中的心理调控是由良好的赛前准备情绪过渡到开始比赛的振奋情绪，从而达到具备顺利比赛和胜任比赛的最佳情况状态。随着战局的起伏，运动员常常由一种情绪状态转入另一种情绪状态。要充分利用内部激励性的自言自语和面临行动的自我交谈、自我命令等自我调节的方法来克服抑郁状态。要通过对运动员信心和斗志的鼓舞，建立自信，保持最佳情绪。

（1）处理好与对手之间的身体对抗

篮球比赛是队员在有限的场地比技术、拼体力，这就不可避免地要发生身体接触。有些接触是规则允许的，有些接触是犯规的。所以一个篮球运动员应该预见到比赛中可能出现身体接触，尤其是水平高、得分能力强、支配球能力强的主力选手更应提前预见到自己在球场上会成为对方重点防守的对象。对方在防守自己时会出现一些碰撞，甚至会使用一些"小动作"来影响自己的技术动作，或激起自己情绪上的波动。当比赛中出现这些情况时应不急不躁、不受干扰、心平气和地对待对方，从而正常发挥自己的技术水平。

（2）正确对待同伴的失误，控制比赛情绪

篮球是集体项目，一个球队需要密切配合、团结合作才能夺取胜利。一个人的技术再好，如果没有同伴的配合也难以发挥出水平。如果一个球队不管谁获得球后就单打独斗，不给同伴传球或不给同伴掩护制造得分机会，这个队就不会在高水平的比赛中取胜。因此在比赛中当同伴出现失误时，不应该埋怨，而应互相鼓励。如果因为本队出现失误而使对方控制球权或直接得分，这时同伴应该安慰和鼓励失误队员，这样可以把大家的情绪调动起来，精神振奋地投入比赛。

（3）教练员要善于调控队员的赛中心理状态

篮球运动员临场情绪的调控很大程度上受教练员所左右。在比赛中，教练员要有预见性地利用暂停、换人或改变打法等手段，尽量排除和扭转在比赛中运动员出现的不良心理特征。当与实力不明的对手交锋时，运动员常会产生没有主见的心理状态，因此赛前教练员应通过各种渠道了解对手情况和比赛条件。即便在不了解对手的情况下，也要沉着、冷静地应对比赛场上所发生的一切。当对方实力强大或双方实力相当时，运动员常会产生顾虑重重、信心不足、缺乏拼劲等心理状态。遇到这种情况，教练员应通过场外传递信息、暂停、换人等手段使运动员的注意力转移到技、战术运用和攻防打法上去；当对方实力较弱时，运动员常会产生不以为然、心不在焉等心理状态，此时教练员也要善于引导和调节。

3. 篮球运动员赛后心理的调控

一场比赛的结束实际上是下次比赛准备阶段的开始。赛后心理训练的主要意义在于及时地解决和消除直接影响下次比赛以及运动员整个身心健康的因素。运动员在进行了一场篮球比赛后，极度的身心紧张和兴奋感依然存在，所以做好生理和心理的调整工作，使之在较短时间内恢复到正常状态非常重要。

（1）队员赛后身体、心理的全面调控

比赛中产生的运动情绪并不能随着比赛的结束而立刻消失。有些运动员在比赛中的冲动情绪常会延续到赛后，这种紧张情绪不仅继续消耗运动员的身心力量，而且可能长时间不能恢复正常。所以，赛后的心理恢复训练可用放松、注意力转移等方法，结合具体对象特点及身心技术和战术变化情况进行，采取有意识的心理训练措施，既全面又要有所侧重。

（2）赛后修整形象，提高自我素养

比赛中运动员的形象会随着战局变化而变化；胜时容易过分美化自己，以理想代替现实的自我形象，失败时又会歪曲自己的形象，缺乏客观的、真实的评价。赛后自我形象修整的任务是在头脑中重新恢复自己的本来面目，消除不真实的成分。对自我形象中的长处与不足，要发扬前者，抑制后者；同时不断在实战中树立新的理想的发展形象，使运动员的心理状态保持向上。

（3）建立正确的归因方式，形成良好的情感体验

归因理论是从结果来阐述行为的动机。篮球运动员对篮球赛后结果的不同归

因会产生不同的情感体验，满意或不满意的情感体验会影响运动员后续活动的积极性和坚持性。如果运动员将失败归为内部不稳定因素和努力程度，那么他在以后的训练中就会更加努力地提高自己的技、战术水平；若将失败归为内部稳定因素（如能力）或归为外部不稳定因素（如运气），一失败就说自己能力不行或运气不好，则会对运动员的意志品质培养产生消极影响。所以教练员要帮助运动员建立正确的归因方式，以利于下次的比赛。

篮球运动员在赛前、赛中、赛后三个阶段中的心理状态是相互影响的。赛前的心理状态是创造比赛时良好竞技心态的基础，教练员主要抓好运动员对天时、地利、人和的先期心理适应，防患于未然；赛中的心理状态是赛前良好心理状态的延续，通过自我调控进一步发展到最佳的竞技心态；赛后的心理状态是对比赛结果的反馈，实事求是的态度和客观冷静的分析都有利于运动员继续保持良好的竞技心态和稳定的情绪，为打好下一场比赛奠定良好的心理基础。

（三）篮球运动员竞赛申诉管理

竞技体育比赛中运动员申诉，是指在竞技体育比赛中的当事人及其代理人、教练、亲属对已经发生效力的裁判不服，或是对体育行政机关、单项体育协会、竞赛组织委员会的处理决定不服，向体育行政机关、竞赛组织委员提出重新处理的请求。体育申诉是竞技体育比赛中运动员的一项基本权利，是当事人的诉讼权利在诉讼程序内的特殊行为，是通过向体育仲裁机构提出诉讼请求，依据法定程序来保护自己的合法权益。目前，尽管我国各级法律、法规对运动员的申诉权进行了规定，然而体现在体育实践领域却尚存起步阶段，因此，现行的申诉程序还不利于竞技体育的健康发展，对竞技体育领域的公平与公正性有着不良影响。

1. 运动员申诉的权力与范围

运动员对体育行政机关、单项体育协会、竞赛组织委员会的处理有不同意见引起的各种纠纷，运动员可依据相关的法规、规章和竞赛规则，诉求"内部"或"外部"的多途径申诉。在体育比赛中纠纷有以下几种形式：比赛中对裁判判罚结果不服的纠纷；延误比赛、弃赛、罢赛的纠纷和非正常比赛的处罚纠纷；赌赛、贿赂和欺诈行为的处罚纠纷；使用兴奋剂的处罚纠纷；赛区安全秩序的纠纷；其他违规违纪行为的处罚纠纷等。

2. 运动员申诉程序与方法

为了维护单项体育协会的合法权益，运动员申诉应在单项体育协会内部纠纷未能解决后，方可进行下一步申诉。第一步要通过内部协商、仲裁，就是向单项体育协会的内部相关机构进行复议申请。其次申请行政复议，向上级行政机关。同时也可以在第一时间内体育仲裁申诉，而在赛事后，我国目前还未建立相关的体育仲裁机构。运动员申请复议与诉讼的申请程序：运动员申请复议要在 60 日内申请复议。

运动员申请复议要明确申请复议相关材料，如被申请人和具体的复议的请求、事实根据、能提供证明具体行政行为侵犯权益的相关材料；复议机关应自收到复议申请书后 5 日内进行审查后，依据具体证据的情况作出相应的处理；对于法律、法规的申诉应先向行政机关进行复议申请，对复议决定不服后再向人民法院提起诉讼；或者申请人对复议机关不予受理的决定不服后可在收到不予受理的决定书的 15 日内依法向人民法院提起行政诉讼；或复议机关受理申请后超过复议期限不予答复的申请人可自复议期满后 15 日内依法向人民法院提起诉讼。当复议程序开始后没有法定的理由不能中断程序，不能在受理期间进行法律诉讼。

3. 运动员申诉的路径

当运动员认为因为单项体育协会、竞赛组织委员会作出错误的或违法的决定与判决时，可向上级体育行政机关提出申请复议；当运动员认为体育行政机关作出错误的或违法的决定与判决时可向原行政机关提出复议申请。当申请人对以上复议结果不服时，可向人民法院提起诉讼，也可以向国务院行政部门申请裁决。向国务院行政部门申请裁决时，国务院行政部门依法作出的裁决便是最终裁决，不能再提起行政诉讼。

4. 运动员申诉权的保障

（1）规范和完善法律法规

明确全国体育单项协会的法律性质和地位，对其权利与义务进行界定，并且明确规范各个体育单项协会的章程，设立申诉制度。使运动员能够第一时间维护自身的合法权益。在行业协会的内部申诉，应保障运动员有权向体育单项协会的主管行政机关申诉。加快制定《体育仲裁法》，设置独立的、专门的体育纠纷解决机构，使运动员在申诉时得到公平、公正的解决方式，同时也应将仲裁这种先进的体育纠纷解决方式付诸于实施。

（2）建立体育诉讼制度

体育诉讼是解决体育纠纷的最终手段，并明确国家司法机关在一定条件下可以介入体育争议。运动员在维护自身权益时采取的内部救济和复议等不能满足其需要时，可以借助国家公权申请行政诉讼来保证自己的利益不受侵害。就体育行业的自治而言，是在法律尚未明确规定的情况下，可以自行制定规范制度，实现自我管理，但并不是所有的纠纷最终解决都在内部自行处理。司法固然应该尊重自治，但"自治"是自我管理而不是自我裁决。因此，法院可以对体育中产生的纠纷进行审查，否则，长期的司法介入力度偏弱情况，将危害到整个体育领域内部的公正体系。

因此，体育申诉是竞技体育比赛中运动员的一项基本权利的体现，更是一项体现现代体育文明的行为，是竞技体育比赛中诉讼中最后的合法救济途径，也是彰显其公平、公正的体现，是竞技体育发展的压舱石。

第二节　篮球教练员的管理

一、篮球教练员的作用和职责

（一）篮球教练员的作用

1.教练员的作用

教练员在球队中是引导者和团队的灵魂，因此，教练员在带领运动队的过程中要一直保持着一种不断完善自我、改造自我的过程。

首先，要塑造一个正面的健康教练员的形象。

作为篮球教练员不但要具备篮球的专业技术和训练方法，而且还应该有很正面的成就动机，在每一个训练环节中都应充分体现出明确的目标性，成就动机要鲜明，处理问题要果断，在任何时候都能清楚地认识、了解、肯定、赏识自己，自爱自信。例如在进行新战术模拟时能在充分准备的前提下，清晰自信地把信息传递给每位队员，并且敢于接受队员提出更正修改新战术的建议。从而塑造一个正面的、健康的自我形象。

其次，教练员在球队中担当一个协调沟通者的形象。

一个篮球队特别是青少年队员组成的球队，虽然在对篮球的爱好上是趋于一致的，但在其他方面如个性、处事方法、面对压力、与同伴的沟通方面尚未完全成熟，在进行训练及配合练习战术时常会出现不协调，相互不信任氛围，此时，作为教练员就应该起到协调者及沟通者的作用，并在自我完善过程中学会真诚待人、尊重和无条件积极地关注队员的态度，在处理"团队危机"时就能起到关键性的作用，妥善处理好各种矛盾和冲突，最终使自己成为球队中协调和平衡人际关系的中心人物。使球队成为一支有理解、有支持、相互鼓励、互为欣赏、相互信任、相互激励温暖向上的团队气氛。

最后，教练员要保持一种积极成长的愿意及好学者的形象。

在对一支球队的培养和训练过程中，作为球队的领导者又是"队员"的教练员是必须要非常用心、并全身心投入工作中的，还要有良好的心理素质，在面临失败和困扰时能够表现出坚强的意志，让整个球队的成员感受到希望的存在，精神的存在，要达到此等效果教练员必须努力学习新的知识和方法，充实自己，提高自身的能力，成为一个表里如一、言行一致、开放自我、好学向上的队员的楷模。如果能把自己打造成为队员的偶像，更能使球队顺利发展、更具有凝聚力和向心力。

2. 教练员的职责

第一，在球队成立初期首先要培养队员间的信任。

球队成员的组成一般都是教练员进行选才的，教练员是队员最熟悉最能倾诉的对象，因此，教练员应该鼓励协助队员表达、展现自我。例如提供一个各自表现自我特长的机会，让每位队员开放地表达自我的特长，也包括自己的顾虑、意见和情绪，从而使球队成员在最短的时间内发展成彼此友好，互动合作的关系。还应该鼓励球队队员将自己的想法和见解与球队所有成员分享。例如教练员可以率先说出自己在团队中的优点及不足，球队训练过程中的个人反应和想法，以此鼓励成员大胆发言，并且要及时鼓励大胆发言的队员，肯定他们的意见建议（不管观点对与错），以此增进队员间的互信和亲近感。

第二，明确球队的目标，强化球队的规范。

教练员应该与队员一起研究整个球队的目标。目标一定要细化，包括团队的近期目标、远期目标及最终目标，除了团队的目标外还要根据球队的目标明确每一位队员的训练的近期、远期和最终目标。只有团队的目标越清晰，队员目标越具体，队员才会产生希望而使凝聚力不断增强。除了要制定明确清晰的目标，还要制定和强化球队的规范，以此来实现和达到既定的目标，通过强化球队的规范来使队员间建立相互依存的团队目标，最终到达和完成个人及团队的最终目标。

第三，要多组织球队的集体活动实行民主的球队气氛。

应该多组织球队进行集体活动（最佳时间是训练前和训练间休息时），尽量鼓励队员组织集体活动，并由队员决定进行的活动内容、讨论的话题，互动的模式是以"队员—队员（包括教练）"平等的模式，并要鼓励和队员积极主动参与整个互动过程，讨论自己团队的问题，并要求队员对其他队员的行为和举动做出反应、反馈。例如在训练过程中的冲突（包括教练与球队队员的冲突），建议使用公开处理的方法，去处理队员之间意见上的差异，使队员之间真诚地交换意见，通过活动使队员强化和激发忠于自己团队的迫切感，以此不断地增强团队的凝聚力。

篮球教练在球队中起着举足轻重的作用，但是不是以一个专制者的角色出现的，不能以专家自居，处处按自己的意愿执行，处处包办代替，而是应该发扬民主作风，以引导队员在团队中实现自我价值和完善自我。应该利用团队的凝聚力激发队员的潜能，使球队中的队员可以充分进行信息交流、相互模仿及彼此支持，最终实现个人的理想。所以篮球队教练员在带领球队的过程中，要在了解球队及队员特性的前提下，不断完善自己从而提高带队的水平。

（二）篮球教练员的角色定位

经过专家访谈与查阅相关文献，把篮球教练员的角色分为：篮球"伯乐"、指导员、教师、管理者、朋友、学生、科技工作者、创新者和推销员。

1. 篮球"伯乐"

加利福尼亚大学加州分校的传奇篮球教练员说过，无论你怎么分析篮球教练员的成功之道，归根结底的因素就是才干。也许篮球界有许多优秀的篮球教练员，但是他们没有遇到有才干的运动员，所以他们执教的一生可能是默默无闻的，篮球教练员要像伯乐选千里马那样，根据运动项目的要求，运用科学的方法，借助自己的实践经验去争取找到理想的苗子。选好材是成功的一半，选材之后就会进入艰苦训练阶段。

2. 指导员

在运动选材后，篮球教练员要对运动员的训练和比赛进行科学的指导，在运动训练与比赛过程中，篮球教练员要发现运动员的不足，训练课或比赛后要对其进行科学指导，使其纠正所犯的错误。

3. 教师

国家体育总局副局长曾说过，篮球教练员就是教师，所有的运动员都在看着你，如果你没有建立起威信，你说的话运动员就不会听，无论是在训练或生活中，要求运动员做到的，篮球教练员自己首先要做到。师者，传道授业解惑也。因此，篮球教练员在训练和生活中就像教师一样，传授知识、传授于专业技术、解答运动员训练与生活中的疑惑。

4. 管理员

篮球教练员无论在训练、比赛还是生活中，都需要对运动员进行严格管理。在训练中，篮球教练员要监督运动员的训练态度、训练质量；比赛中，篮球教练员要管理运动员的比赛行为与比赛方式；生活中，篮球教练员要监督运动员的作息时间、饮食与文化学习等。

5. 朋友

篮球教练员在训练、比赛与生活中建立一定的威严是必要的，但是良好的运动员与篮球教练员关系，不仅能提高运动训练的效率，还能保证训练的质量。因此，篮球教练员应与运动员在训练、比赛和生活中建立起一种朋友的关系，只有朋友的关系，运动员对篮球教练员才会信任，才会经常和篮球教练员沟通训练与生活中的问题。

6. 学生

无论在训练、比赛，还是生活中，篮球教练员要把自己看成学生，要经常听取运动员的建议和反馈，尤其是在运动训练中，篮球教练员不应固执己见，始终高高在上，认为自己永远是对的，应听取并择优采取运动员的建议，以提高训练的效率。

7. 科研工作者

科学技术在现代运动训练中所发挥的作用越来越大，因此，篮球教练员在训练过程中，要紧跟科技的发展，经常做科研研究，并将研究成果运用到训练与比赛中去。

8. 创新者

创新是一个民族进步的灵魂，是一个国家兴旺发达的不竭动力。篮球教练员在训练和比赛中要注重对训练方法和手段的创新，对比赛程序的创新，对运动队管理的创新。

9. 推销员

篮球教练员要善于将自己培养的运动员送到更高水平的运动队或者国外运动队中去深造。运动员退役后，篮球教练员要将运动员推销到他们能胜任的工作岗位。

二、教练员的素质

（一）应有的品质

1. 要努力而艰苦地工作

做任何事情都是要付出代价的，必须比别人更努力，工作时间更长，更辛苦，要比运动员更早来到训练场，以行动来感染你的运动员，使他们尊重你。

2. 必须是一个好老师

不仅要教会运动员打球，还要教会他们怎样做人，怎样生活，交给他们详尽的篮球知识和健康的生活知识，培养他们的优良品质和作风，尤其是在教青少年运动员时。

3. 要有极大的耐心和同情心

教青少年运动员时，当他们摔倒了，要把他们扶起来，当他们失败时，要给予他们同情和鼓励。对没有经验，身材高大而较笨拙的队员，更要耐心帮助。

4. 热爱、忠诚篮球事业

恪守自己的诺言，遇到任何困难，都不能放弃自己的原则。

（二）工作的原则

1. 教练员是球队能否取得比赛胜利的关键

必须精通包括规则和裁判法在内的篮球业务，必须获取和掌握广泛的知识，深入研究讨论问题，永远谦虚地学习，提高自己的水平，在运动员心目中树立自己的威信。

2. 对自己的球队和新的理论、方法要有充分的信心

对自己的球队和新的理论、方法要有充分的信心并且善于用自己的言行表现出来，只要认为可行，就要相信能取得成功，尽最大努力来实现既定的长远目标。

3. 必须是一个很好的领导者

全面地领导好球队，关心、爱护和尊重自己的队员，与他们建立感情，启发他们的创造力，调动他们的积极性，发挥他们的能力和特长，提高他们的兴奋性，鼓励他们的成就，增强他们的信心。

4. 对运动员要采取实事求是的态度

对运动员在比赛和训练中出现的问题，要坦率地指出，不要用过激的语言指责、埋怨，对运动员表扬的同时，要提出新的要求，同运动员要保持平等、融洽、团结的关系。

5. 引领比赛战术方面

在比赛中不能把注意力集中到裁判方面，也要告诫运动员集中精力打球。并要求运动员对指定的比赛战术，必须坚定不移地执行。

（三）工作方法与要求

1. 确定长远目标，制订训练计划

根据不同时期的任务安排好年度、阶段、每周和每节课的计划，进度表上应列出每周的训练内容，不恰当的训练内容和方法不纳入计划中。

2. 善于总结，改进和提高训练工作

每阶段、每周、每次训练课都要做好小结，要求运动员做好训练日记，定时检查，对改进和提高训练方法是很有帮助的。

3. 对计划中的重点技术、战术要反复练习

要循序渐进，不急于求成，要根据运动技能形成的规律来训练。训练方法上要攻守兼顾，并逐渐增加难度。

4. 训练中对所有队员要一视同仁

不偏袒任何人，不能对明星队员就放松要求，对年轻队员严格要求的前提下，以多鼓励为主。

5. 必须严格要求与培养运动员的纪律性和集体观念

强调团结协作精神。处理好主力队员与替补队员的关系。

6. 在赛季开始之前，要预见可能出现的问题，制定好相应的战术

赛前要做好侦查，知己知彼，方能百战百胜。

7. 设计一套代表各种战术打法的手势

使队员和组织核心队员能看一眼就知道该变换什么战术，随时给对手一个出其不意，使自己的球队能随时控制场上的节奏，牵着对方的鼻子走。

（四）应有的训练

1. 重视防守

防守好代表球队力量的平衡，能弥补球队进攻上的不足。

2. 培养、训练运动员积极防守，提高个人和集体协防的能力

要使运动员学会带有攻击性地防守，并提高以少防多的能力。培养和训练运动员积极顽强地抢篮板球的习惯。

3. 注重快攻训练

快攻是最好的得分手段，要争取一切机会，发动快攻，能快就快，不能快就转入阵地进攻，不要急于出手投篮，要通过连续的战术配合，才可以出手投篮，练好基本功，鼓励他们发挥想象力，并有所创造。

4. 注重技术配合训练

使运动员学会各种传接球、投篮、运球、突破的技术和战术配合，练好基本功，鼓励他们发挥想象力，并有所创新。培养、训练运动员尽量多移动、多传接球，不得已时才运球。

5. 提升水平

要使你的球队和队员在投篮命中率方面达到较高的水平，内外线都能投或都有得分手，这是进攻防守的最好条件。要加强罚球训练。因为罚球战术和命中率经常是一场比赛取胜的关键。

6. 简化战术

制定比赛攻、防战术要尽量简化，做到简单实用。技术训练的方法和手段，必须同全队的攻、防战术紧密结合。

随着职业篮球运动产生的一些新的思想、新的思路，也会有一些新的课题摆在我们面前，作为篮球教练员还要不断地探索和研究。

三、教练员的培养

篮球比赛的实质是比赛双方教练员以本队的训练水平和拥有的实力（运动员的身材高度、身体、技术、战术训练水平和战术作风、意志品质等）为基础的争优势，争主动的主、客观能力的竞赛。篮球教练员的教练水平，决定着整个球队的成绩，是提高队伍技战术、整体凝聚力的关键因素。综合来说，篮球教练员必须具备的素质与能力有：渊博的知识、过硬的技术、较强的教学训练能力、临场指挥能力、管理能力和先进的训练理念。

（一）渊博的知识

现代社会已经成了一个高科技化的时代，数字化、知识化、信息化进程加快，这就需要篮球教练员紧跟时代发展的步伐，不断充实自己，掌握丰富的专业理论知识和综合理论知识。篮球教练员首先应具备扎实的篮球理论知识和基本的训练理论体系，这样才能科学地进行篮球的教学训练；其次，应具备整体观和辩证的哲学思想，做到"具体情况具体分析"，使队伍的整体效果大于每个队员相加的和，即做到"1＋1＞2"；再次，应掌握一些军事学基础理论，做到"知己知彼，百战不殆"；最后，应具备一定的社会知识、心理学基础知识。

（二）过硬的技术

技术是任何一项运动项目的基础，篮球项目也不例外。一个优秀的篮球教练员应当具备过硬的技术，只有具备过硬的技术才能进行正确的技术指导，才能得到队员的钦佩和信服。哈里斯和尤纳斯认为："现代篮球比赛如同现代战争，打的是精确制导，是准确无误的打击对方的要害目标，因此投篮要如同远程导弹一样准确。"这句话一语中的，不仅道出了篮球运动制胜的根本，而且从侧面强调了投篮技术的重要性。教练员如若具备如远程导弹一样精准的投篮技术，哪个运动员看了不咋舌，哪个运动员看了不钦佩，哪个运动员看了不积极模仿、练习。篮球教练员过硬的技术展示，不仅有利于运动员形成正确的技术概念，而且能像一支强有力的催化剂一样注射在运动员的内心，激发他们学练的积极性、主动性，甚至让他们狂热地喜爱上这项运动。

（三）教学训练能力

教学能力是指教师把知识、技能传授给学生的一种能力。篮球教学能力是要学生掌握篮球方面的相应的理论知识和技术动作、战术形式；正确地讲解和示范完成相应的技术要领及战术组织形式。在教学中，要善于发现学生的错误技术，指出产生的原因及纠正错误的能力，等等。因此，教学能力是篮球教练员必须具备的最基本的能力之一，不具备篮球教学能力就不能胜任篮球教学工作，何谈训练呢？篮球教练员应具备：制定篮球教学计划、合理安排教学进度的能力，合理运用教法、组织篮球教学的能力。

训练能力是教学能力的巩固和延伸。运动员除要掌握正确的技术动作外，还要把正确的技术动作进行巩固，做到运用自如，这就离不开训练。篮球教练员应掌握正确的训练方法，控制好训练的强度和量，合理地安排训练任务和训练计划，认真做好训练的监控工作，适时适当地运用一些恢复手段，使训练的效果最大化，伤病达到最小化，从而达到科学训练的目的。

（四）临场指挥能力

篮球运动是一项集科学、智慧和体能于一体的运动项目，现代篮球比赛的对抗性更强，攻守转换速度更快，比赛更加激烈。因此，比赛的胜负不仅仅取决于双方身体素质、技战术水平和运动员的训练水平等各方面的因素，篮球教练员的临场指挥水平对比赛的胜负至关重要。篮球比赛攻防转化快，比赛瞬息万变，同时要求篮球教练员有较为敏捷的思维能力，能够审时度势，瞬间做出正确的战术部署、人员替换，以及各种应急措施的处理。这就要求篮球教练员具备胆大心细、果敢冷静、沉着应变等稳定的心理素质。

《孙子兵法·计篇》中"将者，智、信、任、勇、严也"，即"智"和"勇"。一个优秀的教练员在临场指挥时还应通观全局，理顺和处理好以下几种关系：全局与局部的关系、强弱与必胜的关系、知己与知彼的关系、谋略与决策的关系、镇静与应变的关系。敏捷的思维能力和果敢的决策能力，是篮球教练员从事临场指挥经验积累和总结的结果，它体现了篮球教练员通过直觉，适时地将赛场的信息进行加工，运用综合知识进行决断的能力。这是一名优秀的篮球教练员具备的一项难能可贵的素质。

（五）管理能力

管理能力是篮球教练员必须具备的一项基本能力，一个队伍管理得好，团队各成员之间关系融洽，运动员情绪稳定，有较强的凝聚力和团队协同作战的能力，这样的队伍在比赛中往往能够取胜。想要管理好队伍，首先，教练员必须以身作则，做到"严"而有"信"，即对球队进行严格的管理，这就要求篮球教练员具备一定的管理才能，和队员们建立融洽、和谐的关系，并让他们和谐相处，遇到困难队员能够同甘共苦，冷静、谨慎，耐心地说服队员统一意见和行动。其次，要根据队员个人的不同特点，不同文化知识层次，不断提高运动员的积极性、创造性和主观能动性，提倡"以人为本"，做到科学化、人性化管理。既要关心队员的训练、学习和生活，又要关注他们的心理和情绪，解决队员们遇到的困难和现实问题。

（六）先进的训练理念

所谓篮球教练训练理念，主要是指教练员在长期的训练实践、理论学习过程中，结合对现代篮球发展趋势的研究总结、积累、提炼而成的一种篮球哲学思想与观念的总称。欧美国家的训练理念比我们国家要成熟得多，其科学化程度也更高，与我国训练理念的区别在于他们更重视整体化训练，其训练方法主要体现在训练的实效性，训练的组织与安排更加系统、连贯性更强，训练的内容与训练进程安排更科学，"以赛代练"的观念更强。非常注重生理生化指标的科学监控，并及时反馈，有效防止伤病与过度训练。其篮球教练员应不断学习国外的一些先进训练理念，补充一些新的知识，当好一名优秀的篮球教练员。

渊博的知识、过硬的技术、教学训练能力、临场指挥能力、管理能力和先进的训练理念几个方面是篮球教练员应具备的素质与能力，因此，篮球教练员应不断充实自己，吸收先进的训练理念，提高执教和管理水平。

四、教练员的团队建设

（一）完善教练组成员配置

职业篮球队的教练组成员较多，以 NBA 为例，除了主教练之外，还有助理教练和体能教练，有些球队分的可能更细。总体来说，篮球教练组成员分工的趋势是更加专业化。NCAA 教练组人员配备普遍由主教练、第一副教练、第二副教练、第三副教练、体能教练和战术教练 6 人组成。而目前国内在篮球教练组成员配比上比较原始，大部分篮球队伍都是一名主教练，有的可能有一两个助理。而有的比赛报名环节也缺乏这种意识，例如河南省第十二届大学生运动会篮球赛在报名的时候只限两个名额，在比赛当中，教练席上往往都只见到一位教练。其他省的篮球运动队也大致如此，例如有学者调查江苏省篮球教练队伍发现，49 所里有 30 所都只设一个教练员岗位。教练组成员配备不合理，严重影响篮球队伍的训练成绩。主教练担负工作太多，很难注意到细节问题。在比赛中遇到突发情况不能及时有效地处理，临场指挥不能兼顾暂停、换人。这些都是教练组成员配置不合理造成的。另外，成体系的教练组才能实现帮带新教练的任务，实现可持续发展。

（二）提高教练组成员临场指挥经验

目前，篮球教练的培养途径主要是依靠各级体育院校和师范类体育院系的体育教育和运动训练两个专业方向。学生毕业后多在各级学校从事与篮球相关的教学与理论研究及业余训练工作，但他们篮球训练的实战能力和临场指挥经验略显不足，理论与实践脱节。随着 CUBA 联赛的发展，已经有一些运动队开始引进职业教练，他们大多数有职业比赛经历。在教练员队伍里引进职业教练或者退役高水平运动员，可以有效解决训练与实战脱节、临场指挥调度等问题。

教练员不等于篮球教师，篮球教师普遍缺乏专业篮球训练和带队的经历以及广泛的篮球社会关系，但他们掌握较为系统的篮球理论知识，并从事一些体育科研工作。篮球教练员与篮球教师若要实现角色转换，就必须要对自身角色及能力进行重新定位和调整。篮球教师可以以专业篮球队的助理教练员、篮球科研教练员、职业篮球队的训练辅助工作者等身份，跟随职业篮球队训练和比赛，从篮球教练员那里学到丰富的执教经验，结合自身较强的文化理论知识，从而提高比赛时的指挥能力。

（三）转变教练组成员由兼职过渡到专职角色

篮球队教练员一般都是由篮球老师兼职，他们的主要工作重心还是在教学上，这不符合高水平篮球队伍的建设。而我国各大学岗位里面也很少有教练员这个职位，只是少数运动队在招聘体育教师的时候附加了一条能够胜任带队工作。在篮球运动比较发达的欧美，篮球教练已经和体育教师这个职位脱钩，篮球教练组成员不负责学生的体育课或者体育俱乐部工作，只负责篮球队的训练和比赛。而我国尤其是篮球运动欠发达省份，以河南省为例，第十二届奥运会大运会篮球比赛，9支女篮队伍里，主教练全部都是专职教师，22支男篮队伍里面主教练也全部都是专职教师。在江苏省篮球队的调查中发现，87%的教练员都是体育老师。篮球教练员和篮球教师岗位培养目标和方式都不一样。篮球教练员主要是进行篮球训练和比赛工作，由于他们具有多年的执教经历，对球员的选拔及整个球队在训练和比赛的控制有着丰富的经验。而一般篮球教师主要是担任教学和篮球普及工作，担任教育者的角色。篮球教师不同于篮球教练员，他们普遍缺乏专业篮球训练和带队的经历以及广泛的篮球社会关系，但他们掌握较为系统的篮球理论知识，并从事一些体育科研工作。所以，需要将篮球教练和篮球教师区别看待。

（四）构建教练员评价体系

教练员的评估体系是对教练工作进行全面评价的量化内容。随着现代竞技运动的不断发展，特别是科学训练、科学管理对提高运动队成绩的影响越来越大。教练员肩负着训练、管理、提高运动队水平并使运动队在比赛中创造优异成绩的重任。只有科学的选拔聘用教练员，合理、完善的建立起教练员评估体系，才能使有真才实学的优秀教练员发挥其作用，担负起重任。为保证受聘者在任期间能顺利的完成任务，按（优秀、良好、中、差）四个等级对教练员进行考核，并组织专家（体育理论家、高级教练员、专业主管领导）对教练员的条件水平、工作能力、工作成绩进行综合评价。做到能者上，庸者下，让不作为者没有市场，才能调动广大教练员的积极性和创造性。

第三节　篮球管理人员的管理

一、管理人员的素质

（一）认识能力

管理人员应具备周密细致的观察能力和根据已知条件分析其中的不足，指出事物的发展与奋斗方向。要因人而异、因材施教。具备对球队的技战术与队员的更换及对比赛过程的分析、判断与指挥能力。

（二）计划能力

球队是个有序的整体，为了有条不紊地发展、完善和提高队员个人与全队的竞技水平，管理人员应有制订和协调各种训练计划的能力，这是重要的一环。计划是在科学的预见和决策目标的指导下制定和完成的，是通过对球队的训练、比赛、管理等方面的调查与分析来确定今后努力的具体目标，做出合理的训练安排。

（三）组织能力

管理人员要熟知队中每名队员的思想情况，智力与性格等方面的特点，并善于发挥他们的长处，激发队员训练的积极性和集体主义情感，出色地完成各项训练与学习。

（四）教学训练能力

管理人员作为教育者，应有积极的工作态度与责任心，具有良好的教学能力与高超的教学技巧，会教学训练，能做出正确示范动作，语言讲解清楚，能及时纠正错误。要掌握训练的原则与方法，通晓训练的时间、训练的负荷的强度与类型。要平等对待、关心、尊重与信任每一个队员，提高与队员的沟通，不断完善自己的教学训练工作。

（五）高超的临场指挥能力

运动竞赛是运动员发挥运动训练水平、检验训练效果最主要的形式。比赛时的情况是复杂多变的，特别是对抗性的运动项目尤为如此。因此，管理人员作为竞赛时的指挥者，应具有高超的综合分析、当机立断、灵活执行比赛方案的指挥能力和艺术，帮助运动员对赛场上出现的情况做出正确判断，合理分配体力，有效地运用技战术，充分发挥自己的优势，取得最佳的效果。这样才能取得比赛的胜利，创造优异的成绩。

（六）篮球教练人员执教能力的培养

执教能力指的是管理人员的一种专业能力，是管理人员具体指导训练、指挥比赛等操作活动水平的体现。管理人员要清楚地知道：什么样的训练才符合球队的实际；什么样的训练才符合队员的需要；什么样的训练才最具经济性和实效性；知道该怎样观察训练；怎样发现训练问题；如何纠正练习错误；如何调整队员状态等。懂得如何一步一个脚印，一步一个台阶，把球队带向胜利，把球员带向成功。

研究得出，现代高水平篮球管理人员应具有的能力结构包括：教学训练能力、相关能力和外围能力。

教学训练能力，包括对项目特点和规律的认识能力；训练手段和方法运用能力、制定和执行训练计划能力、总结训练和比赛经验能力、发现和解决问题能力、语言表达能力、控制身体表情和面部表情的能力，教学监控能力和教育指导能力、控制运动员注意力的能力，技术示范、纠正错误、保护的能力。相关能力包括：组织管理能力，科研创新能力，获取和运用信息的能力。外围能力主要指合作交往能力，即控制自己的情绪与感情的能力、取得他人信任的能力、交际的主动性、协调人际关系能力。

二、管理人员发展的问题以及解决对策

（一）部分篮球运动队伍对事务性管理工作重要性认识还不足，缺乏相应的激励机制

现阶段篮球运动队伍提供给事务性人员外出进修、交流培训的机会较少，在评奖评优、职称评定等方面对事务性人员考虑也比较少，这样直接导致的后果是事务性管理人员面对周而复始的琐碎繁杂的事情，往往疲于应付，很难谈创新和积极主动工作的热情，长此以往会产生职业倦怠感，工作效率大打折扣。产生这些问题的根源是：很多人的传统思想认为，篮球运动队伍的教学质量是篮球运动

队伍教育的核心，所以相对于教师来讲，事务性管理工作者往往是被看成仅仅是服务者，没有认识到事务性管理工作的重要性。

（二）工作周而复始、琐碎、强度大，难有成就感

事务性管理工作的工作内容决定了工作内容是连续且繁琐的。周而复始地进行各项日常教学活动，包括教学计划、课表编排、教材预订、考试安排、试卷管理、学籍管理、新生入学老生毕业等各项工作任务，不仅事项繁杂而且要求高度的准确性，不能有一丝的马虎和错误。

（三）上级指挥者多

在一些篮球运动队伍的行政编制安排上，事务员隶属于办公室，既要从事事务性管理工作也要从事行政上琐碎的事务，同时还是学校事务处在各院系的联络员，学校事务处的任何一个科室甚至任何一个工作人员都可以直接给院系基层事务性人员派任务，往往令其工作头绪多、应接不暇。

（四）待遇偏低

事务性管理人员特别是基层事务性人员的工资、补贴以及各项福利与教师以及其他岗位工作人员相比还比较低，并且缺乏晋升的岗位与机会，外出学习考察培训的机会也相对较少，这也会引起事务性人员心理的不平衡，对他们的工作积极性都会产生不好的影响。

（五）建议解决对策

要想改变这种事务性工作不受重视的和事务性人员自己产生的倦怠状态，主要有以下几个方面的对策。

第一，对所有事务性管理人员加强政治思想教育和职业道德教育，特别是在新进事务性人员的培训上更要重视思想方面的熏陶，业务技能的培训讲解要使其充分认识到事务性管理工作在篮球运动队伍工作中的重要地位和作用，使其对做好本职工作的责任感和自豪感油然而生，树立为教师和学生服务、为教学服务的爱岗敬业意识和为教育事业奉献的精神，树立主人翁的精神，而不仅仅是拿工资做工作的打工者。

第二，篮球运动队领导要充分意识到事务性管理工作的重要性，提高事务性管理人员的工作地位和待遇，在人事、岗位、待遇上为事务性管理工作提供实质性的关心和支持，适当增加人员编制，缓解事务性人员的工作强度和压力。

第三，篮球运动队伍应优化事务性人员构成，从年龄、性别、学历、专业、等方面考虑事务性管理队的配备，针对事务性管理岗位制定聘用、培养、晋升、待遇、职称评定等制定相应的措施和政策，使其安心事务性管理工作。

第四，重视事务性管理人员的培训。培训内容应该包括：事务性系统和办公软件使用方法技巧，每位教师的授课情况和特点，和学生对教学效果的反馈情况，所在院系专业课程设置、结构、体系及各门课程的学时分配和课程之前相互联系的特点，反映在教学上就是课程安排的先后顺序，包括课程安排的合理性，教材选用情况，了解管理学、教育学、心理学、档案管理等知识。

三、影响管理人员发展的因素与对策

（一）我国管理人员队伍的智力结构的构成

1. 知识结构

由于管理人员的基本任务是指导训练，所以有关运动训练的基本理论和实践知识应是核心和主体。目前很多新兴学科知识都在不同程度地渗透到运动训练中，使篮球运动训练展开更广阔的空间。我国的管理人员队伍也学习了相应方面的一般知识。

2. 能力结构认识能力

正确感知信息的能力、观察能力、逻辑思维能力。计划能力：预见性、想象力、合理安排教学训练内容能力。组织能力：提出任务并保证完成的能力、协调各方面关系并调动各方面积极因素的能力。教学训练能力：控制身心表情和面目表现的能力。教学训练能力：控制身心表情和面目表现能力，控制运动员注意力的能力，技术示范、纠正错误动作、安全保护的能力。指挥比赛能力、交际能力、取得他人信任的能力。交际的主动性，协调人际关系的能力。

不可否认，我国篮球运动管理人员队伍通过日复一日、年复一年的工作积累，不断完善着本身的智力结构，但各个项目之间发展极不平衡，这主要是因为我国某些项目的管理人员队伍综合知识和能力的欠缺所致。例如，像足球这样的所谓主流体育项目的水平始终毫无起色，甚至每况愈下，除了众所周知的诸如体制、运动员本身的素质等因素有关外，与我国足球管理人员队伍的知识结构应该也是密切相关的。

（二）我国篮球管理人员队伍建设存在的弊端

我国篮球运动管理人员一般来自基层管理人员、优秀退役运动员、运动训练专业毕业生等。

在学历教育方面：一是体育院校中运动训练专业的教学内容、方法手段尚不能完全适应现代篮球运动管理人员的职业要求；二是运动训练专业的生源质量不很理想，这主要因为目前高考体育招生存在重文化、轻专业所造成的，后果是专项能力不强，有的被业界戏称为"会说不会练"；三是运动训练专业毕业生进入运动队的渠道不够通畅。对于基层选拔的管理人员和优秀退役运动员，专项能力较强，有丰富的实践经验。但是存在的弊端和不足也很明显：吃老本，搞师傅带徒弟式的所谓"遗传教育"，自己当初怎么练现在就怎么教，实际是将自己的师傅甚至是师傅的师傅的老一套训练理念、方法传授给下一代队员，这显然也存在明显的不足。

据调查，目前全国2万多名专职管理人员中有61.2%已经取得了大专或大专以上文凭（其中优秀运动队达73%，体育运动学校为72.3%，业余体校为55.7%），但是他们的实际水平与其文凭显然存在着相当差距。在岗位培训方面，目前比较突出的问题是培训数量、培训进度与管理人员队伍规模差距很大。经过多年的艰苦努力，全国共培训了管理人员1.2万人次，成绩是可喜的，但是仍有超过半数的管理人员尚未参加过岗位培训。在管理人员短期进修方面，可以说目前还没有真正形成规范的制度。

管理人员的基本任务是指导运动训练，提高本专项运动员的运动技术水平，取得最佳运动成绩，属于专业人员，有关运动训练的基本理论和实践知识掌握的比较充分，在自己本专业上有很高的造诣。因此在运动训练过程中，管理人员发挥着重要的主导作用和控制作用。在选材用人上，训练计划的制定、内容安排、比赛指挥等方面有高度的权威和权力。受我国传统文化影响，运动员在训练和比赛的过程中，对管理人员都有很强的依赖性，养成了服从领导，听从指挥，执行方案，贯彻意图等思维定式和行为惯性，这种情况不利于发挥运动员主观能动性和创造性，也容易导致管理人员独断专行，滥用权利。

（三）我国篮球运动管理人员面对的挑战以及发展趋势

　　篮球运动的发展进入了一个新时期，竞技水平几乎达到了极限。20 世纪 60 年代以来，"超量恢复理论、间歇训练法、高原训练、无氧阈理论"等带动了耐力性项目成绩的大幅度提高。20 世纪 80 年代以来，体育科学融合了战略研究、决策科学、美学、生物力学、生物化学、统计学、营养学、计算机科学等多学科的理论知识与方法，促进了篮球运动的发展。这就要求作为经济体育的管理人员，不仅要在自己本专业上有很高的造诣，还要在基础理论知识、社会科学知识、科技攻关、教育管理及心理因素方面都具有一定能力、掌握多学科、成为复合型的人才。

　　1. 教育能力与管理能力面临挑战

　　现在的运动员见多识广，思想成熟比较早，他们对管理教育的方式、对管理人员素质的要求也越来越高。现代运动队伍的管理是对管理人员和运动员的双向要求。让运动员奉献，那就首先要求自己要以身作则，想让运动员信服，就要拿出令人信服的才能。例如，蔡振华放弃在意大利执教的优厚待遇，为了祖国的荣誉，毅然归队，担任中国男子乒乓球队的主教练，挑起了打翻身仗的重担。体操教练李月久放弃国外的优越生活，受命于危难之时，挑起重任。他们的行动，本身就是无言的榜样，起到了教育的作用。

　　在运动员管理中，如果一个团体中运动员与管理人员之间不能进行情感的高度交流，那么篮球运动目标将无法实现。但是光有情感的教育是不够的，管理人员还应该有规范化的管理措施。比如在运动员没有出成绩的时候，普遍和管理人员关系较好，一旦出了成绩，很多运动员和管理人员的关系反而出现矛盾。这里面有方方面面的因素：如运动员出了成绩以后不如从前能吃苦，或者跟领导走的比较近，如果领导说话不注意，管理人员就不像过去那么敢管，也会造成运动成绩的下降。如国家男子乒乓球队的王皓、单明杰等的"恋爱事件处理"、跳水队的"田亮事件处理"等都是规范化管理的例子。

　　2. 学习能力的创新能力面临挑战

　　篮球运动各运动项目竞赛规则日新月异的变化，篮球运动的迅猛发展，技术战术的分析，适应规则变化都给管理人员提出挑战。这就要求管理人员在专业能力方面，应具有不断学习的能力，消化新知识，理论知识不断自我更新；智能与思维能力方面，应当接受新事物快、智商高、思维敏捷、善于思考、分析能力强；创新意识方面：包括技术创新，训练方法创新，技术创新，适应规则的变化和具有超前思想与行为。通过自主的有机的迎战，使管理人员队伍成为可持续发展的整体。

3.控制能力面临挑战

由于对管理人员社会形象的认识和判断是一种社会公众形象。所以，每个人根据个人的生活经历和对运动员的了解，会做出各种各样的判断和评价，可能会褒贬不一。比如我们经常会在某场失利的比赛后大呼某教练"下课"。尽管如此，社会还是会形成一种主流舆论和基本评价。从社会现实来看，对管理人员的正面评价是我国运动员整体社会形象的主流评价。当然，对管理人员的反面评价也是客观存在的。这与其说是对一些管理人员的批评、指责，还不如说是对管理人员的关心、帮助和期待。作为现代篮球运动的管理人员，必须学会适应来自方面面面的评价。

4.科研能力和对外交流能力的挑战

管理人员多年训练的成果是为各级运动队培养大批优秀运动员，就其内涵来讲，就是科研成果。管理人员创造的价值是运动成绩，是全国、亚洲、世界冠军。价值的关键在于日积月累、有目的、有计划地把自己的训练工作纳入科学化轨道，我们的训练才不至于走弯路。管理人员的科研不同于科研人员，也不同于大学教授们的理论研究，管理人员的科学研究是从理论到实践，又从实践丰富理论全过程的研究。具体来说，管理人员从选材、制定目标、技术改造、战术发展、训练方法的创新、用综合学科知识成果渗透的研究、安排训练计划、总结等，各方面问题均为科研过程，同样也是实验研究过程。

但是在体育科学技术的国际竞争中，我们面临着新的、更加严峻的挑战，体育科研队伍整体素质偏低，特别是管理人员科学文化水平不高的问题日益突出，已经成为我国体育事业能否可持续发展的制约瓶颈。

（四）提升管理人员工作水平的相关对策

1.为使篮球运动管理人员队伍可持续发展，管理人员应有组织的学习提高

管理人员是终身性的职业，如果水平不高再不努力学习，可能就误人子弟，白白浪费国家的资源，浪费运动员的青春。因此，要使我国篮球运动管理人员队

伍可持续发展，必须定期地、有组织地进行学习，不断提高专业能力和综合水平，以适应新条件下的国际竞争。

2. 加强管理人员制度建设

所谓管理人员制度，应是以培训制度为基础，以技术等级为核心，包括注册制度、任用制度、考核制度、奖惩制度等在内的一套完整制度。目前我们的主要问题，一是许多规定没有严格执行；二是有关政策的制定实施涉及体育总局的不同单位和部门，涉及不同省市，缺乏系统整合，相互之间不配套，从而影响了管理人员队伍建设和整体素质的提高。

3. 拓宽选拔管理人员的渠道

国家应制定与完善各种法规，保障体育人才选拔制度的公平、公正、公开，无论是国有的业余体校和运动队，还是非国有的社会组织都应面对同样的市场竞争环境。建立体育后备人才交流市场，拆除人才交流的壁垒，可以首先考虑建立省级后备人才交流市场，提高区域性人才配置效率，待市场成熟、时机适当时，建立起全国统一的体育后备人才市场。

4. 把竞争机制逐步引入教练队伍

在实行向"政府主导下的市场化"后备人才培养制度的变迁过程中，管理人员必须进入市场，通过市场机制配置管理人员人力资本。用人单位根据管理人员的业绩和能力确定是否聘用，管理人员则根据用人单位所能提供的条件决定自己的去留。双方通过契约明确各自的责任、权利和义务，形成符合市场经济要求的劳动用工制度。

5. 解决优秀管理人员的选材和育才问题

影响优秀管理人员成材最主要的主观因素有5项：具有明确的奋斗目标，勤奋工作，勇于创新；训练与科研相结合；注意学习他人先进的方法。这里我们注意到，是否具有强烈的事业心和高度的敬业精神，对管理人员能否成材是至关重要的。另据首都体育学院的一项调查，我国高级柔道管理人员的事业心状态处于中等水平，不同级别、年龄、性别、职称和执教年限的管理人员无显著差异。这二项调查对我们有如下启示：要重视管理人员成材规律的研究并按规律来培养管理人员；要加强对管理人员事业心、敬业精神以及职业道德的培养。

第三章　篮球队伍的财务与信息管理

第一节　篮球队伍的财务管理

一、财物管理概述

篮球运动队的财物管理就是根据国家的方针、政策，按照资金与物资的运行规律，合理组织财物活动，正确处理各种经济关系，对财物管理的全部过程及其各个环节进行计划、组织、控制、协调的综合过程。

篮球运动队的管理是一个复杂的系统，它主要是由人、财、物、时间和信息等要素所构成，各要素之间密切联系，有机结合形成一个统一的整体。财、物管理是篮球运动队管理的两个基本要素。财是物的货币表现，物是财的实物表现。

财和物的本质是相同的，篮球运动队需要理解财和物的管理，保障系统有序运行。事实上，无论是哪一级的体育管理系统，离开了体育资金和物资的占用与消耗，要进行任何形式的体育活动都是不可能的。

随着社会生产力的提高，篮球运动也获得了飞速发展，根据我国产业划分的标准，体育事业已不属于社会福利事业，体育与文化、教育等事业已被正式列入第三产业的行列，因此，对篮球物资与资金的管理，就应当根据体育产业的性质进行管理。

对篮球运动队的财务管理要遵循体育事业的规律和篮球运动队的财务客观规律，达到篮球运动的技术高峰。

二、篮球运动队财物管理的作用

由于我国目前仍处在社会主义初级阶段，生产力不够发达，短时间内国家很难大幅度增加对篮球运动队的投资。因此，篮球运动队本身除了通过各种渠道筹集资金外，还要加强内部管理，充分利用有限的资源，以最少的投入和消耗获得最佳的效益。具体来讲，加强对篮球运动队的财物管理主要有以下几个方面作用。

（一）有利于提高资金和物资的使用效率

运动队的资金和物资一般是通过国家提供的，资金和物资的使用效果如何，是否达到了应有的目的，只有通过加强对篮球运动队的财物管理，对资金的使用和物资的占用情况的全部过程及各个环节进行计划、组织、实施、调节和监督，并通过制定严格的资金和物资管理制度，不断提高篮球运动队财物管理的档次和水平，使有限的体育资源得到合理的配置，从而提高篮球运动队的资金和物资的使用效率。

（二）有利于国家对篮球队实施宏观调控

篮球运动队主要是由上一级体育部门管理，在机构改革过程中，机关的职能将逐步转化为宏观调控。因此，上级体育部门对篮球运动队的微观管理将逐步过渡到间接管理，即对篮球运动队的重大决策实施宏观管理，而实施宏观管理的主要依据就是通过篮球运动队的信息反馈。

财物管理是篮球运动队向上级管理部门信息反馈的主要内容，它通过财务管理状况的第一手资料反映出篮球运动队的经营效益和管理水平，使上级主管部门能根据财物管理状况对篮球运动队进行有力的宏观调控，为篮球运动队的重大决策提供事实依据。

除体育主管部门外，一些业务主管部门如财政、银行、税务、审计等，通过财物管理所提供的信息，对篮球运动队进行指导和监督。他们从会计资料中检查、核实经营状况，从而督促篮球运动队提高管理质量。

（三）有利于篮球运动队的改革和发展

改革就是一种利益的重新分配和调整。篮球运动队也必须顺应改革的需要，改变经营管理体制，才会具有顽强的生命力，才能适应时代的需要。

近年来，篮球运动队进行了很多类的变革，在运动员的责任制、主教练的负责制、引入竞争机制等方面都做了相应的调整，这些改革都是建立在加强财务管理的基础上的。

三、经费管理与场地设施管理

（一）经费管理

篮球运动队经费管理的目的是提高经费使用的效率，保证运动训练工作正常进行。篮球运动队的经费管理属于国家单位预算管理，自然须遵循国家单位预算管理的基本原则。即预算单位的财物负责人必须对经费支出是否得当，是否节约，进行有效负责。

篮球运动队的支出一般和相应的资金来源挂钩，一定不能挪用其他的预算资金，支出也不能超过收入。它主要包括：尽可能地节约经费支出；合理、有效地使用预算资金，以较少的预算资金支出实现既定的目的；尽可能地吸收其他渠道资金，积极开展多种渠道的创收。

由于世界各国的社会制度不同，国家行政管理体制不同，政府对篮球运动队重视程度不一，致使篮球运动队的经费来源渠道不尽相同，归纳起来，可分为拨款型、筹款型和结合型三种主要类型。

1. 拨款型

篮球运动队的经费来源于国家财政拨款，国家依据国民经济发展状况决定对体育事业的预算，集中控制体育投资总额，使之保持在与国民经济发展相适应的水平上。这种类型主要以苏联和东欧国家为代表，现在的古巴、朝鲜等社会主义国家仍然采用这种方式。

拨款型的优点是：有助于保证运动队经费来源的稳定，能够合理地分配经费或者有计划地统一、集中使用经费，从而使得各项目能协调发展。

其缺点是：国家对篮球运动队经费拨款包揽过多，使篮球运动队容易滋长"等""靠""要"的行为，不利于调动篮球运动队广泛筹集资金的积极性，经费的使用往往也不注意经济核算，浪费现象比较严重。

2. 筹款型

篮球运动队的经费来源完全由自己筹集，国家不承担经费拨款任务，只是在极特殊的情况下，如参加奥运会，给予临时性补贴，或给予政策上的某些"优惠"。这种类型以美国、意大利等西方国家为代表。

这种类型的优点是：有助于调动运动队大量筹集经费的热情和积极性，有助于加强经济核算，提高团队经营管理水平，充分发挥体育的社会经济职能，密切体育团队和社会各界的广泛联系。

其缺点是：不利于国家对篮球运动队的统一管理，使篮球运动队容易受某些社会财团的控制；篮球运动队的经费来源数量起伏较大，受社会各方面影响较大，有时很难保证稳定的经费供给。

3. 结合型

国家只对篮球运动队给予部分拨款，保证其基本开支，其余活动经费由篮球运动队自行筹集。这种类型以西欧国家如法国、德国、奥地利、瑞士等国为代表，政府拨款只占总经费的三分之一左右，其余部分大都是通过发行体育彩票，广告、赞助等渠道解决。

结合型既能确保篮球运动队的基本经费开支，又可以调动他们筹集资金的积极性，提高经营管理水平，密切同社会各界的广泛联系。这样可以充分调动政府和民间两方面办体育的积极性，既能实施有效的宏观控制，又能有效地提高体育经营管理水平，促进体育社会化程度。

"结合型"是一种在拨款型和借款型之间，取其之长，弃其之短的理想类型。最近几年，采用"拨款型"和"筹款型"的国家，正努力向"结合型"转变，"结合型"已经成为各国筹集经费的主要发展方向。

如 1978 年，美国公布了新体育法，决定资助美国奥委会 3600 万美元作为运动员"强化"费，从而打破了政府从不对体育组织拨款的惯例。近年来，美国政府对体育予以资助的次数和额度都有所增加。社会主义国家也通过发行彩票、企业赞助、广告等途径打破单一的经费来源渠道，广泛筹集资金。

（二）我国篮球的运动队经费的来源及构成

我国的篮球经费来源通常是属于"拨款型"，如今正在向"结合型"转变，这样的经费来源结构基础是我国在 1949 年继承学习的苏联的模式。

但经费来源结构目前尚未发生根本性变化，国家财政拨款仍是我国篮球运动队经费的主要来源，社会集资只作为篮球运动队经费来源的补充，篮球运动队国家财政拨款分为中央财政拨款和地方财政拨款。

按照我国财政分级管理原则，中央财政预算拨款用于国家体育总局管理的篮球运动队，地方财政拨款用于各省、自治区、直辖市的篮球运动队。"社会集资，是篮球运动队利用自身的或通过经营其他产业而获得的收入。

因此，我国篮球运动队经费来源主要是由政府拨款和社会集资两条渠道所构成，随着体育改革的不断深化，后者将逐渐占据主要地位，成为篮球运动队经费来源的主流。

篮球运动队经费的构成，可划分为基本建设经费和事业经费。篮球运动队基本建设经费直接来自积累基金的非生产性建设基金，以国家财政拨款形式下达。事业经费简称事业费，来自消费基金的社会公共消费基金，也以国家财政拨款形式下达。由于基本建设经费是单独做账、单独立户、结余上缴的专款，因此篮球运动队实际拥有支配权的就是事业费这一部分，加强对事业费的使用也就成为篮球运动队经费管理的重点。

1. 篮球运动队的事业经费

运动队的事业经费通常是依据计划管理原则，由中央财政和地方财政拨款，一般包括以下几个方面。

（1）运动队人员经费

这是篮球运动队事业经费中最主要的组成部分。政府根据运动队人员编制的数量进行拨款，如某运动队编制为 40 人（包括运动员、教练员及辅助人员），每人的经费是 1 万元／年，那么，该运动队人员经费为 40×1 万元／年 =40 万元／年。这部分费用主要用于训练、生活及行政办公费等。

（2）设备购置费

根据运动队的实际需要造表上报，由省市财政拨款。主要用于购置运动设备、器材、仪器、图书资料、医药用品、家具和交通工具等。

（3）修缮费

修缮费指的是场地、器材、教室、办公楼、宿舍修缮用费，每年我国上级拨款的数额不一定，一般是依据运动队的实际需要来拨款的。

（4）奖励费

根据篮球运动队的成绩颁发的奖金，主要包括奥运会、亚运会、全运会的颁奖及年度颁奖的经费。

（5）预算外拨款

预算外拨款指的是政府依据篮球队的实际情况，或者篮球队的发展情况，对篮球队的额外追加的款项。

以上五种事业费拨款渠道，第一种人员经费相对固定，它是按国家和地方国民经济计划及各系统的工作计划，定期定额下达的，分配数额比较稳定，也是最主要的资金来源渠道。其他四种经费是根据篮球运动队的发展规模、速度、篮球运动队的绩效、需要进行拨款的，相对来说，来源不大确定，这主要取决于篮球运动队领导者的素质和艺术。

2. 篮球运动队的社会集资

随着我国竞技体育的飞速发展，国家现有拨款很难满足我国篮球运动不断发展的需要，而必须通过多方集资，充分发挥体育作为第三产业的功能，广泛筹集社会资金、以弥补国家财政拨款的不足。从我国篮球运动队的发展情况分析，社会集资主要有以下几种渠道。

（1）企业赞助

企业赞助是社会集资最重要的来源，企业一般通过拨款给篮球队的形式，无形中在篮球队训练或者比赛中做了广告，这样的方式可以提高企业在大众心中的地位，促进企业日后的长远发展。

赞助的形式是多种多样的：有的是直接提供资金赞助篮球运动队；有的是通过企业与运动队共建的形式赞助运动队，篮球运动队代表企业，成为企业运动队；有些企业不仅提供资金赞助，还直接参与运动队的经营和管理。随着我国竞技体制改革的逐渐深入，企业活力的不断增强，企业赞助篮球运动队还蕴藏着巨大的潜力，篮球运动队领导应充分利用这些有利条件，主动争取企业的赞助和支持。

（2）社会捐助

社会各界为支持我国篮球事业，为篮球运动队提供的无偿捐助，这种捐助的目的在于鼓励篮球运动队为国争光，刻苦训练。主要包括实物捐赠和资金捐赠。也有些捐助是提供给少数尖子队员，为祖国取得巨大荣誉的队员的。

（3）篮球运动队的多种经营

多种经营主要是利用篮球运动队配置的场地、器材和篮球运动队的自身优势进行经营创收。主要包括场地器材出租，开办商店、旅馆，开展体育服务、体育咨询，兴办实体等有效途径。

篮球运动队社会集资的渠道随着我国市场体系的逐步完善将大有作为，如可以出售电视转播权、发行体育彩票等。在我国各省、区、市，由于地区经济发展不平衡，社会集资在篮球运动队总经费的比例也不尽相同，在内地省市，社会集资只是占小部分，只能解决篮球运动队员工的一些基本福利，而无法投入到训练、竞赛中去。

在一些沿海城市或者一线城市内，社会集资的类型和政府拨款同样重要，社会集资的发展速度很快，有一些社会集资已经超越了政府拨款的数额。

（三）篮球运动队经费的使用

篮球运动队经费使用效果如何，直接关系到篮球运动队训练目标的实现，在实践工作中，为使篮球运动队有限的资金发挥出最大的效益，应注意以下几点。

1.按计划、按规定用款

篮球运动队经费开支不可以没有计划、不根据规定进行，必须按照日常工作计划，围绕技术水平的标准进行开支。

2.注意经费的使用效果

首先，经费安排不能平均使用，必须有所侧重。上级预算经费确定以后，在除去应发工资津贴，保障福利以外，其余公用经费不必面面俱到，应以满足运动队必要的比赛、训练活动，如器材经费、科学训练经费、比赛车船差旅费、必要的后勤保障经费（医疗保健、洗浴等）为主，而其他办公、行政经费等项目可适当压缩。

其次，在安排训练比赛经费方面，应根据每个特定时期竞技活动具体情况而有所倾斜地确定重点。对科学训练和比赛，需要优先保证供给。如外汇额度使用优先保证进口这些项目的国外先进器材和设备；伙食供给内部调整，少数明星运动员的标准略高于其他运动员，尽力保证尖子运动员的营养品及补品药物的供给，在"保健"设备不足的情况下优先保证重点运动员使用。

3. 严格票证管理

经费使用的支出票证必须按财务的票证规定和缴费手续进行实质上的审查和形式上的审查。既要审查支出凭证上所反映的经费使用是否与事实相符，是否符合国家有关的方针政策和法规制度，有无违反财经纪律现象。还要审查支出凭证的填制是否准确，手续是否完备。

4. 精打细算

对于经费使用不可以没有计划，不能铺张浪费，一定要遵守勤俭节约、精打细算的准则，部门负责人应该合理安排开支。

（四）篮球运动队的财物监督检查

财物监督指根据国家的方针政策和财物规章制度，对各级单位的财务活动进行审查和监督。在社会主义市场经济条件下，篮球运动队的资金运动和财务关系日趋复杂，资金来源渠道多元化，资金筹集方式多样化。

同时，在新旧体制转换中出现诸多矛盾和摩擦，篮球运动队与外部横向分配的矛盾，内部增收分配的长远利益和短期利益的矛盾等，交织在一起。要使财物活动遵循规范，严格财物程序，按计划、按标准、按制度开展各项活动，使财务运转受政策、法律、规章制度的约束，就必须加强财务监督，使篮球运动队财务活动合理合法。

1. 财物监督检查的内容

对篮球队的财务监督内容，通常包括检查财务资料、财务收支明细、财务活动的真实性和合理性。

具体内容包括如下几个方面。

（1）对预算编制和运动队经费分配的监督。

（2）对收入的监督。

（3）对支出的监督。

（4）对资金使用的监督。

（5）对财务会计日常工作制度执行情况的监督。

（6）对其他方面的监督,如对弄虚作假、虚报冒领、非法"提供账户、代替报账"等非法活动的监督检查和追究查处。

2. 篮球运动队财务监督检查的分类

（1）按监督检查，可分为全面检查和专题检查

篮球运动队的全面检查是一种全方位的总结工作，是在财会工作混乱的情况下对经济活动和财务收支进行的一种系统、综合的检查。

专题检查则是对运动队某一方面的经济活动和财务收支活动所进行的一种检查方法，一般是在工作中发现了特殊问题时采用。

（2）按检查方式，可分为单位自查、联审互查和上级检查

单位自查是对本单位内部有关部门和人员进行检查；联审互查一般是由财政部门和主管部门把同类型的所属若干单位的财会人员组织起来，对会计报表、年度决算进行互审互查；上级检查则是由上级主管部门派出人员，针对所属单位存在的问题进行全面检查和专题检查。

（3）按检查的时间，可分为定期检查和不定期检查

3. 篮球运动队财务监督检查的方法

进行篮球队的财务管理主要是为了保障财务活动的合理、合法和规范，如今我们常用的财务监督方法有如下几种。

（1）账务检查

就是以凭证、账簿和报表等会计资料为对象进行检查的一种方法，它包括报表检查、账簿检查和凭证检查三个方面。

（2）实地（物）检查

这是检查财产物资的必要措施，主要是进行财产检查。查明账目是否相符，报表有关指标是否真实可靠，财产物资管理使用是否科学合理。

（3）座谈咨询

在财务监督检查中，这是进行调查研究很重要的方法。可分别或同时向有关单位或个人进行查对，进行个别访问或召开座谈会，以及要求对违法事件负有责任的人员出具书面说明等手段。

4. 篮球运动队财务监督检查的要求

由于种种原因，长期以来，篮球运动队财务监督工作普遍存在监督不力、水平不高的问题，针对这一现状，应高度重视以下问题。

（1）把事后、事中和事前监督结合起来。

对篮球运动队的财务进行事后监督是有必要的，但不能仅仅执行事后监督，事前和事中监督也非常重要，如果不重视事前和事中监督，往往在事后监督查明情况时，损失已经在事前或者事中发生了。

（2）要加强预算外资金的监督，尤其要加强篮球运动队篮球赞助费和多种经营的创收资金的监督。

近年来，随着经济的活跃，篮球运动队的预算外资金越来越多，但随之也出现不少漏洞，由于法规制度的不健全，一些单位筹集到的赞助费数年无账，不受审计，随意开支，带来了一些损失。所以，必须加强对预算外资金收入的使用监督。严禁巧立名目，擅自增加、扩大或改变收入范围和项目，严禁非法开支、私分多占和借支挪用或者应纳入预算内的收入作为预算外收入或应由预算外支付的费用挤用预算内资金支付等行为。

（3）加强审计工作。

建立健全运动队的内部审计机构，依照国家规定的法律条文对运动队提供的会计记录和有关经济活动进行严格的审查和监督，并且设置专人监督，把国家和部门以及单位的审计机构有机结合起来，形成一个专业、严密的监督系统。

（五）场地设施管理

场地设施是篮球运动队进行训练的基本物质条件，也是衡量一个国家、地区篮球运动发展状况的标志之一。而搞好篮球场地设施与物品的管理工作又是保证篮球运动队训练水平稳定提高的重要保证，因此，具有重要的现实意义。

1.篮球运动队体育场地设施的管理

篮球运动队的篮球场馆，是体育局所属的事业单位，其主要任务是为运动队的训练服务。也可适当地举办或承办一些体育比赛，组织群众进行体育锻炼和参加体育表演，扩大体育宣传影响，开展多种经营增加收入等。对体育场馆进行管理的目的，就是要充分挖掘、发挥改善体育场馆的功能，保证以上任务的完成。

2.优秀运动队体育场地设施的管理内容

对体育场地进行设施管理的主要目的是延长体育设施的使用寿命、充分发挥体育馆的作用，管理中的内容有如下几点。

（1）制定管理制度和使用计划。管理制度主要有体育场馆的使用规划、场馆管理人员的岗位责任制、经济责任制、承包制度和场馆目标管理条例等；使用计划主要有场地维修计划、训练安排计划、竞赛安排计划、多种经营计划和经费预算等。

（2）合理安排布置，优化场地布局

（3）悉心检修、维护、保养场地设施，保证场地设施的标准化使用。

（4）环境美化和清洁卫生。

（5）防火、防挤、防塌、防盗、安全保卫工作。

（6）收纳场租。

3.实行独立核算，进行全面计划管理

长期以来，许多场地设施与其他单位经费混用，统收统支，实行供给制，使其外无加强经营管理的压力，内无提高工作效率的动力，为改变这种吃"大锅饭"的做法，篮球场地设施的管理必须推行独立的经济核算。实行独立的经济核算，要建立健全管理机构。

篮球场地设施的管理一定要注重计划管理，前期要设置具体的计划，使得工作人员有明确的目标，更有助于控制，通过定量分析准确地评定工作成绩，而主管部门对篮球设施实行计划管理主要是通过下达年度定额指标来实现的。

对篮球场馆实行"四定"，即定任务、定人员编制、定业务指标、定经费补助（或经费上缴）。按照"四定"的指标要求，主管部门在对篮球场地实施检查评估特别是对业务指标和经费收支指标的评估时，有章可循，能有效地进行控制、协调。

在篮球队的管理中，应建立岗位责任制，注重调动员工工作的热情和积极性，篮球队的管理者要宏观管理、适当给下属分权，在管理过程中要贯彻执行按劳分配的原则，根据绩效分配每个员工的工资。

4.提高场地设施管理的效益

根据篮球运动队的实际情况，可从以下几方面来加强管理，提高场地设施管理的效益。

（1）提高使用率

高效率地使用篮球场地设施是评估篮球场地设施管理水平的重要内容之一。篮球场地使用率一般包括时间使用率和空间使用率。时间使用率是指篮球设施实际使用时间与可使用时间的比例，要求根据训练、竞赛的实际情况，巧妙安排，最大限度地提高时间使用率。空间使用率指场地设施有效空间的利用程度，如一个多功能训练馆，只供一个或少数运动队训练，就降低了空间使用率。

（2）多渠道筹措资金，增加收入

场地设施的收入，除上级拨款外，主要包括两大部分。

一是不交税的收入，包括场租收入、门票收入、体育活动的收入。

二是多种经营收入，为了维持正常的消耗和开支，搞好维修保养和更新设备，场地设施应多方设法、积极创收，但其重点又要做好向使用单位收纳场租的工作。

场租收缴标准有以下三种。

①对训练和基层竞赛活动、政治集会等，采取优待收费的办法。

②对大型比赛等采取正常收费的办法。

③对文艺演出或其他非体育活动使用场地则采取高于正常收费标准的办法。场地设施费用包括场所折旧、设备折旧、器材折旧、消耗性器材费用、人员工资、水电气费用等。

（3）尽量节约开支

在对篮球队的管理过程中要注重节约开支，不能铺张浪费，场地设施需要花费相当一部分的资金。

篮球运动队场地设施节约开支主要从以下几方面着手。

①劳动工资

应按照主管部门批准的编制人数，严格控制，不得擅自增编。根据场地设施工作特点，宜采取轮休制和晚上班、晚下班的劳动制度。

②基建费

根据需要，按基建计划行事，不搞计划外修建，不擅自扩大基建规模标准。

③修缮费

为了延长设施的使用寿命，达到最大使用效能，平时应该注重设施的保养，及时对设施进行修理。

④设备、器材购置费

在加强原有设备器材维修、挖潜和综合利用的基础上，有步骤地添置更换，建立领导审批采购计划制度，防止错购、重购、积压、鼓励自制代用，修旧利废。

⑤业务费

业务开支是日常工作的经常性消耗，务必要精打细算，严格把关，杜绝超标准支出。

四、篮球队的物品管理

体育物品是资金的实物形态，是各运动队完成训练任务，提高运动成绩的必要物质条件。加强篮球运动队物品的管理，就是对篮球运动队物资的购建、验收、保管、保养、领用、调拨、变价、报损、报废等各个环节加强控制。

做到按计划购建、合理保管、及时供应、充分利用、科学保养、修旧利废、余缺调剂，保护物品的完整和安全，充分发挥物品的最大效用，提高运动队的社会经济效益，保证各项目任务的完成。

（一）篮球器材用品的管理

篮球器材用品的管理包括登记保管、购置验收、领用借用、变价调拨、报废报损和盘点清查六个环节。

1.篮球器材用品的登记和保管

篮球运动队对所有器材用品的种类、名称、性能、用途、数量、单价、金额和存放地点都应该设置账卡,详细记载。会计部门在总账上设"固定资产"和"材料"两个科目,管理部门设"固定资产明细账""材料明细账"和"低值易耗品细账"三本账簿,对器材用品进行登记、分类编号、核算。

在器材用品的保管上，要设立必要的仓库，器材用品堆放井然，标示鲜明，便于查找和清点，仓库要干燥通风，设置安全消防设施，根据器材用品的不同储藏及使要求，定期进行检查、擦洗、涂油、晾晒、修补等养护工作，注意防火、防盗、防尘、防止霉烂变质和变形损坏，尽量减少器材用品库内不合理的损耗，做到数量上与账上登记的一致，质量上技术数量和性能标准不变。

2.篮球器材用品购置和验收

篮球运动队添置器材用品，应本着勤俭节约的精神，切实根据事业发展的需要和经费的多少及社会集体购买力指标的可能，在充分利用原存物品的基础上，由管理部门会同有关业务部门具体研究确定。

在采购时，必须先申报购物计划，根据费用多少，分别由有关部门负责人或单位有关负责人审批。添置的器材物品，必须严格履行验收手续，验收使用后，按原始单据所列各项，登入"添置财产物资登记簿"，进入固定资产、材料或低值易耗品的有关明细账内。

3. 篮球器材用品的领用和借用

篮球器材用品的领用和借用，应建立和遵守严格的规章制度，坚持"先进后出"、"先旧后新"和"用多少发多少"的原则。凡领用和借用器材用品者，一律填写《财产物资领（借）用单》。器材物品领用、借用和归还时，管理人员和领用借用人员应一道检验物品数量和质量及其他贵重科研仪器，均应仔细查验。

4. 篮球器材用品的变价和调拨

为了物尽其用，互通有无，充分发挥器材物质地各单位对于闲置和积压多余的器材用品的处理，一般有变价处理和调拨处理两种办法，调拨处理又可分为有价调拨和无价调拨。在进行变价和调拨处理时，根据物品种类和价值大小，一律经主管部门负责人或单位负责人甚至上级体育部门批准。

管理部门要填具《财产物资变价缴款通知单》或《财产物资调拨单》，办理有关手续。对于变价和调拨处理款项，要按财务有关规定交会计部门入账。

5. 篮球器材用品的报废和报损

报废和报损是篮球器材用品使用的最后归宿，对于变质、失效、淘汰并确已丧失使用价值或已损坏不能修复的器材用品，都应办理报废报损。报废报损要严格慎重，须经单位领导或专业技术人员的审查鉴定。

不该报废报损的物品提前淘汰无疑会造成浪费，而应该报废报损的物品却没有及时处理，则会贻误工作，甚至造成不应有的差错和事故。篮球器材报废报损，应填具《财产物资报废（损）单》。已批准报废报损的物品要加紧处理，改作他用，或将其残品变价、收回残值、减少损失。

6. 篮球器材用品的盘点

篮球器材用品的流动性大，增减变动频繁。为了及时掌握各种物品储备和利用情况，保证财产物资制度的严格执行，保持账、卡、物相符，对篮球运动队器材用品进行盘点清查很有必要。篮球器材用品的盘点清查基本形式是实地盘查，可采用经常性盘点和定期盘点两种具体办法。

进行盘点时，事先应充分做好清查的准备工作，建立清查小组或落实清查人员，拟好清查工作安排计划，备好《盘存单》和《实存账存对比表》，并统一规定盘点日期。篮球器材用品的盘点工作，要求实物保管人员必须在场并参加盘点工作，盘存情况必须如实记入《盘存单》和《实存账存对比表》，整个盘点清查工作应在最短时间内完成，不能影响正常业务活动的开展。通过盘点清查，对所发现的问题，认真分析总结，查明原因，及时处理。

篮球器材用品的管理，除了切实把握好器材用品的登记保管、添置验收、领用借用、变价调拨、报废报损和盘点清查等环节外，还要加强领导，推行责任制。要落实分管该项工作的单位负责人，要指定部门的专人具体负责，充分依靠群众，发扬人人当家理财管物的主人翁精神，经常进行爱护公共财产的思想教育。

此外，按照统管分管相结合的原则，各单位的器材用品，总的管理由指定的管理部门或人员负责，其中库存器材用品由管理部门或人员直接保管，正在使用的器材用品在管理部门的统一负责下，由使用部门指定监管人员负责保管，在业务上，会计部门要协助、指导和监督管理部门或管理人员。要注意财产物资管理、使用和会计等部门或人员的分工协作，严密配合，共同管好、用好器材用品。

（二）服装的管理

服装管理是物品管理的内容之一。当前运动服装价格与单位预算财力很不平衡。既要保障运动员训练、比赛的需要，同时也要考虑当前社会文化动态和运动员外出比赛时的形象。

因此，运动服装可在不超过该项经费指标前提下，灵活掌握。

统一按指标数，其不足部分可由运动员自付或运动队其他经费来源解决。对服装使用年限掌握不要发完了就了事，坚持按规定时限登记管理，队员退役时，如原领用服装未达到使用年限，亦扣回折旧费。

服装领用要凭领用本或发放登记卡方可领用或报销，各班队（组）在领用或报销时由主管此项工作的负责人审查领用、报销，签字同意领报后及时进行登记。对落实到人的各项服装均按人建立档案卡，这实际上是建立了会计经费支出明细账的辅助账。

一方面便于有关管理人员凭本（卡）加强管理；另一方面起到服装领用后的质量跟踪作用，便于了解、分析和掌握该商品的质量和性能。

第二节　篮球队伍的信息管理

一、信息技术的基本概念

信息技术已经成为世界最先进的技术，成为未来发展的趋势，将促进各个领域的突破和发展。推进信息化是顺应世界信息化发展潮流的重要部署，是覆盖我国现代化建设全局的战略举措，是贯彻落实科学发展观、全面建设小康社会、构建社会主义和谐社会和建设创新型国家的迫切需要和必然选择。

近十几年来，我国各行业积极贯彻中央信息化战略决策，不断开拓进取，一大批以典型案例为代表的信息技术如今已经成为社会发展的驱动力，在我国社会发展、繁荣和稳定方面发挥着举足轻重的作用。

信息技术是信息化建设最重要的技术支撑，信息技术主要包括感测技术、通信技术、网络技术、计算技术、多媒体技术和控制技术等。

感测技术是获取信息的一种主要技术。

通信技术和网络技术是传递信息的技术，近年来日趋合一，难分彼此。

计算技术是处理信息的技术。多媒体技术是计算技术中的一种，只是特指处理声音、图形和图像的技术。

控制技术是利用信息的技术。信息技术的定义不但涵盖了信息技术的门类，也明确了这些技术门类的概念与关系。其中通信技术和计算技术是信息技术的两大支柱。

二、信息的重要作用和分类

（一）信息的重要作用

信息是指事实或其他数据资料的集成。通俗地说，是指用符号传递的报道，报道的内容是接收符号者预先不知道的。信息作为一个概念，最早出现在维纳的

《控制论》中。

从控制论的角度分析，信息是控制系统进行调节活动时，与外界相互作用、相互交换的内容；从哲学角度分析，信息是表现事物特征的一种普遍形式，一切事物都会发出信息，并以此区别于其他事物，它是事物联系、变化、差异的变现。

当今社会，随着科学技术水平的不断提高，训练方法、训练手段、训练措施的不断更新，使得训练水平不断提高，篮球竞争也愈发激烈，因此，优秀运动队水平的不断提高在很大程度上依赖于信息的获取。有人认为，社会是信息社会，信息犹如一个组织的"神经系统"，信息失灵，就会引起一个组织的混乱，甚至瘫痪。

一般来讲，数据还不等于信息，数据只是记录下来而且可以鉴别的符号。数据为了一定的目的，经过处理并加以利用或者发生影响的才称为信息。信息通常是通过数据、图纸、凭证、指令、信息、资料等反映出来。

在优秀运动队管理过程中，优秀运动队的计划、组织和控制都必须要以相应的信息为依据。一个运动队在管理工作中要卓有成效，很大程度上取决于能否获得必要的信息并及时加以使用。信息在优秀运动队管理中的作用，具体来说主要体现在以下几个方面。

第一，信息是优秀运动队进行计划、决策的重要依据。

计划、决策正确与否，关键在于管理者的正确判断，而判断是否正确，关键在信息是否及时、准确、可靠，作出的决策和计划是否切合实际，符合客观规律；如果信息不准、不全就会导致决策的失误。

第二，信息是对优秀运动队组织、控制的主要工具。

一项决策或计划一经提出，就要通过组织和控制以确保预期目标的实现。组织就要涉及人、财、物的合理配置和调动。控制就是要使执行沿着计划目标前进，不论哪一个环节都需要相应的信息。因此，信息对保证计划目标的实现起着重要的作用。

第三，信息是沟通联络的媒介。

通过信息的编造和接收，使整个组织上下左右目标明确，互通情报，同心协力地实现预定的目标。管理部门的规模越大，层次越多，及时传递正确的信息，以确保沟通联络的畅通就格外重要。如果没有科学、灵敏、有效的信息网络，要进行有效的管理是不可能的。

总之，信息是现代管理中的一项资源，人、财、物的有效配置都要通过信息来管理，计划、组织、控制都需要信息才能实现。

（二）信息的分类

信息可以从不同的角度进行分类，同一信息由于归类的标准不同，可分属于不同的类别。

按照信息的来源分类，可以分为外源信息与内部信息。外源信息是优秀运动队的外部的信息，内部信息指在运动队内部流动的信息。

按照提供信息所起的作用分类，可分为计划信息、控制信息和工作信息。计划信息主要是为确定组织目标以及达到某种目标所需的各种信息，主要包括环境信息、竞争信息和内部信息。控制信息是为了进行控制所需的各种信息，主要包括控制标准、实际执行情况以及实际与标准的偏差三类信息。工作信息是组织日常活动有关的各种信息。

按照信息的性质不同，可以分为历史性信息和预测性信息。前者是经常发生，事前可以预知，也可用常规程序和模式进行处理的信息，所以又称程序性信息。后者则不是经常发生，带有突发性，事前难以预知，也无法按常规程序和模式进行处理的信息，一般称为非程序性信息。

按照信息所反映的活动内容，可以分为选材信息、训练信息、竞赛信息、营养恢复信息、科研信息等。

三、信息管理及信息管理系统的概念

（一）信息管理的概念

信息管理是 21 世纪以来全新的一门学科，如今，人们对信息管理的解释还没有完全统一，目前被理论界普遍认可的观点有如下。

英国的马丁认为，信息管理是一种特殊形式的管理活动，其范围涉及数据处理、文字处理、电子通信、图书馆和情报中心、办公自动化系统，等等。

我国专家学者对信息管理的研究开始于 20 世纪 90 年代，比较有代表性的观点有：岳剑波认为，信息管理具有微观、中观和宏观三个层次。

柯平等认为，信息管理是个人、组织和社会为了有效地开发和利用信息资源，以现代信息技术为手段，对信息资源实施计划、组织、指挥、控制和协调的社会活动。

基于以上认识，我们认为，信息管理是信息人员围绕信息资源的形成与开发利用，借助信息技术进行的各种信息活动的总称。当然，信息管理是要建立在发达的电子技术基础之上，而高性能的计算机技术、快捷的通信条件、完善的数据库系统和现代多媒体信息处理技术是信息管理赖以存在的基础。

（二）信息管理系统的概念

信息作为一种资源已经成为当前人们的共识。信息处理技术和信息利用能力已经成为衡量一个国家社会发达程度和科学技术进步水平的一个至关重要的指标。人类自从进入文明社会，就离不开信息的传播，以前发明的纸、墨、笔、砚都是信息处理的工具。

现代计算机技术的发展改变了人们几千年的传统观念，它处理信息的数量与速度促使人们去进一步研究信息系统处理方式，这就是当前信息系统作为一门科学诞生的背景。

信息管理系统（Management Information System）是从 20 世纪 60 年代发展起来的。信息管理系统的创始人明尼苏达大学卡尔森管理学院的著名教授 Gordon B.Davies 认为信息管理系统是一个利用计算机硬件和软件以及数据库等技术进行分析、计划、控制和决策的系统。它能够提供信息，支持组织或者组织的运行和管理决策。

信息管理系统能从全局出发辅助组织或其他机构进行决策，利用信息控制机构的行为并帮助实现其规划目标。我们的时代正迈向信息时代，信息在如今这个科学技术的时代显得越发重要，不仅是理论研究领域，同时也是一个非常实用的领域。其理论和技术都在不断发展。

一般来说，可以将信息管理系统定义为：信息管理系统是从一个基于管理科学理论、实用计算机技术、网络通讯技术和信息处理技术的人机系统，它通常有以下一些特征与作用。

第一，以解决组织所面临的问题为目标。

信息管理系统指定目标是组织面临的现实问题，直接以解决该问题为目标，对组织方方面面的信息集中存储、处理、分析作出决策。

第二，以数据库和数据处理技术为基础。

信息管理系统主要采用现代化的数据存储理念，对体育信息数据进行优化，方便各个部门访问所需要的数据，同时采用一定的数学方法进行分析处理数据，获取有用信息。

准备和提供同一格式的信息，使各种统计工作简化，从而使信息成本最低。全面保存大量信息，并能很快地查询和统计综合，为组织的决策提供信息支持。

第三，大大减轻组织管理人员的工作强度，节省人力和物力。

在手工条件下，组织人员需要进行分类、登记和计算工作。实现信息化后，只要将原始记录输入计算机，后续的计算、分类、存储等工作，都可以由计算机自动完成。不仅大量重复计算由计算机完成，而且输入数据后所有的数据处理也可由计算机系统完成，可以避免人工方式许多中间的处理环节，工作人员的工作强度就大大减轻。

第四，提高组织管理的工作效率。

计算机进行数据处理的速度是人工方式的数量级倍数，将使组织经营信息的提供更加及时。组织单位内部网络的建立，使部门之间的工作衔接更加紧密，大大加快了业务办理速度。

第五，有力地促进和提高组织管理工作的规范化。

在组织中，体育信息数据没有一个严格的制度，一般都是信息人员根据自己过往的经验进行记录，没有规范性，经常会引起混乱。

在信息化工作中会对数据的来源、格式提出一系列规范化的要求，计算机系统为数据处理提供明确的尺度，使之标准化、规范化，可及时全面地提供不同标准的、不同细度的信息，以期最快地分析解释现象，及时产生正确的控制。

信息管理系统是根据特定环境的需要来构筑的信息体系，它必须是某种管理科学在实现手段上的体现。信息系统和组织的基本目标、组织所奉行的管理方法必须互相影响、相辅相成。

信息管理系统所涉及多个技术领域：计算机技术包括软件、硬件、算法和程序设计等；通讯技术包括各种网络设备、网络构造、网络协议以及软件等；信息技术包括对信息的提取、收集、分析、表示和系统设计开发的各种技术。

（三）竞技体育中信息技术研究的必要性及应用

竞技体育的发展及运动员运动成绩的提高，在很大程度上依赖于信息技术。竞技体育技术发展到今天，各项运动成绩已越来越接近人类体能的极限。因此，创造新的纪录越来越困难。为了能够在接近极限的区间内再创新成绩，世界各国尤其是发达国家不遗余力地开发信息技术并应用在体育上，成为信息技术和体育科研的重点之一。应用信息技术为提高竞技体育成绩、改进训练方法提供了可靠的依据。

在第 31 届奥运会上我国体育健儿取得了辉煌的成就，每一枚凝结着幸福与汗水的金牌背后还有信息科学技术发挥的重要作用。

据统计，获得金牌的优势项目，在平时的管理和训练过程的科技含量也相应地比其他项目要高。为了我国竞技体育更好更快地发展，就必须在竞技体育方面增加科学信息技术的应用，以便更好地为篮球技术训练提供科学的服务和管理。

目前信息技术在体育领域已得到广泛的应用：在竞赛管理上，国际、国内各种大型体育比赛的组织与管理，基本上都采用了计算机技术、网络技术、通信技术，并提供广泛的、可靠的比赛信息。

在各个学科领域，如生物力学研究中采用计算机进行技术动作图像分析、技术动作图像的三维动画模拟、运动心理学的问卷测量、计算机辅助训练等；在训练管理与辅助决策上，出现了专业性很强的数据录入系统和决策支持系统，计算机软件技术在体育领域将被广泛应用。

四、篮球队训练与管理的特点及发展趋势

（一）篮球队训练与管理的特点

篮球是一项对抗异常激烈的集体项目，它不仅对运动员技术要求比较全面，各项身体素质要求较高，同时由于篮球是一项集体项目，训练和比赛的周期都较长，所以说需要教练员制订科学详细的训练计划，通常包括年计划、周计划和课计划，只有按照计划行动，才会取得良好的成绩。

一支篮球队有 11 名队员，随着比赛和训练的进行，就会有许许多多各式各样的数据产生，比如说各种训练的数据，队员生理生化指标的采集，比赛技术统计，

队员身体伤病情况统计，等等，这就决定了篮球队的训练管理是一项非常系统而且繁复的工作，需要教练员投入大量的时间和精力。

篮球比赛的赛制时间一般比较长，参赛的队伍比较多。随着赛季的逐渐推进，每一场比赛的相关信息，如比赛比分、时间、队员技术统计、比赛总结等，逐渐增加，各项数据的不断增加给教练员的统计工作带来了相当大的困难，这就决定了篮球比赛管理的工作是相当烦琐的。

（二）篮球队训练与管理的发展趋势

1.运动训练与体育科研一体化

如今现代高新技术不断发展，竞技运动也不得不接受新的科技，谁掌握了最先进的科学技术谁就有可能获得胜利。

这就需要现代运动训练与教学必须同先进的体育科研相结合，及时地、最大限度地获取有关信息，并运用于训练当中，才有可能获得较大提高和长足发展。篮球运动亦是这样，谁能够更好地将现代信息技术的手段运用到篮球的日常训练和比赛中，谁就掌握了制胜的先机。

2.篮球队训练与管理要求更高效化

我国的现状是，许多高校甚至省一级的篮球队现在的管理方式还只停留在"纸介质"的水准上，这样的机制很已不能适应时代的发展要求，它浪费了过多的人力及物力，管理效率低下，还存在一些先天缺陷。在信息时代，这种传统的管理方法被以计算机为基础的信息管理方法取代已是大势所趋。

因此，把信息技术应用到教练员的管理中是十分有必要的，这样才可以让教练员使用最科学的管理、同时也是最有效的方式，使得教练员更加集中注意力地进行篮球队训练或者比赛。

所以说，建立一套更加科学、高效率、安全并且美观的基于计算机数据库技术的信息管理系统势在必行。

五、运动训练信息管理系统的功能

现代科技的飞速发展促进了竞技运动的提高，使运动训练跨入了崭新的科学时代。运动训练信息管理系统作为一种重要的现代训练辅助手段，在运动训练的科学化和提高训练水平方面，正在发挥着越来越大的作用。以前的一些传统训练思想和训练方法已跟不上时代发展的步伐，迫切地需要现代科学技术的支持。

对于高水平的篮球训练，运动员应该保证最基本的素质，在训练中要有高度的针对性、大的训练负荷、定量化精确、训练节奏合理。

（一）基本信息管理模块的功能和内容

基本信息管理模块的主要功能是存储运动员和教练员的基本信息，这些信息是对球队基本概况的描述，队员的基本信息包含姓名、性别、年龄、净身高、体重、肺活量、三围、肩宽、体脂率等，教练员的基本信息包括姓名、性别、年龄、学历、职称、电话号码等，然后对这些基本信息进行存储。

当然，输入的队员基本信息必须真实可靠，因为系统里面的参考战术动画调用功能是建立在队员的真实的体态信息之上的。

（二）训练计划信息管理模块的功能和内容

该管理模块分为输入模块、查询模块、打印模块。分别可以实现对年度训练计划、周训练计划、课训练计划的添加、修改、查询、打印的功能。制定必要的训练计划，能保证篮球运动员的训练效率，并能系统地向着制定的目标发展，对指导者来说，制定的训练计划经过客观时间验证，可以加深对训练规律的认识，积累经验，提高质量。

其中年度训练计划包括：教练编号、周次、周训练时数、主要内容、周比赛场次；周训练计划包括：周次、日期、主要内容、负荷；课训练计划包括：周次、日期、课次、内容、时间、次数、强度；在输入模块中，教练员或教练员助理按训练周期将制定的各项训练计划输入到计算机里作为记录，以备查询，也为今后的训练提供参考依据，操作界面简单明了，即使是无任何计算机基础的教练员也可以在系统提示的帮助下顺利完成输入任务。

在查询模块中，包括了对年度、周和课计划的查询。每项查询又包括两种查询方法，即模糊查询和精确查询，这里的模糊查询就是当大家不清楚具体哪天参加训练和训练内容，只是知道训练的大致时间和内容时，可以在搜索界面输入自己知道的训练关键字或者负荷量，也可以查询到自己要的具体训练内容。

在打印模块中，系统通过 Visual Basic 编程环境提供 DataEnvironment 模块与外界打印机相连，教练员可以方便地打印出所选中的训练计划内容。

（三）训练成绩信息管理模块的功能和内容

该训练成绩管理模块可分为输入模块、查询模块、分析模块和打印模块。分别可以对运动员一些较为常见的训练项目统计成绩，包括："百球投篮"命中率、卧推重量、深蹲重量、百米成绩、折返上篮时间、3000米成绩、3级蛙跳、纵跳摸高、技术素养评分等，实现添加、修改、查询和打印的功能。

输入模块、查询模块和打印模块的功能和前面介绍的训练计划管理模块是一样的，操作界面简单明了，方便教练员的输入、查询和打印，这里就不再说明了。笔者要重点介绍的是分析模块，它的功能是系统可以根据按周次输入的队员各项训练成绩，按照横坐标是周次，纵坐标是各项指标的单位的二元坐标轴，自动生成训练数据变化的曲线图，训练效果一目了然，方便教练员的统计工作。

（四）科研信息管理模块的功能与内容

现代竞技运动水平越来越高，体育运动员之间的竞争也越来越激烈，压力越来越大，篮球队员在运动中承受的运动量也随之增加，非常容易出现运动性疲劳。

加速运动性疲劳的消除，促进身体机能的恢复，及时地利用多项生理生化指标的监控对运动员机体的疲劳程度及恢复情况进行分析诊断，防止过度训练，是实现运动训练科学化、提高训练水平的关键。生理生化指标的监控是训练成功的科学保证。

该科研信息管理模块亦可分为输入模块、查询模块、分析模块和打印模块。在分析模块中，记录了每周运动员的各项生理生化指标，由计算机自动通过图表的方式显示在各训练周的多项生理生化指标的变化情况，教练员在其长期积累的经验基础上以科学的数据为依据对运动员训练后的身体机能恢复和疲劳状态情况进行分析诊断，从而对运动员的训练负荷做出合理的调整，设计出最优化的训练方案，达到科学训练的目的。

（五）比赛信息管理模块的功能和内容

比赛信息管理模块分为比赛场次信息管理模块和队员比赛技术统计管理模块两部分。其中，比赛场次信息管理模块的主要功能是存储本队历次比赛的基本信息，包括比赛场次（对阵双方）、比赛日期、最终比分和赛事总结。

比赛信息管理模块分为输入模块、查询模块和打印模块，这些管理信息是进行篮球比赛、提高篮球技术和水平的重要信息和根据。

查询方式有两种：按球队查询和按比赛日期查询，方便教练员的使用。

队员技术统计管理模块是笔者要重点介绍的，该模块除具有了以上输入、修改、查询和打印的功能外，还具有自动统计的功能。

在输入和修改页面中，当输入了某场比赛的编号后，点击确定按钮，系统将自动调出该场比赛的全队技术统计，包括队员姓名、上场时间、命中次数、出手次数、投篮命中率、罚球命中率、前场篮板、后场篮板、篮板总数、助攻、抢断、封盖、失误、犯规和得分，并且系统还可以根据"球员比赛效率值＝得分＋篮板球＋助攻＋抢断＋盖帽－投失的球－罚失的球－失误"这个公式自动计算出球员在该场比赛中的比赛效率值。

[注：比赛效率值：NBA 对于球员有一个综合判断指数——效率值（也称之为单位效率值），这个效率指数的最基本思路是将一名球员球场的表现折算成为一个可以进行比较的数字，保障了不同位置的球员都可以在一个通过换算后的同一起跑线上进行比较。这个依据的得出，可以综合判断球员良性表现，并且参照球员的球场不良表现，接着根据球员出场的次数来得出单场平均的效率表现，其计算公式有多种，但目的相同，即将一名球员的球场表现折算成为一个可以进行比较的数值。]

技术统计模块的另一个功能是统计球员在整个赛季的各项平均技术统计，在下拉框中选中队员后，点击确定按钮，系统自动统计出该队员在整个赛季中的各项平均技术统计，方便教练员在赛季末的统计总结工作。

（六）综合信息管理模块的功能和内容

综合信息管理模块分为动画管理模块和情报信息管理模块两部分。其中情报信息管理模块的主要功能是存储本队所需要的情报信息，包括对手的情报信息、最新篮球动态和队内组织活动情况。

在篮球工作中，通常需要及时了解对手的情况和特点，对对方的情况做到"知己知彼，百战不殆"，教练员要及时获取对手的情报信息并进行记录，然后给队员制定出有针对性的训练方法和战术。

模块可分为输入、修改和打印三部分，其功能和前面介绍的管理模块是一样的，操作界面简单明了，方便教练员的使用。

六、中国篮球信息管理体制

（一）我国篮球信息管理体制

我国篮球信息管理系统是 20 世纪六七十年代在学习国外先进经验的基础上逐步建立起来的，当时主要是翻译、编辑国外篮球有关篮球运动训练、竞赛的信息。进入 80 年代，我国体育和篮球信息工作主要是为领导提供咨询、决策服务，开发支持系统和计算机服务系统，建立体育网，对全国篮球信息管理进行创造性的探索。

在 20 世纪末，社会主义市场经济体制不断完善，我国的体育信息工作愈发开放，篮球信息工作的服务范围越来越广，工作开始向商品化、产业化、社会化方向有序发展。我国信息管理体制也逐渐完善，形成了以国家体育总局信息所为中心的全国体育信息网。

全国篮球信息工作由国家体育总局直接领导，有关全国篮球信息工作的规定、计划、工作协调、经验交流、组织信息管理人员业务进修和信息网等活动由国家体育总局科教司负责。国家体育总局体育信息所是综合性的篮球信息机构，是我国篮球文献和信息管理工作的中心。

在信息中心大厦，各省市、自治区体育局和解放军体育部门根据自己的需要和可能，设立体育信息管理机构，并指派专人负责管理信息工作，各体育系根据教学、科研和训练的需要在已有的图书馆的基础上建立和健全有关信息管理工作的机构。

（二）我国篮球信息工作的方针与任务

篮球信息工作是篮球运动事业和篮球科学技术工作的重要组成部分，是一项政策性、科学性、时间性和服务性很强的工作。篮球信息工作对于我国的篮球事业，增强篮球技术水平，提高我国的篮球在国际上的地位起着至关重要的作用。以下是我国篮球信息工作的方针任务。

遵循党和国家体育运动的方针政策，根据篮球事业发展的需要，广开信息来源，掌握国外篮球运动和篮球科学技术的发展水平和动向，深入调查和研究，有针对性、及时地、准确地提供资料和研究成果。

现阶段，我国篮球信息工作的重点是围绕重大国际比赛和国内比赛，为我国篮球运动技术水平的提高和篮球科学技术的发展服务。同时要重视介绍各国体育制度，发展体育的政策性措施，新的体育学科的发展，新的科学理论的技术在体育上的应用，为发展我国的篮球教育和建立我国的篮球科学体系服务。

在1992年11月召开的第二次全国体育信息工作会议上，我国确立了体育信息的改革目标：加大改革力度，注重培养人才素质，加强体育基础设施建设，引进体育现代化手段，紧密配合体委的工作任务，提高体育信息的服务质量，不断提高在信息收集、加工、检索、研究、报道和开发等方面的服务功能，逐步建立一个结构网络化、功能社会化、手段现代化和服务产业化的体育信息系统。为实现这一目标，我国体育信息系统将要完成以下任务。

1. 建立有效的文献支持系统，加强文献系统源的合理布局和开发。

2. 建立完善的检索系统，重点加强计算机数据库建设、开发与服务工作。

3. 重视信息研究，拓宽研究渠道，提高为领导决策服务的能力水平。

4. 强化体育信息的交流与报道，积极开展咨询服务，不断推进各类出版物的编辑出版和发行工作。

5. 完善和发展体育信息系统。

6. 在体育方面，加强国际交流。

（三）各级篮球信息机构的任务

根据我国信息事业的发展，今后将逐步建立、形成一个既有分工又有合作，既有中心又有网络的信息系统。各级篮球信息机构应根据自己的任务和条件，有选择、有重点地开展信息工作。

1. 国家体育总局信息研究所的任务

作为全国篮球信息中心，国家体育总局信息研究所的主要任务是：搜集国内外有关信息，开展信息服务和研究，其具体任务可概括为以下几点。

（1）为国家体育总局制定方针、政策、计划规划提供所需的信息，并完成国家体育总局布置的任务。

（2）围绕国家体育总局规定的课题研究，参加奥运会、亚运会、世锦赛等重大国际比赛，搜集、翻译和研究所需的信息。

（3）开展检索工作，建立稳定的检索系统，在国内外广泛搜集有关于体育的资料，进行借阅、咨询等工作。

（4）收集、汇总国内外篮球数据资料，逐步形成数据档案并开展服务工作。

（5）收集、拍摄电影、录像等声像资料，开展放映，复制，租借和发行工作。

（6）编辑出版动态性、科技性、检索性的篮球信息刊物。

（7）搜集、整理国外新的场地、仪器，设备器材等信息资料供国内参考利用。

（8）协同国家体育总局科教司开展篮球信息网的活动，支持各单位开展信息工作，并根据要求进行业务指导，收集和交流科研成果。

2. 地方体育部门篮球信息管理任务

各省市、自治区、直辖市体育局、各体育院系和解放军的信息工作任务如下。

（1）收集国内外篮球信息，视条件开展借阅、翻译、检索、咨询和复制工作。

（2）围绕本地区或本部门的重要任务逐步开展信息研究工作。

（3）搜索国内外的相关篮球资料，并且收藏起来，建立数据档案，然后发给国家体育总局信息研究中心。

（4）根据需要和可能，编辑出版篮球信息刊物。

（5）加强组织机构的自身建设，组织社会力量开展信息工作。

（6）体育院系应积极介绍世界各国新的体育学科和科学理论。

（7）承担国家体育总局下达的任务。

3. 基层单位篮球信息机构的任务

（1）重点搜集本单位有关的文献资料，在此基础上，加工整理并建立起本单位的文献检索体系，利用多种形式充分发挥文献的作用。

（2）开展检索咨询，增强本单位信息网络能力，并视情况开展主动服务，特别是为篮球运动实践服务。

（3）利用目录、资料汇编、快报、声像等多种形式加速信息的流通。

（4）针对本单位的需要，开展篮球信息调研。

第四章 我国职业篮球俱乐部管理

第一节 职业篮球俱乐部概述

一、职业篮球俱乐部的定义

如果从职业体育的角度来分析职业篮球，就会对其有一个清晰地了解，即以篮球作为职业的工作形式。通俗来讲，职业篮球就是个人、企业或组织以篮球运动为谋生手段的工作。当然也是由职业篮球运动员、职业篮球俱乐部、职业篮球协会、专业篮球技能、各种形式的篮球竞技比赛、竞赛产生的社会财富、财富分配办法、球员的工资薪酬等要素组成。

那么，职业篮球俱乐部指的就是，具有独立经济实体的法人以企业为组织形式，对职业篮球运动员的训练、竞赛等事项进行管理和运营，提供篮球运动产品或竞赛表演服务，并从中获得社会财富，与此同时，具有相应的权利和义务的协会或团体。

二、职业篮球俱乐部的特征

（一）职业篮球俱乐部具有独立性

职业篮球体育俱乐部的独立性，主要体现在以下几个方面。

第一，职业体育俱乐部是以相关法律、法规为依据，进行了注册、登记的。

第二，其法人资格是受到法律保护的。

第三，以相关条款的规定为依据，其具有一定的从事各种活动的权利，与此同时，也需要承当一定的民事责任等义务。

第四，为自负盈亏、自主经营的对立团体。

因此，职业篮球俱乐部实质上是具有经济实体的个人或企业作为法人，管理的独立企业。当然，经济发展形式的多样性，决定了其融资形式的多样性。但是职业篮球俱乐部应该拥有独立的管理和运营的权利，并且各自都应具备相应的规章制度与管理模式。

（二）职业篮球俱乐部具有盈利性

职业篮球俱乐部的盈利性，是由企业的运用目的，以及体育市场的交易性决定的。俱乐部的实质其实就是企业，那么，为了获取更大的经济利益和社会效益，职业篮球俱乐部会根据市场的要求和变化，吸纳更多的优秀职业篮球运动员，并对其运营结构进行积极地优化调整，发挥强大的团队力量，增强其在行业中的综合竞争力，这也在很大程度上促进了篮球事业的快速发展。

（三）职业篮球俱乐部具有附属性

职业篮球俱乐部的附属性主要体现在，职业篮球俱乐部都会附属于相关的篮球竞赛。或者说，篮球竞赛都有相关的职业篮球俱乐部参加。例如，休斯顿火箭队等职业篮球俱乐部附属于美国男子职业篮球联赛（NBA），广东宏远等职业篮球俱乐部附属于中国男子篮球职业联赛（CBA）等，之所以会这样，是因为在竞技运动发展的需要下才产生的俱乐部。

三、职业篮球俱乐部的功能

职业篮球俱乐部的功能可分为两种：一种为外部功能，另一种为内部功能，具体如下。

（1）外部功能

这种功能主要指的是，提高篮球联赛质量，营造篮球竞技运动环境，增强社会的认可度。

（2）内部功能

这种功能指的是，规范篮球运动的训练、比赛管理，提高运动员技能，发挥团队优势，提升球队的综合实力。职业篮球俱乐部的内部功能是外部功能的基础。

另外，职业篮球俱乐部的功能还可分为社会功能和经济功能。

（1）社会功能

此种功能主要指的是，完善篮球的管理体制，进而使篮球事业的发展得到促进。

（2）经济功能

此种功能主要指的是，提供高质量的篮球竞赛表演，进而获得门票收入、转播费、冠名费等更多的经济收益，以及品牌效应带来的社会价值。

对于职业俱乐部的功能来讲，从不同的角度分析会有不同的诠释。但是，不管从何角度分析，职业篮球俱乐部是社会、经济和篮球竞技运动相互影响，共同发展的必然产物。所以，职业篮球俱乐部的功能应具备社会属性、经济属性和竞技属性。

第二节　国外职业篮球俱乐部管理模式综述

根据调查分析显示，职业篮球俱乐部在很大程度上依附于职业篮球联赛，因此，想要分析各国的职业篮球俱乐部的管理体制，就必须从其职业联赛的角度进行分析。

一、美国职业篮球俱乐部管理体制（NBA）

（一）美国职业篮球联赛管理体制

在世界范围内，作为体育发展最为完善、产业最为发达的国家，美国拥有世界上影响力最大的篮球职业联赛——美国男子篮球职业联赛（NBA）。NBA的成功经验已经影响了全球职业篮球运动的发展，NBA的成功之处，不仅在于它拥有世界上最优秀的职业篮球运动员，更重要的是职业篮球俱乐部的管理体系和制度都非常完备。

美国职业篮球协会（亦称为美国职业篮球联盟）下设的董事会，是就进行NBA管理的部门。董事会成员是由个俱乐部的老总组成，然后再推选一位总裁来负责联赛的管理。如图4-1所示，NBA主要分为两大管理部门，一个为竞赛管理部门，另一个为经济管理部门。两大部门都各自下设有职能不同的小部门。NBA

训练竞赛管理部门有竞赛部、传播部、法律部、安全部、行政管理部、运动员服务部和专项活动部，NBA 经济管理部门下设有顾客产品部、市场与赞助部、运动队服务部、艺术服务部、法律部、经济部、国际部、娱乐部和电视转播部。

NBA 管理部门有着非常详细的设置，并且会以不同的发展需要为依据，从而确定各个部门的具体职责。但是，各部门各司其职，形成了完备的联赛管理体系，为职业联赛的发展与完善提供了强有力的保障。

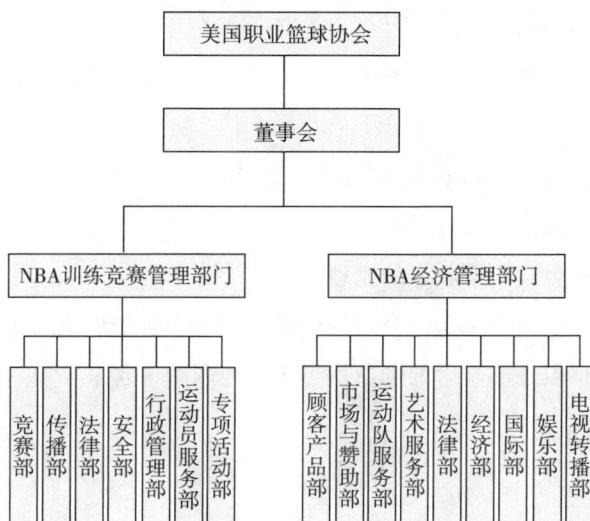

图4-1 美国篮球职业联赛管理组织机构

（二）美国职业篮球俱乐部管理体制

以 NBA 的 30 支职业篮球俱乐部为例。美国职业篮球俱乐部的产权关系非常明晰，各俱乐部都拥有完全独立的运营权与支配权。俱乐部是由董事会下设的总裁或主席执行管理权。总裁或主席直接向董事会或老板负责。

如图 4-2 所示，俱乐部的下设部门也是很完整的，而且已经形成了相对完善的管理体系。NBA 职业篮球俱乐部下设部门主要包括以下几个。

1. 媒体关系部

电视转播权等事宜的洽谈，是这一部门负责的主要内容。

2. 社区服务部

球队或球员参与社区服务和社区关怀等社区活动的计划与安排，这是美国职业联赛回馈社会的一大亮点，极大地增强了球队和联赛的影响力，也是部门负责的主要内容。

3. 营销部

这一部门主要负责球队市场的推广活动。

4. 篮球事务部

这一部门主要负责球队的训练活动，该部门分工也非常明确，由球队总教练全盘指挥，再由进攻教练、防守教练、体能教练和医疗小组分别负责。

5. 财务部

球队资产的管理，以及俱乐部的收入与支出结算，是这一部门的主要负责内容。

6. 票务部

这一部门主要负责门票收入的管理。

美国职业篮球俱乐部都是以公司的形式，参与市场活动，独立自主，自负盈亏，这在很大程度上将俱乐部管理的创造性与积极性调动了起来。

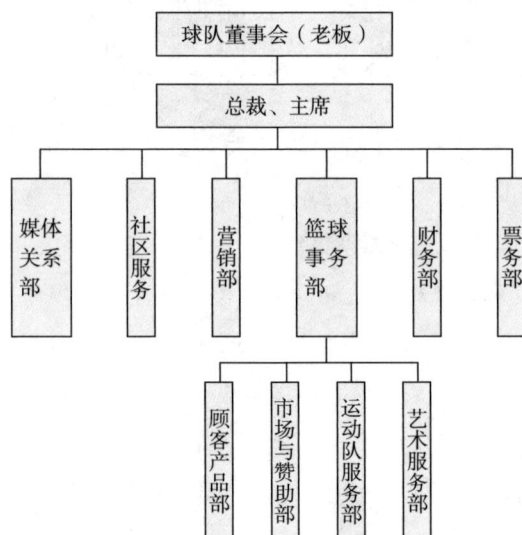

图4-2 美国职业篮球俱乐部管理组织结构

二、西班牙职业篮球俱乐部管理体制（ACB）

（一）西班牙职业篮球联赛的管理体制

西班牙职业篮球联赛，被认为是除了 NBA 之外，发展的最迅速、均衡的职业联赛。如图 4-3 所示，西班牙职业篮球联赛主要包括：ACB 联赛、LEB 联赛和 LEB-2 联赛。其中，ACB 联赛创建于 1957 年，是西班牙主要的职业篮球联赛，目前共有 18 支球队参加，在国际上也享有一定的威望。ACB 联赛中培养了一大批优秀的职业篮球运动员，并且很多都加盟到 NBA 发展，也取得了成功。

除 ACB 联赛外，西班牙篮协组织的职业篮球联赛还包括 LEB 联赛和 LEB-2 联赛，每级联赛都有 16 支球队参加。在非职业篮球方面，西班牙篮球还组织了 EBA 联赛，共吸引了 90 支球队参加。这对西班牙职业篮球运动的发展起到了非常大的促进作用。

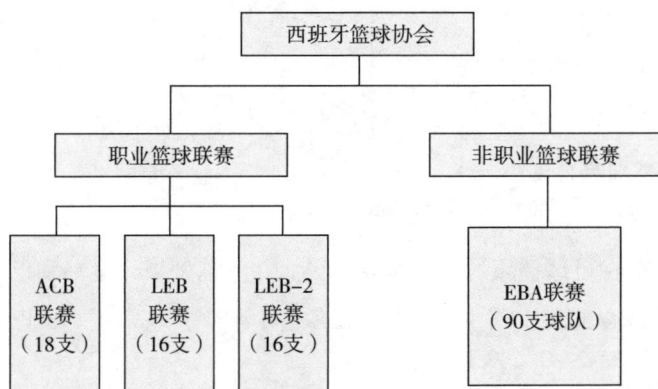

图4-3 西班牙篮球职业联赛管理组织结构

（二）西班牙职业篮球俱乐部的管理体制

一提起皇家马德里俱乐部和巴塞罗那俱乐部，相信很多人就会想到足球领域的皇马和巴萨。但是，在西班牙 ACB 联赛参赛队伍中，也有皇家马德里队和巴塞罗那队。这两支职业篮球队是世界上仅有的由足球俱乐部控股的职业篮球队。

　　由此可知，皇家马德里职业篮球队和巴塞罗那职业篮球队，分别属于皇马足球俱乐部和巴萨足球俱乐部负责管理和运营。这种一家俱乐部跨两项职业体育项目的情况，在全球实属罕见，但不可否认的是，上述两家俱乐部无论是在职业足球方面，还是在职业篮球方面，都取得了非常令人瞩目的好成绩。

　　如表 4-1 所示，为西班牙职业篮球队在欧洲篮球联赛中取得的好成绩。

表4-1　西班牙职业篮球队在欧洲联赛中的成绩

球队	时间分布（年）		总体情况
	冠军	亚军	
皇家马德里	1964、1965、1967、1968、1974、1978、1980、1995	1962、1963、1969、1975、1976、1985、2013	冠军：8次 亚军：7次
巴萨罗那队	2003、2010	1984、1990、1991、1996、1997	冠军：2次 亚军：5次
尤文图德队	1994	1992	冠军：1次 亚军：1次
总计	11次	13次	

　　注：资料整理自百度。

　　皇马与巴萨在足球领域的成绩暂且不说。在篮球领域，皇马和巴萨队也是其国内职业篮球联赛的两大霸主。皇马共 29 次问鼎 ACB 联赛冠军，巴萨也获得过 13 次联赛冠军。

　　如表 4-1 所示，在欧洲赛场上西班牙各个俱乐部的战绩同样很好。欧洲篮球联赛是欧洲最高水平的篮球比赛。在历届欧洲篮球联赛中，皇家马德里队斩获 8 次冠军、7 次亚军的骄人战绩；巴塞罗那队获得过 2 次冠军、5 次亚军；尤文图德队获得冠军和亚军的次数都是一次。上述数据充分说明西班牙的这种管理模式，即一家职业俱乐部管理两项体育项目，是有很大的借鉴价值的。

三、韩国职业篮球俱乐部管理体制（KBL）

（一）韩国职业篮球联赛的管理体制

如图4-4所示，成立于1997年的韩国篮球联盟，下设有韩国篮球协会、男子职业篮球联赛（KBL）和女子职业篮球联赛（WKBL）。每一个下设机构都有自己明确的分工，并且职责与权利的界定是非常清晰的。其中，韩国篮球协会主要负责国家队的组建以及青少年的训练和比赛管理；而男、女职业篮球联赛的运营和管理，分别是由KBL联赛和WKBL联赛负责。

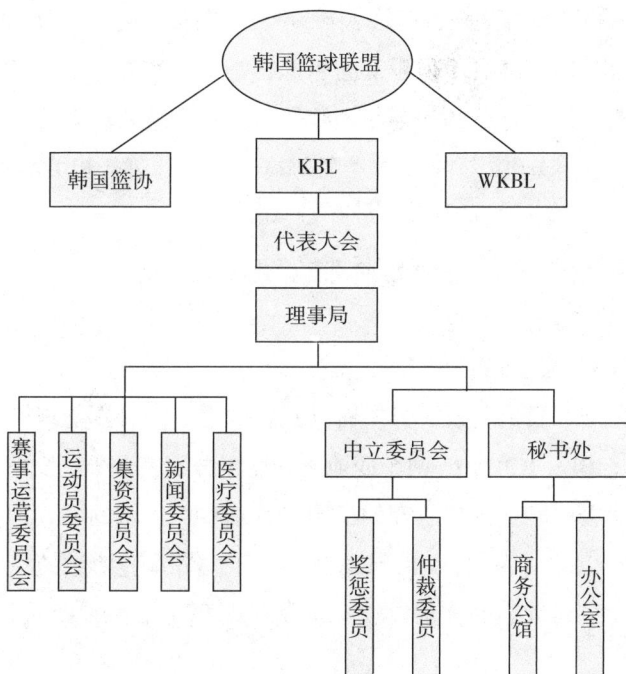

图4-4　韩国篮球职业联赛管理组织结构

在男子职业篮球联赛（KBL）中，最高权力机构是由委员长和各队拥有者组成的代表大会，其主要职责是统筹安排联赛运营相关事务，并拥有对理事局成员的任免权；委员长和球队团长组成理事局，隶属于代表大会管理，其主要负责联赛规则制定、赛事安排等事务，并下设具体的相关分支机构和相应委员会。

理事会下设 5 个分支机构，并实时指导与监控整个 KBL 联赛的管理与运营，与此同时，还设有秘书处以及中立委员会，其中，后者负责管理裁判、奖惩等问题，实行委员长直接负责制。

（二）韩国职业篮球俱乐部的管理体制

通常情况下，韩国的篮球俱乐部都是由某一个大型企业直接控制、冠名的，并且会实行独立管理的制度。在韩国产业化不断向前发展的同时，俱乐部的融资形式和球队冠名也呈现多样化发展趋势。但是，KBL 拥有对于联赛商业开发的权利，实行统一管理。各俱乐部向 KBL 上交一定的基础金，利息用作联赛运营。

由于 KBL 对联赛的管理权相对集中，并且设有相应的部门分别管理联赛的相关事务，因此，相对来讲，各个俱乐部的职责还是比较简单的，主要管理任务包括：管理球员的日常，以及球队的比赛与训练过程。赛季结束后，俱乐部根据相关的政策和合同规定进行分红，另外，也会根据赛季表现，进行相关的奖励和惩罚。

四、日本职业篮球俱乐部管理体制（JBL）

（一）日本职业篮球联赛的管理体制

对于职业篮球联赛的管理，日本有其独特的地方。日本篮球协会下设男、女职业篮球联盟（JBL，WJBL）。两个职业篮球联盟分别管理男、女职业篮球联赛。

日本篮球协会将职业篮球联赛的运用和管理权以出租的方式，租赁给下设的职业篮球联盟。以 JBL 为例，JBL 篮球联盟每年向日本篮协缴纳一定的"租金"，然后 JBL 就拥有了对联赛的控制权，再通过有效手段对联赛进行运营和管理，获取更多的收益。

由于联赛运营的风险是由 JBL 职业篮球联盟承担的，因此，为了获得利益最大化，其也会对联赛进行统一管理。JBL 职业篮球联盟下设四个机构，分别为：总会、监会、理事会和常务理事。常务理事又下设事业部、广告部、竞技部、运营部和总务部。而竞技部又设有竞赛部、裁判委员会、仲裁委员会和运动医学部，如图 4-5 所示。

　　日本职业篮球联赛的管理模式，所具有的实用价值是很强的，具体表现在以下几个方面。

　　第一，是一个一举多得的模式，日本篮协既避开了联赛运营风险，也有更多的资金和时间投入到青少年篮球运动的发展中，而JBL职业篮球联盟也拥有了自主运营权，为争取更多的收益提供条件。

　　第二，JBL篮球联盟下设机构的细化，一方面对各部门明确权责，提高工作效率很有利；另一方面对削弱联赛运营的风险也非常有利。

　　第三，JBL职业篮球联盟将部分赛事进行市场化管理，把举办权卖给一些大城市，收取高额的费用，并将风险进行了转移。

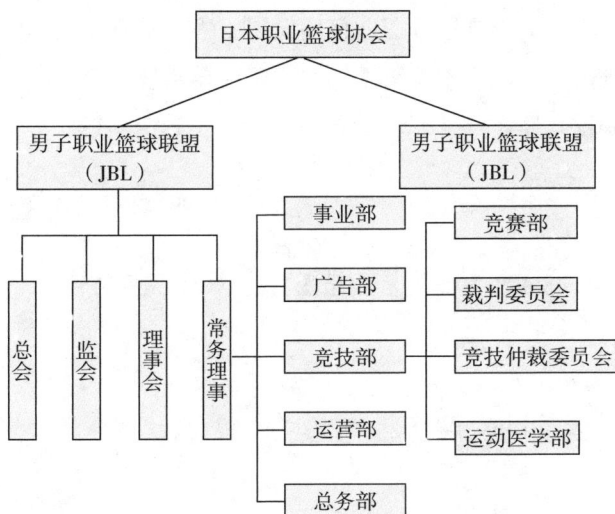

图4-5　日本篮球职业联赛管理组织结构

（二）日本职业篮球俱乐部的管理体制

　　在这样的联赛管理体制下，日本职业篮球俱乐部的管理权利与韩国的俱乐部有着很多相似之处。由于日本职业篮球联赛有着高度集中的管理权，因此，使俱乐部的管理负担显著减轻了，进而，也有效降低了俱乐部的管理成本，从而使其能够更加专注的完成球员的训练以及比赛。

　　日本职业篮球联赛的引援也是由JBL职业篮球联盟统一进行。对新人的选拔以及优秀外援的引入，都需要经过 JBL 同意，然后签订三方协议才有效。由此可以看出，JBL 对于日本职业篮球联赛的管理事无巨细，这样使得日本职业篮球俱乐部的职责更加简单。由于部分高水平的比赛是由 JBL 将举办权卖给一些城市，推动了市场化的进程，因此，很多比赛地是不确定的，这对于俱乐部的稳定性带来了一定的考验。

总之，篮球职业化，一方面充分体现出了篮球职业化是篮球运动的社会属性；另一方面篮球职业化也是世界篮球运动发展的一个必然趋势。职业篮球俱乐部作为职业篮球发展的重要载体，在篮球职业化进程中，承担着至关重要的作用。篮球运动无国界，但篮球的发展形式因各国实际情况不同，而呈现多样化的发展趋势。由于职业篮球的发展与各国的社会制度、经济条件和文化教育等因素之间存在密切的联系，因此，纵观世界职业篮球发展历程，没有完全相同的职业联赛模式和俱乐部管理模式，但是都是与本国实际国情相结合之后，所建立的职业篮球发展模式，所以就会具有专属于本国特色的俱乐部管理模式。

第三节　我国职业篮球发展综述

一、我国篮球运动的发展历程

（一）我国篮球运动的普及阶段

1895 年现代篮球运动传入我国天津，这也标志着篮球运动在我国发展的正式开端。1914 年，篮球被列为男子正式比赛项目；十年之后女子篮球才被列为正式竞赛项目；1936 年，我国加入了国际篮球联合会，篮球运动在我国得到了迅速发展。但是，在当时多种因素，如文化教育、经济条件、社会环境等的共同制约下，使得篮球运动在我国的发展极为的缓慢。

（二）我国篮球竞技运动的推广阶段

新中国成立后，篮球竞技运动在我国得到了迅速推广。1955 年开始举行了全国篮球联赛，并实现分级别的竞赛制度。紧接着，我国又推行了升降机联赛制度，以及裁判员、教练员等级制度，这些使得我国篮球运动的蓬勃发展获得了极为有力的保障。

在 20 世纪 80 年代和 90 年代初期，我国篮球竞技运动在国际比赛中取得了优异的成绩。国家男子篮球队自 1974 年开始，在亚洲篮坛就显示出来雄厚的实力，多次获得亚洲男子篮球锦标赛和亚运会男篮比赛的冠军，并且分别在 1994 年第 12 届世界男子篮球锦标赛和 1996 年第 26 届奥运会篮球比赛中，进入了前 8 名，这都是亚洲男篮取得的好成绩。而我国女子篮球队，除了在亚洲赛场上表现得十分优秀外，在国际赛场上同样成绩斐然。在奥运会女子篮球比赛中，曾获得过银牌和铜牌，在世界女子篮球锦标赛中也曾获得过亚军和季军的成绩。并且在第 17 届世界大学生运动会中，收获冠军。

所有的成绩都显示，在新中国成立后，我国竞技篮球运动得到了快速发展。但我们也应该清晰地认识到，举国体制虽然对篮球运动有一定的促进作用，但职业化才是篮球运动发展的必然趋势。

（三）我国篮球职业化的发展阶段

1994 年 4 月 17 日，由中国足协筹资 120 万美元举办的"万宝路杯全国足球甲 A 联赛"，在成都体育中心开幕，这也打开了中国体育职业化的大门。

1994 年 12 月 10—11 日，全国篮球训练工作会议中与会代表就篮球运动改革路线达成共识：搞好竞赛改革，把竞赛推向市场，大胆积极地向商业化过渡。

1995 年中国篮协大胆的与国际管理集团（IMG）合作，以竞赛体制的改革为突破口，由赛会制改为主客场赛季制，推出了第一个跨年度主客场联赛，即全国男篮甲级联赛，这不仅是我国职业篮球开始开展的标志，而且也是职业体育发展的一次全新的突破与尝试。

二、我国职业篮球联赛管理模式的特征

（一）垂直型管理模式

在我国，国家体育总局下设各运动项目管理中心，实行运动项目的分类管理。那么，篮球则是由下设的国家篮球运动管理中心（以下简称"篮管中心"）负责管理。如图 4-6 所示，我国篮管中心下设综合部等 7 个部门，其中，竞赛管理部承担着

对我国职业篮球联赛的管理。

虽然我国职业篮球联赛归属于中国篮球协会，但是中国篮球协会的办事机构却是篮管中心。也就是说，篮管中心的下设机构竞赛管理部是我国职业篮球联赛的管理主体，这将我国职业篮球联赛的管理模式是典型的垂直型管理模式充分地体现了出来。

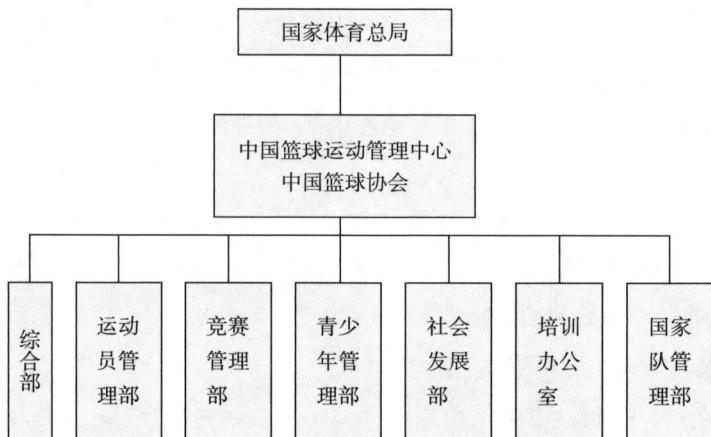

图4-6　我国职业篮球联赛的组织机构

（二）集权型管理模式

中国篮球协会（篮管中心）集我国职业篮球联赛的领导权、管理权和经营权于一身。根据《中国男子篮球职业联赛委员会章程》显示，"中国篮协依法拥有联赛的所有权"，而这充分体现了中国篮协对联赛有着绝对的领导权。

与此同时，《章程》第五条和第六条提到"联赛委员会遵守中国篮协的有关规定，并接受中国篮协的领导、指导和监督，"联赛委员会是联赛的管理机构"。这充分说明我国联赛的管理权实质归属于中国篮协。

《章程》第二十五条规定，"联赛商业资源的管理运作方案及联赛收益的分配方案"等7项内容，"必须报经中国篮球协会批准后，方可予以公布并生效"。这说明了中国篮协最终拥有联赛的经营权。

由上述内容可以看出，由中国篮球协会（篮管中心）管理的高度集权型管理模式，通过我国职业篮球联赛的管理充分体现了出来。

（三）行政干预型管理模式

由上述可知，中国篮球协会的办事机构是国家体育总局的直属机构，即国家篮球运动管理中心。也就是说，中国篮球协会不是以实体存在的，所有对篮球运动所进行的管理的管理实体是篮管中心。而篮管中心本质上是国家行政机构，是具有行政职能的竣府管理部门，由此看出，中国篮球协会对职业篮球联赛所进行的管理，其实是行政干预色彩浓重的一种管理，这其实并不符合体育职业化发展的要求。虽然在一定程度与时期内，行政干预使我国职业联赛的发展与规范得到了促进，但纵观全球体育产业的发展形式，体育产业市场化是职业体育发展的必然趋势，根据市场的发展需要优化结构。如果行政干预过多，就很难将市场的调节作用充分发挥出来，将对篮球职业化发展速度造成严重阻碍。

三、我国职业篮球俱乐部的发展概况

（一）我国职业篮球俱乐部的发展规模逐步壮大

1995 年中国男子篮球职业联赛（CBA）共有 12 支队伍参加，采用升降级制度，并在 2001 年曾吸收了台湾的新浪狮队，在 2002 年曾吸收了香港的香港飞龙队参加联赛，到 2007 年参加 CBA 联赛的队伍扩充到了 16 支，2008 年扩充到 18 支。根据发展需要，2009 年 CBA 联赛的参赛队伍减少为 17 支。2010 赛季取消升降级。到 2012–2013 赛季扩军为 18 支参赛队伍。

（二）我国职业篮球俱乐部的发展概况

CBA 联赛借鉴了 NBA 的发展经验，从 2004 年开始实行南北赛区比赛制度。出于国家队备战奥运会的考虑，CBA 联赛从 2006—2007 赛季开始，取消南北分区。2008—2009 赛季又恢复南北分区制。一个赛季后即 2009—2010 赛季，南北分区制再次取消。

从 CBA 总比赛成绩上分析，目前，实力最为强大的两个俱乐部分别为广东宏远俱乐部与八一双鹿电池俱乐部。他们分别获得过 8 次联赛的总冠军，特别是广东宏远俱乐部，最近几年的发展速度甚至可以用惊人来形容。其除了在国内联赛获得了可喜的成绩之外，还为国家队培养了一大批非常优秀的篮球运动员。

CBA职业联赛的影响力得到了快速提升，球员的进步也很明显，有许多运动员曾进入NBA，包括巴特尔、王治郅、姚明、孙悦，其中，姚明的NBA生涯更为出色。如果没有这些俱乐部的培养，这些球员也不会成长成如此优秀的运动员。总而言之，CBA联赛既培养了很多优秀的篮球运动员，也促使职业俱乐部变得愈加完善与成熟。

第四节 我国职业篮球俱乐部管理具体分析

一、我国职业篮球俱乐部管理的现状

（一）从产权角度分析我国职业篮球俱乐部的管理现状

1. 国内职业篮球俱乐部产权现状研究与分析

（1）产权关系现状分析

在我国职业篮球联赛发展初期，为了联赛发展需要，大部分职业篮球俱乐部都是以各省的体工队为班底，引入企业注资的形式组建，或者是由相关体育部门直接投资组建。据调查，除浙江广厦、东莞马可波罗、佛山农商银行等几家民营俱乐部，其余俱乐部基本上都是与当地体育局共同拥有球队，尤其是与各省球队与其省体育局之间存在千丝万缕的联系，使得俱乐部的产权关系十分模糊。当中有许多球队，除了要代表俱乐部参加职业联赛之外，还需要代表省体育局参加一些全国赛事，比如全运会等。2013年山西省体育局对于山西男篮搬迁的干预等事件，都充分说明在我国体育局等体育主管部门也会参与或干预到职业篮球俱乐部的管理过程，或者说部分体育局也拥有对球队的所有权。

在我国市场经济深入推进的同时，俱乐部的融资形式也在呈现多样化趋势，但仍有一些俱乐部会有事业单位，或者国有企业的参股。而国有企业或事业单位都属于国有资产，不是独立的经济实体。综合分析，体育局与球队的关系以及国有资产的参股，使得我国职业篮球俱乐部的产权关系变得错综复杂。

（2）产权组织形式现状分析

从表4-2中能够看出，参加CBA联赛的18家俱乐部的产权组织形式非常复杂。上海玛吉斯俱乐部的股东属于个人；浙江广厦俱乐部的股东是上市公司子公司；八一双鹿俱乐部的股东是民营企业和军队；北京金隅俱乐部的股东是上市公司和政府；辽宁药都本溪俱乐部的股东是民营企业和政府；浙江稠州银行俱乐部的股东是民营企业和学校；山西汾酒集团是民营企业和国有企业联合控股；山东黄金、江苏中天钢铁、吉林九台农商银行俱乐部的股东是国有企业；民营企业控股的俱乐部有广东东莞银行、新疆广汇能源、东莞马可波罗、佛山农商银行、福建泉州银行、天津融宝支付、青岛双星和四川爱家168共8家。

其中，事业单位，或者政府部门的国有资产参股的俱乐部共有9家。由此看出，参加CBA联赛的18家俱乐部有了非常复杂的产权组织形式。与此同时，国有资产参股现象也很严重，实际上，这与职业体育的发展要求是极不相符的。

表4-2　2012-13赛季CBA球队所有权状况

球队	拥有人	拥有者性质
广东东莞银行	广东宏远集团	民营企业
山东黄金	山东黄金集团赞助	国有企业
北京金隅	首钢集团	上市公司+政府
新疆广汇能源	盼盼防盗门集团赞助	民营企业+政府
浙江广厦	浙江广厦建设集团	上市公司子公司
东莞马可波罗	新世纪房地产开发有限公司赞助	民营企业
浙江稠州	浙江体育职业技术学院 浙江稠州商业银行	民营企业+学校
八一双鹿电池	八一体工大队、双路集团赞助	民营企业+国有企业
山西汾酒集团	中宇集团赞助	民营企业+国有企业
佛山农商银行	佛山市南海能兴（控股）集团	民营企业
江苏中天钢铁	中天钢铁集团赞助	国有企业
福建泉州银行	福建泉州银行	民营企业
上海玛吉斯	姚明	个人
吉林九台农商银行	吉林通钢赞助	国有企业

续表

球队	拥有人	拥有者性质
天津融宝支付	天津荣成钢铁集团	民营企业
青岛双星	青岛双星	民营企业
四川爱家168	四川金强集团	民营企业

注：资源整理自维基百科全书。

（3）产权分离程度现状分析

产权分离的主要表现形式为：支配权（亦称为占有权）和经营权（亦称为使用权）分离、所有权与支配权分离。其中，支配权指的是，对财产的实际控制权；经营权指的是，对财产的使用权利。

我国CBA联赛的18家俱乐部，产权组织形式复杂，导致产权关系不明晰。最终，使得俱乐部所有权的归属不明确，进而使所有权和支配权的分离程度很难进行简单的划分。而在支配权和经营权分离方面，我国职业篮球俱乐部都是利用财产实际控制权力，进行自我经营。也就是说，俱乐部不存在支配权和经营权的分离。

对以上现状进行综合分析后发现，我国CBA联赛的18家俱乐部的产权分离程度是非常低的。

2. 美国职业篮球俱乐部产权现状研究与分析

如表4-3所示，为NBA球队在2013中的产权特征。

表4-3　NBA球队的产权特征（2011）

球队	所有者	所有权与支配权分离	支配权与经营权分离	委托—代理情况	备注
国王队	家族	无	有	二层	两兄弟
太阳队	私人合伙	有	无	一层	
小牛队	私人合伙	无	有	二层	
奇才队	私人合伙	无	有	二层	
步行者	家族	无	有	二层	两兄弟
勇士队	个人	无	无	无	
爵士队	个人	无	有	二层	

活塞队	私人合伙	无	有	二层	11人合伙
黄蜂队	私人合伙	无	有	二层	两人合伙
尼克斯	公司所有	有	有	一层，二层	
魔术队	家族	无	无	无	
灰熊队	个人	无	有	二层	
网队	私人合伙	无	有	二层	两人合伙
公牛队	私人合伙	无	有	二层	29人合伙
凯尔特人	公司所有	有	有	一层，二层	上市公司
热火队	私人合伙	无	有	二层	两人合伙
猛龙队	公司所有	有	有	一层，二层	
快船队	个人	无	有	二层	
马刺队	私人合伙	无	有	二层	7人合伙
掘金队	个人	无	有	二层	
湖人队	私人合伙	无	有	二层	4人合伙
老鹰队	公司所有	有	有	一层，二层	
开拓者	个人	无	有	二层	
超音速	个人	无	有	二层	
76人队	私人合伙	无	有	二层	两人合伙
火箭队	公司所有	有	有	一层，二层	
森林狼	个人所有	无	有	二层	
骑士队	家族	无	有	二层	两兄弟
雄鹿队	公司所有	有	有	一层，二层	上市公司
山猫队	私人合伙	无	有	二层	

（1）产权关系分析

据表4-3显示，NBA联赛的30家俱乐部的所有者有个人、家族、私人合伙和公司所有四种形式。其中，有4家俱乐部属于家族；6家俱乐部属于公司所有；8家俱乐部归个人所有；12家俱乐部是私人合伙共有。

对表4-3进行综合分析后可知，美国篮球俱乐部的所有权形式是比较简单的，并且它的产权关系也是很明确和清晰的。

（2）产权组织形式分析

据表4-3显示，NBA联赛的职业篮球俱乐部的所有者形式简单，使其产权组织形式也是非常简单的。家族所有基本上都是两兄弟所有形式；私人合伙俱乐部有4家是两人合伙形式，有的是多人合伙形式，最多的是29人合伙共有芝加哥公牛队。公司所有形式的俱乐部的产权组织形式很单一。

分析可知，NBA联赛的职业篮球俱乐部的产权组织形式是非常单一的，与此同时，也并无国有资产参股的现象出现。

（3）产权分离程度分析

据表4-3显示，NBA联赛的30家俱乐部，有7支球队都采用了所有权与经营权分离的产权制度，有27支球队采用了支配权与经营权分离的产权制度。纽约尼克斯、波士顿凯尔特人、多伦多猛龙、亚特兰大老鹰、休斯顿火箭和密尔沃基雄鹿6家俱乐部既采取了所有权与支配权分离的产权制度，又采取了支配权与经营权分离的产权制度。

分析可知，NBA联赛的职业篮球俱乐部产权分离程度是非常合理的，而这也使俱乐部的合理运营，以及有效管理有了非常坚实的基础。

（二）从运营角度分析我国职业篮球俱乐部的管理现状

1.我国职业篮球俱乐部经营管理现状与分析

（1）经营体制分析

如图4-8所示，我国职业篮球俱乐部的运营范围是极为有效的，主要包括五个方面，具体为：主场经营、球员选择、教练员选择、球队冠名与使用联赛标志。其中，主场经营的门票收入和球队冠名费是俱乐部的直接经济收益。而联赛的组织管理权和利益分配权都直接属于中国篮协。能带来经济收益的广告出让、赞助商选择等权利属于国外经营公司。

```
                    ┌─────────────────┐
                    │ CBA联赛产权主体 │
                    └────────┬────────┘
          ┌──────────────────┼──────────────────┐
     ┌────┴────┐      ┌──────┴──────┐      ┌─────┴─────┐
     │  篮协   │      │ 国外经营公司 │      │ 篮球俱乐部 │
     └────┬────┘      └──────┬──────┘      └─────┬─────┘
```

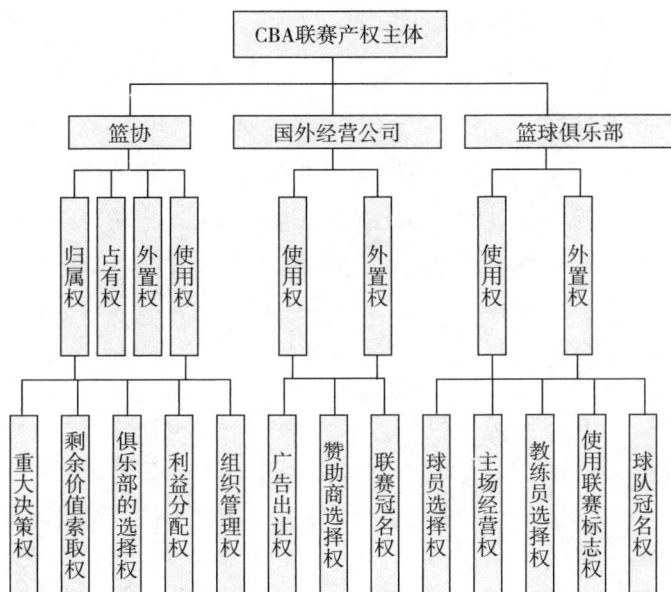

图4-8 CBA联赛产权结构

归属权 占有权 外置权 使用权 使用权 外置权 使用权 外置权

重大决策权 剩余价值索取权 俱乐部的选择权 利益分配权 组织管理权 广告出让权 赞助商选择权 联赛冠名权 球员选择权 主场经营权 教练员选择权 使用联赛标志权 球队冠名权

综合来看，市场推广不在我国职业篮球俱乐部的运营范围之内，俱乐部的社会价值难以得到快速提升。

（2）收益情况分析

目前，受到联赛体制的影响，我国职业篮球俱乐部的收益主要依靠篮球协会的年终分红。2010年CBA新闻发布会上，篮球运动管理中心党委书记刘晓农介绍：2009—2010赛季，CBA的赞助商总数达到19家，由于涉及商业机密，刘晓农并没有透露具体的赞助金额，整个赛季的电视转播达到3500小时，总共吸引了4亿观众。联赛收入增加了八成，支出也随之增加了近两成，亏损减少了近7成。从总体上讲，我国职业俱乐部的收益是呈逐年增加的趋势的。

据中国篮协副秘书长肖红安透露，2012年CBA每家俱乐部分得了1000万元，到了赛季结束后，联赛经费有盈余，最后，每家俱乐部又分得了226.76万元。每家俱乐部的分红共达1226.76万元。

在进行综合分析后发现，随着优秀外援的加入，我国职业篮球联赛的影响力也有了显著提升，而且观看的球迷朋友也变得越来越多，进而赞助商的投入变得更多，最终使得各个俱乐部的收益也增加了。

2.美国职业篮球俱乐部经营现状与分析

（1）经营体制分析

NBA联赛经营体制由俱乐部和联盟双重构成，相互之间的权利与义务规定非常明确。主要表现为：各俱乐部是独立法人管理的公司，联盟则是非盈利的商业组织；俱乐部以盈利为目的，拥有独立的运营权利，而联盟主要负责赛事的组织与推广等公共事务；在利益分配上，俱乐部除共同分担联盟管理和人员工资等费用外，可独享剩余收益。

上述对经营体制的分析充分说明一个问题，那就是美国职业篮球俱乐部的经营体制是独立的，并且是完全市场化运作的，自负盈亏。一方面，需要承担一定的风险；另一方面，也能够独享所获得利益，进而使其创造性与主动性都增加了。

（2）收益情况分析

如表4-4所示，为福布斯相关部门的统计数据，2013年30家NBA职业俱乐部的球队总价值达152.71亿美元，总营收为36.81亿美元，总利润为3.569亿美元。在球队价值、营收和利润方面，纽约尼克斯队分别以11亿美元、2.43亿美元、0.832亿美元高居榜首。在30家俱乐部中，除了布鲁克林网队等8家俱乐部出现了负利润外，其他22家俱乐部都是盈利状态。而这8家俱乐部的亏损情况与其球队当前价值相比，亏损份额占很小的比例。也就是说，30家俱乐部的运营都是成功的。

表4-4 2013年福布斯NBA球队价值排行榜

排名	球队	当前价值（亿美元）	营收（亿美元）	运营利润（万美元）
1	纽约尼克斯队	11	2.43	8320
2	洛杉矶湖人队	10	1.97	4780
3	芝加哥公牛队	8	1.62	3420
4	波士顿凯尔特人队	7.3	1.43	1870
5	达拉斯小牛队	6.85	1.37	1300

续表

排名	球队	当前价值（亿美元）	营收（亿美元）	运营利润（万美元）
6	迈阿密热火队	6.25	1.5	1490
7	休斯顿火箭队	5.68	1.35	2660
8	金州勇士队	5.55	1.27	2910
9	布鲁克林网队	5.3	0.84	−1660
10	圣安东尼奥马刺队	5.27	1.35	1470
11	萨克拉门托国王队	5.25	0.96	260
12	俄克拉荷马城雷霆队	4.75	1.27	2990
13	菲尼克斯太阳队	4.74	1.21	1300
14	奥兰多魔术队	4.7	1.26	1200
15	波特兰开拓者队	4.57	1.17	−1010
16	克里夫兰骑士队	4.34	1.28	1860
17	犹他爵士队	4.32	1.11	1210
18	洛杉矶快船队	4.3	1.08	910
19	丹佛掘金队	4.27	1.1	1200
20	费城76人队	4.18	1.07	−80
21	多伦多猛龙队	4.05	1.21	1880
22	底特律活塞队	4	1.25	770
23	华盛顿奇才队	3.97	1.02	170
24	印第安纳步行者队	3.83	0.98	1090
25	孟菲斯灰熊队	3.77	0.96	−1250
26	明尼苏达森林狼队	3.64	0.96	−450
27	新奥尔良黄蜂队	3.4	1	330
28	亚特兰大老鹰队	3.16	0.99	−1870
29	夏洛特山猫队	3.15	0.93	−1330
30	密尔沃基雄鹿队	3.12	0.87	−50

（三）从引援角度分析我国职业篮球俱乐部的管理现状

1. 我国职业篮球俱乐部引援机制现状与分析

（1）外援引进现状分析

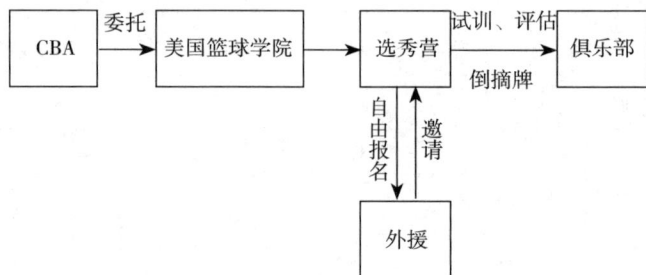

图4-9　CBA选秀引援机制

截止到现在，我国的体育中介服务还是相当的落后，并且体育经纪人也很匮乏，在这种情况下，我国职业篮球俱乐部选择了使用美国篮球学院的方式来完成外援的引进（图4-9）。美国篮球学院接受委托后，组织选秀营活动，吸引更多的优秀外援参与。各俱乐部再根据自身的需求，结合试训中的表现，寻找适合自己的外援。一旦确定目标之后，可以实行摘牌。

直接洽谈法是另外一种我国职业俱乐部与NBA引援的相似的方法。比如，NBA球员合同到期成为自由球员时，CBA俱乐部也可以加入对该球员竞争的行列。不过由于我国职业联赛的吸引力不够大，很难吸引正处于顶级状态的NBA球星加入。

（2）内援引进现状分析

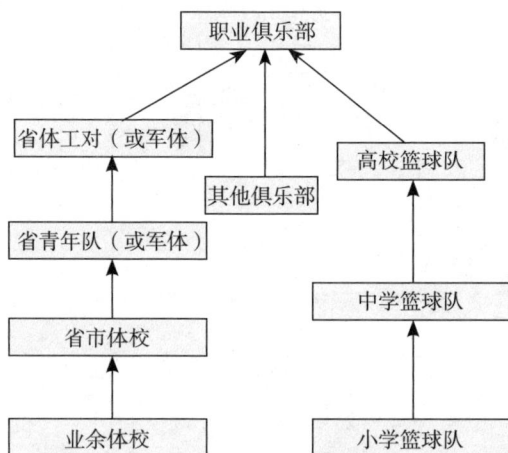

图4-10　CBA俱乐部内援来源情况

如图4-10所示,显示了我国职业篮球俱乐部内援的选拔机制。职业联赛初期,俱乐部的内援主要是来自省体工队或军体系统。在目前的联赛中,这种人才的选拔机制并未有太大的改观。球员基本上都是沿着业余体校—省体校—省青年队—省体工队—俱乐部的主线,进入职业俱乐部成为职业球员。

而伴随着大学生职业篮球联赛的快速发展,使得内援的引入渠道更宽广。近年来,我国高校联赛CUBA和大学生超级联赛CUBS的成功举行,也使得很多优秀大学生篮球运动员进入职业俱乐部,成为职业篮球运动员。

俱乐部之间球员的流动与交换,也是一种我国职业篮球俱乐部内援的引进方式,与此同时,其还是篮球职业化发展的一项必然要求。

2.美国职业篮球俱乐部引援机制现状与分析

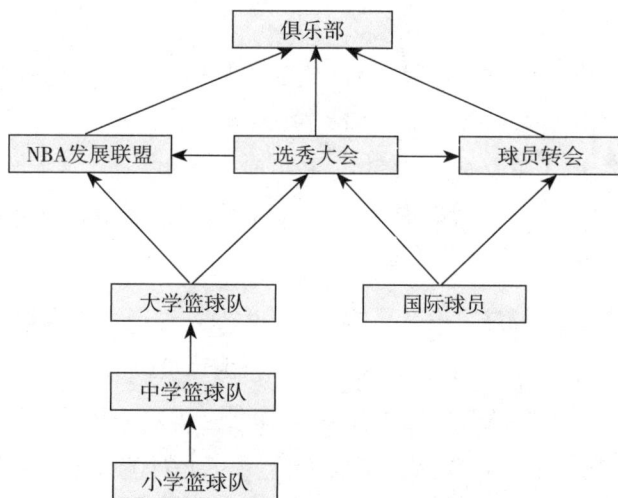

图4-11 NBA俱乐部球员来源分布

(1)外援引进现状分析

虽然目前NBA已经有了本土最为优秀的篮球运动员,但是,在全球化经济的大趋势下,NBA对国际市场也变得越来越重视。近些年来,越来越多的国际球员加入NBA,并取得了优异的成绩。例如休斯顿火箭的中国球员姚明、达拉斯小牛的德国球员诺维斯基、洛杉矶湖人的西班牙球员马克·加索尔,等等。

通常情况下，NBA 会以选秀大会的形式来完成外援的选拔，而中国球员姚明就是 2002 年 NBA 选秀大会的状元。并且 NBA 对国际球员参加选秀大会的条件要求是比较宽松的，只是在年龄上有所限制，其他条件基本与国内球员相同。

当然，转会市场也是国际球员进入 NBA 的另外一种方式，但是，由于竞争极其激烈，导致国际球员通过转会市场进入 NBA 的几率并不高，所以到目前为止，很少有国际球员是通过直接转会进入 NBA 的。

（2）内援引进现状分析

NBA 球员的来源渠道，主要包括三种形式，分别为球员转会、NBA 发展联盟以及选秀大会（图 4-11）。这三种形式各有优势，选秀大会是为了招募优秀的新生代球员，有利于俱乐部的长期规划；NBA 发展联盟则是俱乐部的后备人才库；转会市场则是俱乐部吸纳成熟优秀运动员的方式，对俱乐部综合实力的提升有着直接影响。

如上所述可以看出，NBA 内源的主要来源就是大学生篮球队，每年美国大学生联赛都为 NBA 输送大量的人才。大学生篮球运动员主要是通过选秀大会和进入发展联盟的形式，进入职业俱乐部发展。高中球员通过选秀进入 NBA 的也有很多，但是近年来对参加选秀球员的年龄有了严格的规定，使得高中球员直接进入 NBA 的可能性降低了很多。

虽然 NBA 转会市场是自由交易的市场，但必须遵循市场规则。其 NBA 转会交易规则有：伯德条约、受限制自由球员、自由球员最大合同、拉里伯德条款、中层工资特例、百万美元条款、先签后换、阿里纳斯规则、球员交易薪金匹配原则、莫宁规则、新秀交易保护条例、交易球员特例、36 周岁规则、选项条款、提前续约、转会截止日确定原则、转会截止日、七月冻结期等。实际上，NBA 球员也是有许多交易方式的，比如先签后换、以人换人、以选秀权交换球员、球员买断等。

分析可知，无论是 NBA 内援的选拔，还是培养机制，都已经相当完善了，这为职业联赛的发展奠定了坚实的基础。

二、我国职业篮球俱乐部管理存在的问题

（一）我国职业篮球俱乐部产权管理问题分析

1. 产权关系不明晰带来了管理难度

对 NBA 与 CBA 进行比较、分析后发现，NBA 球员都是职业篮球运动员，完全属于俱乐部，并以合同的内容为依据履行职责，在退役之后，还可以寻求其他职业发展，对于俱乐部之外的赛事，有选择参加或者不参加的权利；而在我国，有相当一部分球员都属于事业编制，代表省队或国家队参赛是其义务范围之内的事。NBA 职业俱乐部不受政府体育部门管辖，甚至是毫无联系，球队可以根据市场变化需要，经得职业联盟同意就可搬至其他城市；而在我国，有很多相关体育部门拥有对俱乐部的管理权限，甚至有的俱乐部直属当地体育部门，只是引入企业冠名。

综合比较分析，我国职业篮球运动员的双重身份，以及俱乐部的产权关系不明晰，给俱乐部管理带来的难度可想而知。

（2）产权组织形式多样性带来了管理难度

比较分析 CBA 联赛与 NBA 联赛，发现 NBA 职业俱乐部只有 4 种产权组织形式，对于俱乐部的管理工作就相对简单。球队的拥有者之间会明确相互之间的权利和义务，以及利润分配办法等，可以根据市场的变化情况，适时调整营销策略，以获得更多的利润回报，并且球员的完全职业化，使得俱乐部对球员管理更为方便，不会出现球员归属权的纠纷；而在我国，国有企业的参股，使得俱乐部参与市场活动的主动性降低了，而且经济活动的特点也使俱乐部的市场运营有了一定的风险，倘若经营失败，就会出现国有资产流失的情况。

综合比较分析，国有企业、军队和事业单位参股我国职业篮球俱乐部，会使得俱乐部根据市场变化适时调整能力的降低，增加了管理程序，繁琐了管理过程，给俱乐部的管理带来了难度。

（3）产权分离程度低带来了管理难度

比较分析 CBA 联赛与 NBA 联赛，发现大部分 NBA 职业俱乐部支配权与经营权分离程度很高，大部分采用两层委托一代理的运营模式。这样使得运营风险得到转移并降低，也使得各种责任更明确，管理工作更为精细有效；在我国，俱乐

部的产权分离程度不高，造成的结果就是俱乐部对于球员训练、比赛，以及市场运营等工作一把抓。这样的话，一方面导致运营风险无法降低；另一方面也会导致顾此失彼的情况出现，进而使管理成本进一步增大。

综合分析，我国职业俱乐部的产权分离程度低，会造成管理工作疲于应对，缺乏主动性，出现管理混乱的情况。

（二）我国职业篮球俱乐部运营管理问题分析

1.经营体制带来了管理难度

对 NBA 与 CBA 进行比较、分析后发现，NBA 俱乐部的经营体制更为灵活、多变，其能够以市场的变化为依据，对营销策略进行完全自主的调整，以此来获得最大的利益。另外，NBA 俱乐部还拥有完备的经营体系和管理体系，权责分明、有效协作。相较之下，CBA 俱乐部虽然也建立了经营范围，但经营权利受到限制。经营范围的缩小，看似会降低管理成本和难度，实际上，由于体育产业的关联性非常强，因此，在市场推广方面就增加了沟通成本，给管理带来了难度。在我国，具有直接经济效益的俱乐部经营范围只有门票收入和冠名权。这样给俱乐部的经营管理带来的难度是极其明显的。

（2）收益情况带来了管理难度

对 NBA 联赛与 CBA 联赛进行比较、分析后发现，NBA 球星的薪资水平一般都是比较高的，而且不同的球星，也会有不同的薪资水平。NBA 球星会给俱乐部带来巨大的经济效益和社会效益的同时，俱乐部经济效益升高也会为球星带来高额的工资，高额工资也会激发球星的更多价值，这是一个相互促进的良性循环过程。按劳所得刺激了球员和管理人员的积极性，管理成本降低。

再看 CBA，在 2010 年各家俱乐部分红达 1226.76 万元，再加上门票收入和冠名费，看起来是相当可观。但是，在扣除各种费用之后，如场馆管理费用、教练员、运动员的薪酬和奖励，以及俱乐部运营管理的费用等，最终的利润并没有多少。据相关资料显示，在参加 2012—2013 赛季 CBA 联赛的 18 家俱乐部中，在 1995 年到 2008 年期间，球队冠名共发生了 101 次更改（表 4-5）。这也充分说明，我国 CBA 俱乐部的收益不高，或处在亏损状态。

俱乐部收益状况不佳，冠名权不断更改，球员工资低甚至出现过拖欠现象等等，所有的因素，都会降低俱乐部和球员的积极性，给管理带来了很大难度。

表4-5 CBA俱乐部冠名变迁情况

球队	加入时间	冠名变迁情况
广东东莞银行	1995年	广东华南虎宏远—广东华南虎宏远宝玛仕—广东东莞银行宏远
山东黄金	1995年	山东火牛宝元—山东火牛永安—山东火牛润洁—山东金斯顿狮—山东黄金（队标由火牛改为狮）
北京金隅	1995年	北京首钢—北京首钢京师（合并北京精狮）—北京首钢—北京万丰奥特—北京金隅
辽宁药都本溪	1995年	辽宁猎人沈飞—辽宁盼盼（队标由猎人改为熊猫）—辽宁盼盼巨龙（队标由熊猫改为巨龙）—辽宁衡业（队标由巨龙改为捷豹）—辽宁药都本溪
浙江稠州银行	1995年	浙江松鼠中欣—浙江旋风万马（队标由松鼠改为旋风马）—浙江万马电缆—浙江稠州银行（队标由旋风马改为金牛）
八一双鹿电池	1995年	八一火箭—八一火箭双鹿—八一富邦—八一双鹿电池—八一富邦—八一双鹿电池（重新改为原来的名字）
江苏中天钢铁	1995年	江苏诚仪—江苏大业—江苏南钢龙—江苏同曦—江苏大华—江苏南钢德玛斯特—江苏国信地产—江苏中天钢铁
上海玛吉斯	1996年	上海东方大鳖鱼—上海西洋—上海汇中—上海西洋—上海玛吉斯
吉林九台农商银行	1998年	吉林虎—吉林野力东北虎—吉林大舜东北虎—吉林恒河东北虎—吉林吉粮东北虎—吉林一汽东北虎—吉林通钢东北虎—吉林森工—长春大成生化—吉林龙润茶—吉林九台农商银行
佛山农商银行	2001年	陕西镇丰—陕西东盛—陕西麒麟盖天力—陕西亚旅联盟—陕西锂源动力—佛山能兴怡翠（2009-2010赛季俱乐部迁至佛山）—佛山友诚金融—佛山农商银行
新疆广汇汽车	2002年	新疆泰弘—新疆屯河—新疆广汇汽车—新疆广汇（冲A成功）—新疆广汇汽车—新疆沃尔沃—新疆广汇能源—新疆广汇汽车
福建泉州银行	2004年	福建飓风—福建得兴（升A成功）—福建SBS浔兴—福建泉州银行
东莞马可波罗	2005年	东莞新世纪（成立不久即升A）—东莞马可波罗
浙江广厦控股	2006年	沈部雄狮—沈部雄狮鞍山—大庆沈部（降级）—营口沈部东华—浙江广厦（沈部男篮撤编，整体转让给浙江广厦集团，重返CBA）—浙江明凯照明—浙江广厦—浙江广厦控股
山西汾酒集团	2006年	河南雄狮—河南金象—河南神力—河南宏力—河南济钢—河南仁和（冲A成功）—山西中宇（07-08赛季易省）—山西汾酒焦团
天津融宝支付	2008年	天津海湾开拓者—天津和平海湾—天津荣程雄鹰—天津荣钢—天津融宝支付
青岛双星	2008年	济军天马—双星济军—济军济钢（降级）—济军华欧—青岛雄鹰双星—青岛双星
四川爱家168	2013年	2013-14赛季CBA新军

注：资料整理自百度百科。

（三）我国职业篮球俱乐部引援管理问题分析

1. 外援引进机制带来了管理难度

比较分析 CBA 联赛与 NBA 联赛，发现 NBA 对于外援的选拔方面有着很大的自由空间，并且与内援引进的条件与待遇，基本是相同的。这除了能够将国际球员的积极性充分调动起来之外，还使得 NBA 的发展越来越趋向于国际化。

就我国目前情况来看，球队与俱乐部中外援所起的作用是非常重要的，但是，中国篮协对外援的选拔要求也是非常严格的。首先，是限制外援的最高薪酬，其次，允许各俱乐部注册两名外籍运动员，以及 12 轮联赛后或季后赛前可更换一名外援。这样就给对外援的管理带来了很多的问题。

第一，限薪制度，除了使得优秀球员不愿加入球员之外，还会对外援参赛的积极性产生不良影响。

第二，对于引援的时间段限制，也会造成在转会期到来之前，当出现外援受伤或逃走等情况时，俱乐部就会出现无外援可用，或者迁就另一名外援，球队的技战术体系受到很大影响，比赛结果难以保证。

综合分析，限薪制和对外援的过度依赖，都会导致我国职业篮球俱乐部对外援上缺乏控制力，带来了很大的管理难度。在我国篮球联赛中，外援与教练、球员以及管理人员的冲突事件也时有发生。

2. 内援引进机制带来了管理难度

对 NBA 与 CBA 进行分析、比较后发现，选秀大会与转会市场是 NBA 俱乐部引入内援的主要方式，其中，选秀大会选中的球员，身份也会从大学生转变为职业球员，而转会市场上的球员身份自然也是职业球员。因此，NBA 俱乐部的球员都是完全职业化，只需要按照合同内容履行各自的职责，管理难度就会降低。

在 CBA 联赛中，球员的重要来源为体工队选拔，这样就会导致球员具有两重身份，一个为事业编制，另一个为职业球员，而这也会导致球员一方面，需要参加其他国家组织的比赛；另一方面，也需要参加职业联赛。在我国，当两项赛事出现冲突时，冠以"国家利益至上"的帽子，都是以牺牲联赛作为代价。职业化是市场发展的必然产物，不是政府发展的必然产物。过多的行政干预，俱乐部很难保持可持续发展的态势，因此，俱乐部冠名权或投资主体的不断变迁就不足为奇了。

球员的转会是职业化发展的重要特征，也会促进各俱乐部的优化调整，更能促进资源的合理配置。但在 CBA 联赛中，球员的转会方面还存在一个问题，那就是由于球员是事业编制，导致其很难转投其他球队，即使他完全不适合本球队的发展需要，或者在其转会时也会携带着众多附加条款加入新俱乐部，这样给新俱乐部带来的管理难度是不言而喻的。

三、我国职业篮球俱乐部的发展对策分析

（一）明晰俱乐部产权关系

1. 明晰俱乐部产权关系

在对相关定义进行分析后发现，职业篮球俱乐部，实际上，就是以获得最大经济利益为目的的组织或者企业，而职业篮球俱乐部能够发展的前提，就是明晰的产权关系。只有界定清楚职业篮球俱乐部产权关系，使俱乐部处于独立运营状态，自负盈亏，才能够最大限度地调动俱乐部的主动性、积极性和创造性，为俱乐部创造更大的经济收益和社会价值提供前提条件。

明晰的产权关系是职业篮球俱乐部发展的基础。而现阶段，由于受到体育体制等因素的影响，我国职业篮球俱乐部的产权还处于相对模糊的状态，特别是地方体育行政部门的参股和国有资产的注入，使得篮球俱乐部的职业化受到限制。职业俱乐部的所有权不明确，使其在体育市场化的进程中，很难发挥其应有的作用。如果俱乐部缺乏支配权与运营权，所导致的结果就是很难以体育市场发展的规律为依据，来对其结构进行调整，这样就会使俱乐部的管理难度增加，与此同时，还会对社会价值与经济效益的创造造成不良影响。除此之外，当俱乐部无法经营时，会致使大量国有资产的流失，造成众多体育资源的浪费。

山西男篮的转让事件从侧面能够反映出，产权关系不明确给俱乐部的运营管理带来了很大的难度。2011—2012 赛季，山西男篮获得了常规赛第 3 名的佳绩，并在季后赛有着优异的表现，杀入了第二轮。但在 2013 年经历了转让风波之后，在 2012—2013 赛季只取得了常规赛第 10 名的成绩。

总而言之，现阶段为了使职业篮球俱乐部的发展得到促进，必须要深化体育体制的改革，从而使中国篮球协会做到去行政化、实体化，进而真正实现管办分离，

为职业俱乐部的发展奠定基础。明确界定职业俱乐部的产权关系，减少国有资产的注入，健全职业体育市场，发挥政府宏观调控和市场的调节作用，为俱乐部的发展营造有序的市场环境。

2. 明晰职业球员产权关系

由于篮球运动员是职业篮球俱乐部的重要组成部分，因此，球员的职业化也是俱乐部得以发展的重要保障。但是，在我国目前体育体制的影响之下，使得我国篮球运动员的身份变得特殊，并且让球员的产权关系变得模糊，进而对球员的职业化发展造成了不良影响，最终影响到俱乐部对于球员的管理。由于球员产权关系不明确，不仅限制了球员的转会，而且也带来了篮球职业化与为国争光之间的冲突。

在很长一段时期内，"奥运争光计划"是我国竞技体育的发展战略，在此战略影响下，举国体制就成为我国现阶段体育体制的特点。当然，举国体制能够举全国之力，对体育资源进行全国范围的调配，在一定时期内，对我国竞技体育的发展起到了非常大的促进作用，最为明显的就是我国体育健儿在历届奥运会上的成绩，越来越出色。但是，我们也应该清晰地看到，举国体制的目标是在奥运会等国际赛事中，争取更多的金牌，而职业体育则是职业俱乐部以获取最大的经济利益和社会价值为目标，这势必加大职业体育与为国争光之间的矛盾。

在举国体制下，篮球运动员的培养主要是为我国竞技篮球服务，所以，在我国篮球运动员大部分都是体育局或体委及下属体育运动学校等事业单位的员工，而这直接导致球员拥有双重身份，即职业球员与事业单位人员。但是，由于两种身份会有不同的目的与管理模式，而这些就会导致对球员管理的冲突。

综上所述，在世界篮球职业化的大环境下，我国应该加大球员职业化力度，使球员真正职业化，快速融入职业化市场，促进俱乐部结构的优化调整，使俱乐部的发展更适应市场变化的形势，建立起与我国实际国情相符的职业化制度，并且还要协调篮球职业化与为国争光的矛盾，促进两者的协调发展。

（二）完善俱乐部运营机制

1. 下放经营权限

目前，我国篮球职业联赛的所有权和经营权相统一，虽然使俱乐部的管理风险降低了，但是也对俱乐部的运营范围造成了限制，进而对俱乐部的积极性造成了不良影响。经营权利受到限制，会使俱乐部在经营过程中畏首畏尾，摇摆不定，很难发挥其主观能动性。没有经营权，俱乐部自然也不会主动的参与到体育市场的经营活动。没有经营活动，俱乐部就不会活动经济利益，也不会创造社会价值，因为这些是违背职业俱乐部的直接目的的。以此推断，经营权受到限制，俱乐部市场活动就会受到影响，经济收益也会有限，那俱乐部的积极性也会受到影响。

经营权是职业篮球俱乐部获得经济收益和创造社会价值最直接的运营手段。拥有自主的运营权，俱乐部可以根据市场的变化，及时调整运营策略，吸纳更多的社会资源，并进行结构优化，进而获取更多的收益，除此之外，这也对俱乐部形成独特、鲜明的特点是有利的，在体育职业化市场中占据有利位置。

综上所述，为促进俱乐部的发展，创造丰厚的经济利益和社会价值，应该松绑俱乐部经营权利，放宽俱乐部经营范围，充分发挥市场作用使俱乐部自主经营、自负盈亏，增强俱乐部经营的主动性和创造性。

2. 完善收益分配

在体育市场化的进程中，通过自身的运营与管理，获得最大的经济利益，是我国职业俱乐部的最大目的。但是，在我国现有体制之下，中国篮协具有联赛的所有权，经济收益由中国篮协统一管理、统一分配。而下放给俱乐部的经营权受到限制，经济收益也因此受到影响。所以，对于俱乐部的经营管理带来难度，也使得很多俱乐部处于亏损状态。自职业化以来，我国篮球俱乐部冠名权和投资主体不断变更，也充分说明了我国大部分职业篮球俱乐部的经济收益不理想，影响到投资者的信心。

纵观 NBA 职业篮球俱乐部的收益分配方法，可以发现俱乐部处于独立运营，并独享收益的按劳分配的状态，这极大地调动了俱乐部的积极性。而反观我国 CBA 职业联赛的分配办法，近乎于"大锅饭"的状态，也就是说，无论干的好坏，其实并没有对收益造成多大影响，而这却会对俱乐部运营的创造性与积极性造成极大的负面影响。

综上所述，完善收益分配制度，以市场为杠杆，最大限度地调动俱乐部经营的积极性，使俱乐部处于自负盈亏、按劳分配的状态。

3. 健全俱乐部引援制度

（1）完善内援引进机制

优化资源配置是产权的功能之一。球员的流动，无论是对俱乐部的发展，还是对球队优化结果来讲，都是有好处的，而本土球员是我国职业篮球俱乐部的组成主体。但是，现阶段由于体育体制和后备人才培养体制的影响，我国本土球员的产权关系不够明晰，也使得球员的转会变得复杂。在职业篮球发展中，球员的转会应该具备一定的自由度。

现阶段，在我国职业篮球运动员的转会却受到了众多因素的干扰和影响。并且伴随着优秀外援的不断加入，俱乐部对于外援的依赖性逐渐增强，本土球员的发挥空间急剧缩小，在比赛过程中表现得并不出色，这对本土球员的成长是很不利的。

篮球运动员的事业单位身份，极大地限制了其转会等事宜的进行，而这是违背职业篮球的发展的，而且对球员积极性的培养也是很不利的。纵观世界职业篮坛，职业篮球俱乐部为获得更多的利益和社会价值，在相关规则的范围内，可以根据发展需要对球员进行调整。

综上所述，加大后备人才培养力度，推进人才引进制度改革，让俱乐部对球员能够做到按需引进，营造良好的竞争氛围，提升俱乐部实力，促进职业联赛质量的提高和俱乐部社会价值的创造。

（2）创新外援引进机制

在职业篮球领域，优秀外援的加入，除了为我国职业篮球带来了娴熟的篮球技术之外，还为其带来先进的篮球理念。但是，由于教育理念和篮球成长环境不同，外援的加入也会带来一定的冲击。例如，在对于篮球运动的认识、对于教练技战术安排的理解，以及比赛中个人与团队的配合等方面都会有不同的看法。

目前我国职业篮球俱乐部的引援力度进一步加大，一些 NBA 大牌球星也登陆 CBA 联赛。虽然像马布里等球星取得了成功，但是也有一些球员对于中国职业联赛"水土不服"，没有发挥出理想中的作用。

现阶段，我国职业篮球俱乐部对外援的依赖越来越严重，这使得越来越多的俱乐部开始大量的引入外援，但是，在外援高薪的限制条件下，导致俱乐部只能退而求其次。引进的外援，很多都出现了"水土不服"的现象。

综上所述，在外援引进方面，应该完善外援高薪限制措施，根据俱乐部实际需要，遵循"不要最贵的，只要最合适的"原则，摒弃追求大牌球星的理念，以务实为前提，找寻合适的外援，使其能够快速融入球队技战术体系以及俱乐部管理，发挥其独特的优势。

第五章　高校高水平篮球队管理

第一节　高校高水平篮球队的系统分析

一、高校高水平运动队的历史沿革

改革开放后，我国竞技体育进入了一个高速发展的阶段。经过多年的发展，我国竞技体育已经实现了"冲出亚洲，走向世界"的目标，而且已经确立了体育强国的地位，这其中当然也包括高校竞技体育所做的贡献。

为了发展我国高校的竞技体育，1985 年原国家教委提出在高校试办高水平运动代表队的要求。1987 年 4 月，国家教委、国家体委发布了《关于普通高校试行招收高水平运动员工作的通知》，确定在 51 所高校招收高水平学生运动员的试点，并对招生对象、招生方法、教学管理等做了初步规定。1988 年，我国又在中小学进行了高水平运动队后备人才培养的试点工作。

1995 年国家教委又重新审定了 53 所院校作为开展田径、排球、篮球等重点项目的试点院校。从此，创办高校高水平运动队进一步为我国许多高校所重视，并使高校体育竞技水平迅速提高。截止到现在，我国大概有 100 余所普通高校创办了高水平运动队。

经过多年发展，学术界对我国普通高校办高水平运动队所取得的成绩与不足，给予了较多关注，并对今后的发展方向也做了大量研究；理论界对于高校高水平运动队所取得的成绩，也给予了充分肯定。于振峰等人认为，"高校试办高水平运动队效果是显著的，不仅取得了可喜的成绩，而且给学校注入了新的活力。"与此同时，对于我国高校体育工作而言，高水平的运动队也起到了非常大的推动作用。

二、高校高水平篮球队所面临的问题

高校办高水平运动队存在的问题以及今后发展的方向，是现在研究者比较关注的两个方面。很多研究者认为，目前高校高水平运动队建设还有很多问题存在，比如，教练员队伍专职化程度低、行政管理体制僵化、经费匮乏、招生急功近利等，这些问题的存在导致高水平运动队总是在一个低水平的循环中重复，且高校体育的管理者较多地重视眼前利益，也影响了高校体育长远目标的实现。石宏等人指出，"10 年实践的结果，显然与国家教委决定办高水平运动队时所确定的自己组队参加世界大学生运动会的初衷相距甚远。"并且"如不降低普通高校办高水平运动队的总体目标，则必须重新研究、制定并切实落实保证普通高校办高水平运动队达到预期目标的各项措施及其管理办法"。

我国普通高校高水平运动队的建设，虽然困难重重，但大部分学者都认为其前景是光明的。周爱光认为，"随着我国竞技运动职业化的推进，社会体育客观上需要高水平的竞技运动人才，高校体育将更多地担负起培养运动人才的重任。多种形式、多层次的高校竞技运动俱乐部或代表队将得到完善，竞技与教育相结合将成为培养高水平竞技运动人才的重要途径之一"。另外，其在培养高水平竞技运动人才方面，高校体育也将发挥更大的作用。

高校篮球队管理中的行政管理体制僵化，导致沟通渠道不畅通、篮球队及相关人员的凝聚力和士气低下等问题（表 5-1）。我国高校高水平篮球队的内部管理体制实际上是一种介于独立型和非独立型之间的管理类型，其日常管理工作涉及学校的许多部门，协调任务相当繁重，因此，许多高校高水平篮球队要求扩大自主权，保持相对独立性。尤其是作为业务主管部门的体育部，或者体育教研室，一方面需要负责体育教学活动，另一方面还需要组织竞赛与运动，而且这两个方面是很难协调好的。

表5-1 高校管理中若干因素与管理关系的调查（N=29）

	非常重要（%）	很重要（%）	一般（%）	不太重要（%）	非常不重要（%）
信息沟通情况	48.3	44.8	6.9	0	0
士气激励	59.7	41.4	3.4	0	0
凝聚力状况	55.2	37.9	3.4	3.4	0
合作与竞争	48.3	41.4	6.9	3.4	0

三、高校高水平篮球队发展的优势

目前，我国的体育管理体制正面临着一个重大的转变。1996 年 11 月 20 口，国际奥委会主席萨马兰奇说，"21 世纪世界各大洲竞技发展仍不会平衡，走学院化之路将是总趋势。"我国的体育管理也必将向多元化体制发展，高校竞技体育应成为国家体育体制中重要的一部分。国家体委政法司司长指出，"专业队体制的路子越走越窄，进出都很困难。""我国高水平运动队的体制可以向职业化和业余化方向发展——大部分项目走业余化，向学校化过渡"。

以国际竞技运动的发展趋势为依据，对我国未来的运动管理体制进行预测后可知，我国管理体制必将走"竞技与经济挂钩、竞技和教育相结合的道路"，而这同样是历史的选择。高等院校作为社会的重要组成部分，有其独特的号召力和影响力，大学生运动员一般年龄在 18—25 岁，处于从事竞技运动出成绩的黄金年龄。作为国家体育体制改革的重要内容，高等院校理应承担更多为国家培养优秀运动人才的重任。

高校篮球竞赛体制改革为篮球运动发展创造了有利条件，随着 1998 年以来的全国大学生篮球联赛（CUBA）的开展，特别是 2004—2005 交通银行大学生男子篮球超级联赛（CUBSL）的推出，更为我国高校篮球运动的发展注入了新的生机和活力。发展我国高校竞技体育有良好的群众基础，1999 年，我国高校开始扩大招生，这为更多的优秀体育人才进入高校打开了方便之门，社会各界对高校竞技体育的投资力度加大，在市场经济观念逐渐深化的同时，也让更多的企业家开始注意到了高校竞技体育中所蕴涵的巨大商机。高校本身为扩大知名度也同样有进行改革的强烈动机，硬件设施较以往有了很大改善。

高校建设高水平篮球队，还有一个重要优势，那就是现在多数是综合性的大学来创办高水平篮球队，这些大学在多个方面都具备优势，如科研、人才、技术、信息等。倘若将这些优势转化为竞技体育的优势，那么一定会产生非常大的效益。

第二节　高校高水平篮球团队的沟通管理

沟通是凭借一定的符号载体，在个人和群体之间传达思想，交流情感与互通信息的过程。信息沟通是人了解他人思想、见解、价值观的渠道。信息沟通的一个明显特征是该过程至少涉及两个人，那就是沟通者和接收者；另一个特点是信息的存在，并有信息的转移过程。接受者是不是接受，并且理解了信息，才是沟通的关键，沟通者是不是发出了信息并不是关键所在。

一、高校高水平篮球队沟通概说

沟通最基本的要素，包括以下三项。

（一）信息发出者

信息发出者，既是有目的的传播信息者，也是信息沟通的条件。在高校高水平篮球队当中，其包括篮球队的领导层，以及教练员与运动员。

（二）信息通道

信息通道分为信息与通道两个方面，其中，信息是沟通的内容，即表达沟通主体的思想、观点、需要及消息等；通道即传递信息的途径。信息通道存在于其中的任何两个群体之间。

（三）信息接受者

信息接受者接到信息后，经译码才能了解和认识信息，沟通目的才能达到。

无论是管理者，还是被管理者，都有可能是信息的接受者，抑或是信息的发出者。另外，信息传达的工具，除了有文字、符号、语言之外，还包括姿势与行为。

二、高校高水平篮球队沟通功能

在高校，高水平篮球队的沟通，主要有以下四种功能。

（一）控制

控制具体指的是，沟通的目的在于统一和协调篮球队成员的各种活动。

（二）激励

激励指的是管理者运用沟通来影响队员的思想、情感、态度和行为，鼓励并激发大学生运动员为实现篮球队和个人目标而积极的、创造性的训练和比赛。

（三）情绪表达

情绪表达，是指沟通的目的在于球队成员进行感性而不是任务性的相互交流。

（四）信息

信息指的是沟通要实现某种信息交流。它为队员和团体提供决策需要的信息，使决策者能够确定并评价各种备选方案。

除此之外，高水平篮球队的沟通，还应当让球员拥有其不断提升和人交流信息的能力，全面提高其素质以提高篮球队的竞技水平。

三、高水平篮球队的沟通过程

我们可以把沟通看成一个过程或流程，最简单的信息沟通是将信息从一个人传向另一个人。信息首先被编码（转化为信号形式），然后通过媒介物（通道）传送至接受者，由接受者将收到的信号转译回来（解码），这就是一个完整的沟通过程。

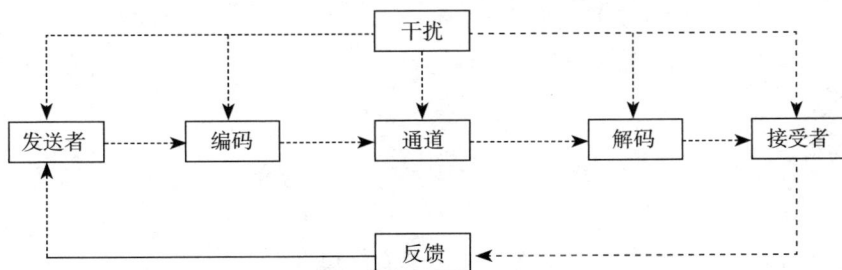

图5-1 信息沟通模型

265

目前，高校高水平篮球队沟通效率一般都比较低下，众多研究者针对高校运动队信息沟通管理中存在着的较为严重的问题也提出了相关的对策研究。他们认为，首先应从管理体制上打破原有束缚，突出高校办竞技体育的特点，走一条具有中国特色的、现代化的高校创办竞技体育的道路。我国高校高水平运动队的管理体制深受我国统一集中的教育体制的影响，形式上比较单一，责权不是很清晰。如图5-2所示，为我国高校高水平运动队具体的管理体制。

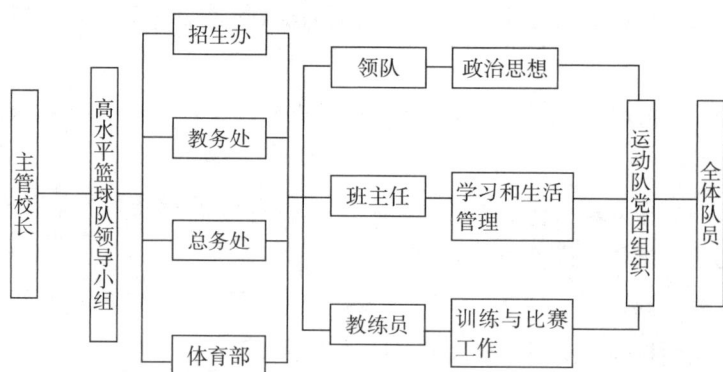

图5-2　我国高校高水平运动队的现行管理体制

四、高校高水平篮球队沟通渠道与网络

（一）正式沟通的渠道与网络

1.正式沟通渠道

正式渠道指的是由学生建立的沟通渠道，其包括以下四种沟通方式。

（1）自下而上的沟通（亦称为上行沟通）

自下而上的沟通指的是下级的意见向上级反映。

（2）自上而下的沟通（亦称为下行沟通）

自上而下的沟通指的是主管人员将规章制度、任务指标、各种消息、上级政策和措施等，逐级传达给所属成员，使每个人都知道。

（3）横向沟通（亦称为平行机关和单位或阶层之间的横向信息交流）

横向沟通通常会带有协商性、双向性与非命令性。

（4）斜向沟通

斜向沟通指的是非属同一级上的个体或团队之间的沟通，此类沟通通常都带有协商性和主动性。

2. 沟通网络

沟通网络指的是信息流动的通道。高校高水平篮球队中不同的沟通结构对于团队活动的效率有不同的影响。正式沟通网络一般是垂直的，它遵循权利系统，并只进行与工作相关的信息沟通。如图 5-3 所示，为莱维特提出的五种不同的沟通网络。

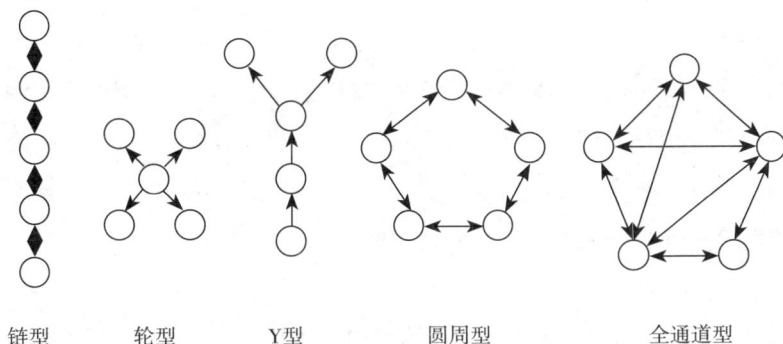

链型　　　轮型　　　Y型　　　圆周型　　　全通道型

图5-3　五种沟通网络（图中的圆圈代表信息的传递者，箭头代表信息传递的方向）

（1）链型

表示 5 个等级的信息传递。在这个等级当中，沟通只能够向上或者向下运行，不能够横向运行，其只能用作球队上下级之间的沟通。此种沟通方式的优点在于：团队结构稳定、解决问题的速度较快，并且精准度比较高。链型严格遵循正式的命令系统，团队士气较低，协同力差。

（2）轮型

表示一个管理者与 4 个下级沟通，而 4 个下级之间是没有相互沟通，所有的沟通只能通过管理者。轮型沟通网络对解决问题的速率、精确度、领导人的产生等会产生良好的效果。领导者作为所有团队沟通的核心，只有他了解全面情况，并向下级发出指示，而各成员之间缺少沟通，这将导致成员满意度降低，不适于完成复杂的任务，如果任务简单，而且成员都愿意接受领导者的权威，那么它的效果将是积极的。

（3）Y型

表示4个层次逐级传递。Y型类似于轮型，唯一的区别在于，其有更高一级的领导者。它兼有轮型和链型网络的优缺点，速度快，但不利于团队士气的提高。

（4）圆周型

表示5个人依次联系。此类沟通是允许成员和相邻的成员之间进行相互沟通的，但却是不被允许和更远一点的成员进行沟通的。圆周型沟通网络传递信息的速度比链型、轮型网络慢得多，准确性也差，不产生领导人，但从情绪的角度看，它具有士气高、效果好的特点。

（5）全通道型

表示每个人都可以与其他4个人自由地沟通，他们之间没有中心人物。全通道沟通网络是一个民主气氛很浓的团队，人际关系比较融洽，成员之间经常彼此沟通，通过协商采取决策。

如表5-2为5种沟通网络的有效性指标。

表5-2　沟通网络的有效性指标

比较标准	轮型	链型	Y型	圆周型	全通道型
速度	快	一般	一般	慢	快
正确性	高	高	高	低	一般
领导的产生	显著	一般	一般	无	无
成员的满意度	低	一般	一般	高	高

不管是哪一种沟通网络都不是完美的，都会有自己的优点，也会有自己的缺点。因此，篮球队的管理者需要权衡利弊之后，再决定使用哪一种网络进行沟通、交流，促进内部信息交流，增强育人效果。比如，针对管理需求速度快和容易控制的生活管理，选择轮式沟通较为理想。这种模式居中心者具有较大的权利和自主权，对于解决技战术训练问题效率高，易控制；又如，若针对培养团队的凝聚力和士气，则采取环式沟通较好。尤其在12个成员左右的篮球队中，可以利用队员生活管理，发挥团队成员的团结合作、民主协商精神，提高团队的凝聚力和战斗力，除此之外，还对完善与发展队员的人格，以及培养优质的人才有利。

（二）非正式沟通的渠道与网络

团队内信息的传播，不仅通过正式沟通渠道进行，有些消息往往是通过非正式渠道传播的。国外行为学家研究了非正式渠道消息的传播，特别是研究"小道消息"的传播。

关于小道消息的传播存在着不同的观点：有人认为传播小道消息是散布流言蜚语，会给团队带来不良甚至是破坏性的作用，应严加禁止。然而，笔者认为散布小道消息是对正式渠道沟通的一种补充，而且有些小道消息还真实地反映了成员的需要、意见和思想动向。有证据表明，小道消息加载的信息中 75% 是准确的。可以说，小道消息是客观存在的，其具有以下三种特点。

第一，不受管理层的控制。

第二，在很大程度上对人们的自身利益是有利的。

第三，多数成员认为，相较于高级管理层的正式沟通渠道，小道消息在解决问题方面似乎更加可靠、可信。

五、高校高水平篮球团队沟通的障碍

沟通障碍，指的是在传递的过程当中，信息发生中断或者失真的现象。无论是哪一种沟通系统，都会有沟通障碍存在，而高校高水平篮球沟通的障碍主要包括以下几种。

（一）传递工具的障碍

语言是人们交流思想感情最重要的工具，但言语毕竟不是思想。由于教练员与运动员的语言修养不同，即使同一思想，对事物表达得很清楚，接收者有时也不明白。教练员在传达信息、布置战术时，口头传达效果可能不及战术板或书面等工具生动形象。

（二）地位不同的障碍

地位上的差异并不直接形成信息沟通的障碍，而是这种地位上的差异加上不好的作风，形成了信息沟通的障碍。有的学校篮球队上级领导不深入球队，教练员和队员又怕得罪领导，造成了上下级沟通障碍，特别是一些在学校内具有比较高地位的领导者，倘若这些人不愿意接触下层组织，那么下层组织一定就会对他们"敬而远之",最终,使得球队成员的情感传递与意见交流不能够顺利进行。

（三）传递层次的障碍

团队结构过于庞大,信息传递层次过于复杂,会造成信息流失,信息失真。传递层次越多,信息经过层层传递,失真的可能性越大。研究表明,在逐级口头传达时,每传递一次信息丢失30%左右。只有尽可能减少中间环节,才可能做到信息传达的准确无误。

（四）情绪障碍

在接收信息时,接受者的感觉也会影响他对信息的解释,不同的情绪感受会使个体对同一信息的解释截然相反。比如,悲伤或者狂喜等极端的情绪体验,很有可能对队员之间的有效沟通造成阻碍,尤其是在教练员和运动员发生冲突时,双方都很难进行客观而理性的思维活动,代之以情绪性的判断,正所谓"冲动是魔鬼"。

（五）过滤的障碍

过滤,是指发送者有意操纵信息,以使信息显得对接受者更有利。有的高校篮球队基层管理者告诉高层领导的消息都是上级想的东西,只报喜不报忧,这就是在过滤信息。在组织中,当信息向上传递给高层管理人员时,下属常常压缩或整合这些信息以使上级不会因此而负担过重,将个人的兴趣和自己对重要内容的认识也加入进去,因而,导致了过滤,使得高层管理者不能获得客观信息。

六、无障碍的高校高水平篮球团队沟通

（一）正式沟通中障碍的解决

目前,高校高水平篮球队中正式沟通障碍,主要存在于向上、向下沟通中。

第一,在活动与组织规模的影响之下,使得高校高水平篮球队的组织规模比较大,进而造成信息传递复杂,向上、向下的沟通障碍都比较多。

第二,不现实的假设。许多球队领导者将信息发送给下属后,主观认为下属已经收到、了解其所要表达的意图,但不愿去核实,而实际上在信息发送者和接受者之间一般都存在着严重的差异。

第三,筛选和曲解。在向上沟通的每一环节上,各部门都赋予一定程度的筛

选权利，这样当球队基层管理者将其认为无所谓的信息筛除后，再传递给上一层领导者，易造成信息曲解。

第四，害怕暴露坏消息。很多高校篮球队的基层领导者，都会有一种"报喜不报忧"的心态，总是希望在未向领导报告之前，那些不良因素已经减轻，或者得到妥善解决，另外，他们还害怕受到惩罚，所以隐瞒自己的想法。

第五，竞争原因。为了谋求更高的社会地位或升迁、加薪等，许多人不愿向上级领导传递不利于自己或利于竞争对手的信息。

针对上述原因，高校高水平篮球队的校级领导应鼓励下级积极向上级反映情况。领导想要掌握篮球队的全面情况，并做出与实际情况相符的决策，就必须要让上行沟通渠道通畅。自上而下的沟通可以保持上下级之间较好的工作关系，有助于提高篮球团队内的工作秩序和民主气氛。自上而下的沟通应注意以下几点。

第一，要向下级提供新信息，以引起成员的兴趣。

第二，对于下级的情绪，上级应当做到足够重视，并且要发挥出民主作风。

第三，讲究沟通艺术，说短话、说实话，而且所讲的话要风趣、生动且有教育性。

这种沟通之所以重要，是因为办好协会组织应上下意见一致，使下属领会政策、方针和策略，充分发挥个体的积极性。但是，在这种沟通中还可能会出现许多问题，诸如，传递路线过长、太费时间、信息在传递过程中发生遗漏和曲解等，而这些问题一般能够通过以下三种方式得到有效缓解。

1. 组织结构合理化、减少信息传递环节

高校高水平篮球队的管理由教务处、招生办、总务处、体育教研室（体育学院）共同进行管理，存在责任不清、任务不明等情况，导致沟通渠道不畅通。针对上述情况，建议建立扁平化独立型管理体系（图5-4）。管理高水平篮球队由主管校长直接负责，具有两方面的好处，具体如下。

第一，主管校长对高校高水平运动队进行统一、直接的管理，制定相应政策法规，保证他们受教育的权利和文化知识的学习，促进其全面、健康的发展。

第二，将高校有利的师资条件，如：生物、化学等专业的相关技术与运动训练结合运用，进行科学化的训练与竞赛，促进运动员训练水平与恢复效果的提高，达到双赢的目的。

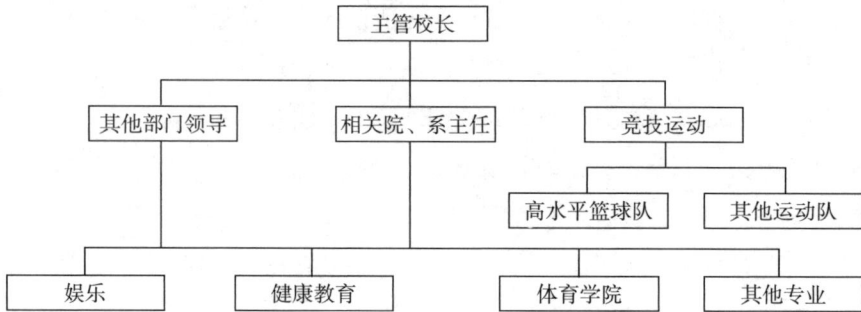

图5-4 扁平化独立型高校篮球队管理体系

2. 改善信息传递手段

在高校高水平篮球队中，队员所关心的是队里的定编，能否打上主力阵容及所安排位置或首发阵容的确定，老队员的离队和新队员的补充，他们在队内的位置是否会受到威胁等，其内心都会充满不同程度的担忧。在这时，教练或者领队就应该亲自和队员们面对面坦诚的交流、沟通，只有这样，才能让他们感受到是被需要、被信任的，才能够让他们真正承担起自己的责任，并与全队同呼吸、共命运。

3. 把沟通视为一个持续的过程

一些优秀运动队把沟通作为关键的管理过程，在这一方面他们有五种共同的活动，具体如下。

（1）管理者传达决策背后的逻辑依据

如果队内主力位置或替补职员的安排并不明朗时，队员们非常希望知道决策和变化背后的原因。为什么要发生变化？变化会对自己有什么影响？队员们需要清楚自己在队里应承担的责任，以及自己的能力，因此，就需要对更多的信息都有一定的了解，只有这样，才能更加客观地估量自己在队中所处的位置，并尽可能做到心中有数。

（2）准确把握时机

时机至关重要，管理者要在队员想知道某一信息的时候告诉他们。队员们不希望管理者像对待孩子一样对待自己，在恰当的时候应立刻告诉他们事实，这样可减弱小道消息的力量，提高管理层的信誉。

（3）持续沟通

沟通应该是不间断的，尤其是在变革和危机时期。当队员们需要了解信息，但是却不能够获得所需信息的时候，就会通过一些非正规渠道来找所需的信息，即便这些信息是一些缺乏依据的小道消息。

（4）长期规划与短期规划相结合

真正有效的沟通并不是等队员知道了阶段目标，或者更长远的目标对自己的影响之后才发生的，尤其是竞赛机制的发展与改革、各学校篮球队之间的激烈竞争、学校中针对运动员的规定改革等信息都必须被每一个队员所了解，这项工作常常落在领队和主教练肩上。

（5）不要强制队员对信息的反应

人们并不希望别人告诉自己该如何解释这些变化。"这些新的变化真是激动人心"或"你们会逐渐喜欢这种竞赛或管理机制"，这些说法并不能够使他们之间变得更加坦诚、信任，实际上，队员自己得出的结论才是更加有效的。

最后，信息本身内容要明确、简洁，教练员要使运动员有压力感，这样才能使他高度重视，保持组织上层信息的权威性。

（二）非正式沟通障碍的解决

篮球团队内的小道消息是客观存在的，管理者应积极利用小道消息，以使它为团队或组织的目标服务，减少由于小道消息的传播造成的消极影响。管理者在面对小道消息的时候，应做到以下几点。

第一，公布进行重大决策的时间安排。

第二，公开解释那些看来不一致或隐秘的决策和行为。

第三，对于目前的决策，以及未来将要执行的计划，管理者需要强调其积极的一面，与此同时，也要将其不利的一面指出来。

第四，公开讨论事情可能最差的结局，这肯定比无言的猜测引起的焦虑程度低。

（三）管理者与成员沟通的要素

对于管理者来讲，必须要尽早认识到沟通的重要性，而领导则是一位成功管理者沟通方案当中最为重要的因素。管理者必须从思想到行动上认可这样一种观念，与成员进行沟通对实现组织目标十分重要，除了在思想上拥护和赞成与成员沟通以外，领导者还必须是一个熟练而鲜明的角色榜样，并且自己很乐于交流重要信息。

1. 管理者要言行一致

与领导者的支持者和参与密切相关的另一个因素是管理层的活动，行动比语言更响亮。篮球队的领导层为提高球队成绩进行的激励承诺会产生积极的影响，但这些承诺必须要得到相应行动的支持。

2. 保证双向沟通

自上而下占主导地位的沟通程序效果是不佳的，成功的程序是自上而下与自下而上的沟通达到平衡。一个运动队怎样将自下而上的沟通激发出来，通常会采用以下三种办法来让双向沟通得到保障。

第一，定期召开队务会。

第二，由队长将大家的意见反映给教练处或者领队。

第三，写训练口技以及训练体会。

3. 处理坏消息

拥有有效沟通的组织并不害怕面对坏消息。任何运动队都会遇到失败的时候或阶段性成绩的下降以及其他类似情况，在团队中应该创设这样的氛围，那就是坦率报告坏消息后，人们并不惧怕真实消息，而是勇于面对并积极寻找对策。

4. 根据听众调整信息

在组织当中，不同的人对信息会有不同的要求。对教练员来说非常重要的东西并不一定对上层管理者同样重要。个体和团队到底希望知道什么消息？队员需要的信息类型十分不同，获得信息最有效的途径也不相同。

第三节 高校高水平篮球团队的士气管理

团队管理中与凝聚力相联系的重要因素是士气。一般来说，凝聚力高的团队，士气就高；反之，士气就低。"士气"最常见于军事用语当中，一般指将士的战斗意志，士气高低与战斗胜败关系密切。《曹刿论战》说："夫战，勇气也。一鼓作气，再而衰，三而竭。彼竭我盈，故克之"这就是两军对垒的士气问题。历史上还有韩信"背水一战"、项羽"破釜沉舟"以及西晋时期前秦将士"风声鹤唳、草木皆兵"等记载，从正面或反面证实士气在战争中的重要作用。

一、高校高水平篮球团队士气概说

"士气"的概念，我国自古有之。《宋史》说"军锋士气，固已百倍"，反映出了士气对于提高战斗力的重要性。团队士气是团队所具有一种高昂意识状态，表明团队为达到目标的积极进取态度和顽强的斗志。心理学家史密斯等人把士气定义为"对某个团队或组织感到满足，乐意成为该团队的一员，并协助达成团队目标"的态度。由此能够看出，团队士气，除了表示个人需要满足的状态之外，还表达了团队成员对所处的团队的归属感与认同感，在这种情况下，队员才愿意为实现团队的目标而加倍努力。

二、高校高水平篮球团队士气的功能

一个团队有了高昂的士气，就可以迸发出巨大的力量。一旦士气低落，便会如一盘散沙，丧失战斗力。团队的士气反映了一个团队的精神状态，是团队取得好成绩的基础。因此，士气是团队存在和发展的重要动力之一，也是提高团队训练和比赛作风的重要因素。

高校高水平篮球团队士气作用主要体现在对比赛成绩的影响。就一个篮球队而言，除了要具备高昂的士气之外，还需要保障高质量的训练，以及保持优异的比赛成绩。但是，高士气只是提高训练质量和比赛成绩的必要条件之一，而不是充分条件。要提高训练质量，除了提高士气之外，还需要具备许多其他条件，例如，保证训练场地、器材和设备，饮食营养等物质条件，以及一些人力条件，如运动员的技战术的熟练程度、身体和心理素质与管理科学化等。

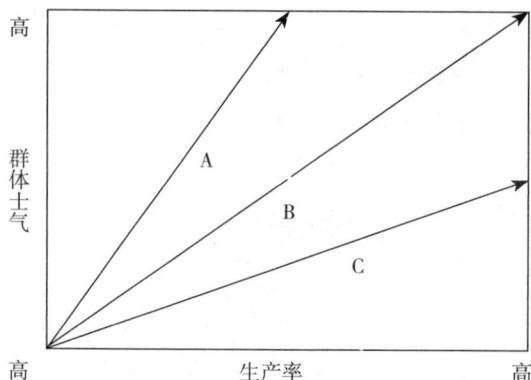

图5-5 士气与生产率的关系

A. 线表示高士气、低生产率

B. 线表示高士气、高生产率

C. 线表示低士气、高生产率

对于士气问题,一些学者曾进行过专门性的研究。戴维斯于 1962 年发表了他关于群体士气与生产率关系的研究报告。他认为两者关系有三种情况,如图 5-5 所示,倘若只重视工作条件,也就是说,只通过严格控制的管理方式来让团队的生产率提高,而不关心队员的需要,不关心团队的士气问题,就可能产生 C 线状态。这种高生产率不能维持太久,势必要引起职工不满而降低生产率。反之,倘若只关心提高职工的满足感,使之具有较高的士气,而不是把这种高昂士气引导到提高生产率上来,则将产生 A 线状态,在这种情况下,则可能阻碍或限制生产。这种高士气团队的目标,往往是与组织目标相抵触的,要想达到 B 线状态,必须使组织目标与职工需要一致,使高士气的团队接受组织目标。在这种情况下,要靠非常能干的管理人员妥善的组织安排,不仅要满足职工需要,提高职工士气,还要强调完成组织目标,使职工认识到实现个人需要同完成组织目标的一致性,充分调动职工的积极性,为完成组织的生产任务而努力奋斗。

对戴维斯的研究成果进行分析后,可以看出以下两点。

第一,戴维斯是以管理方法的利弊对比来研究团队士气与生产率关系的,因此,其研究结果与管理方法理论的结论一致,可以相互印证。

第二，戴维斯的研究成果，对于从我国高校篮球队实际情况出发，预示了篮球团队士气及团队绩效发展的可能性。

三、高校高水平篮球团队士气的影响因素

要提高团队士气，并使之保持稳定高涨，就要弄清楚都有哪些因素能影响团队的士气。影响团队士气的主要因素包括以下几点。

（一）个人、团队、组织三者目标的一致性

团队士气是团队成员对团队满意，并愿意为实现团队目标而努力的态度。这种态度的产生，在于团队成员对团队目标的明确认识和内心赞成。

（二）合理的回报

合理的经济报酬是对人们付出劳动的补偿和肯定。取得较高的经济报酬，从目前情况来看，一方面为正当的需要，另一方面也是一种生存的条件。物质待遇虽然不是人们追求的唯一目标，但在市场经济条件下，金钱对人们仍起着不可忽视的刺激与激励作用。与此同时，合理的经济报酬是对运动员的工作的肯定，使其得到心理上的满足和平衡。

（三）团队内部有团结和谐的关系

有较强凝聚力的团队，一般能有较高的士气；内部团结，沟通渠道畅通并合理调节内部冲突的团队，一般能有较高的士气。

（四）办事的公道与民主的管理

团队的领导处理事情不公道，就会使队员产生消极态度，对自己所在的团队不关心，不感兴趣，好坏都无所谓。这样的事情多了，整个团队的士气便要低落。因此，领导必须要做到民主、公正的对待运动员，而且还要做到耐心周到、秉公办事与通情达理。

（五）满足心理需要

建立良好的生活、训练环境，处理好大学生运动员的训练比赛于学习文化知识的矛盾，使运动员的心情舒畅，减少他们的焦虑不安和心理挫折，使之充满自信与自尊，愉快地投入到训练和比赛中，这样有利于提高团队士气。

四、建立高校高水平篮球团队的士气激励机制

根据有关影响团队士气因素的分析，我们可以找出妨碍团队士气提高的原因，有针对性地制定训练计划和比赛方案，充分调动运动员的积极性，提高训练水平和比赛成绩。在与我国高校高水平篮球队运动员的实际情况相结合后发现，培养士气的一个有效手段，就是进行士气激励。其中，思想文化教育的效果、队员的满意度、目标一致性、球队内部关系和谐程度、物质与精神奖励措施的合理性等几个方面是团队士气培养的重点，因此，会对士气水平产生影响的关键就是怎样针对上述因素来完成管理方式的改革。

对高校高水平篮球队的管理者来说，只单纯地从提高团队成绩出发，还是从激励团队士气出发，在现实中确实存在着这种矛盾的选择。正确的做法是，既关心提高篮球队成绩，又要提高团队士气。目前高校高水平篮球队管理水平不高的情况下，确实存在着忽视团队士气的作用，只要求加强个人技术、一味提高运动成绩的现象。依照团队管理理论，激发士气首先要分析团队成员的团队角色。其中，角色指的是，在社会当中，以一个人所处的社会地位，以及他人的期望为依据，所扮演的具有情景发生的行为模式。高水平篮球队的运动员角色具有双重性，这决定了他们必须在训练中卖力的练，在课堂上努力学习。

如表5-3所示，管理层应针对大学生运动员的学生角色进行教育，此方法在有些篮球队中已经应用。

表5-3　高校篮球教练员对学生进行思想教育工作统计表（N=20）

	人生观	世界观	爱国主义教育	敬业精神	作风	法纪
频数	15	14	3	19	20	4
百分比	75%	70%	15%	95%	100%	20%

实践证明，只要是内部和谐并且团结的团队，都能够让运动员的心情比较愉快，乐于表达自己的意见，愿意为团队做事，并且还能够使他们对团队的归属感与认同感增强。因此，增强团队凝聚力，搞好团队内部团结，疏通沟通渠道及合

理解决冲突，对于提高士气是非常重要的。团队的领导与队员之间，队员与队员之间，能互相关心、体贴、帮助，建立朋友式的深厚友谊，对团队士气的提高的帮助是很大的。

高校高水平篮球团队成员对训练和比赛满足感的增长也有利于提高团队士气。如果运动员所从事的训练和比赛合乎其兴趣、爱好，适合其能力、对其具有挑战性，能施展才能、实现抱负，士气必定会高昂。因此，在安排主力队员，场上的位置、替补队员和换人时机等，要考虑运动员的技术特点，能力大小等，量才运用，以便激发他们的积极性，提高运动员的士气。除此之外，在赛场上，应适当增加平时上场机会不多的成员的上场时间，这样做除了能够锻炼他们的竞技能力之外，还能够使整个球队的士气提升。

第四节　高校高水平篮球团队的凝聚力管理

一、高校高水平篮球团队凝聚力概说

凝聚力表示结合或黏合在一起的意思。早在 20 世纪 30 年代勒温开创的群体动力学中已有所探讨，他认为凝聚力是作用于集体成员的心理力量，它是使群体成员转向群体内部的力量（正的诱引力）。维特在团体研究中明确提出了凝聚力一词，但第一个正式发表对凝聚力的系统研究是费斯廷格等人。

费斯廷格等人在 1950 年出版的《非正式群体中的社会交往压力》一书中，提出了凝聚力的 3 个构成要素。

第一，加入团体所得的威信。

第二，团体成员之间的吸引力。

第三，团体任务以及目标所产生的吸引力。

20 世纪 50 年代，人们采用较多的是费斯廷格等人对凝聚力的定义。他们认为：凝聚力是促使成员留在团体内的作用力的总和。在 60 年代左右，对团队凝聚力的研究大多集中在个体之间及个体与团体之间的相互吸引程度上。70 年代随着对团队凝聚力的研究更深入一步，一些学者将凝聚力和动机联系在一起，认为确定团队成员为什么被团队中的其他人所吸引是很重要的，而这种原因一是需要与他人一起努力有效地工作（任务凝聚力），另一种则是需要与他人和谐相处（交往凝聚力）。

80 年代以后对团队凝聚力的研究又有了新进展，卡伦（1982）等人克服了以前研究的不足，发展了一个指定运动中凝聚力大前提条件和结果的概念模式，使有关团体凝聚力的研究更趋向于统一规范。卡伦提出一个关于运动队团队凝聚力的概念系统，他还将凝聚力描述为一个动态过程，而不认为凝聚力表现为静态。

篮球团队凝聚力指的是，篮球团队将自己的队友紧密联系到一处，并使他们处于内部团结的良好状态。它表明团体成员的一种内聚作用，是表现在队员身上的向心力；而高校高水平篮球队的凝聚力就是指学校篮球队对成员的吸引力和成员之间的相互吸引力。由运动员组成的团队有着明确的任务目标，并承受着巨大的比赛压力，其团队界线较为分明，受社会关注程度较高。卡伦回顾了近年来对体育团队的研究，总结出了以下 4 个结论。

第一，凝聚力高的体育团队中，运动员之间更为团结。

第二，体育团队凝聚力与运动成绩有密切关系。

第三，相较于凝聚力对运动成绩的影响，运动成绩对凝聚力的影响作用更大。

第四，即刻比赛结果不能改变团队凝聚力。

二、高校高水平篮球团队凝聚力功能

在研究促进团里行为合理化，以及提高训练与比赛成绩时，必定会涉及的问题就是团队凝聚力。凝聚力是篮球团队内耗的溶剂，是体育团队战斗力的源泉。

（一）高校高水平篮球团队凝聚力与运动成绩

社会心理学家加沙克尔的研究告诉我们：团队凝聚力是影响团队战斗力高低的主要因素，但不是唯一因素，并不是有了凝聚力，战斗力就会自然升高。体育团队也是如此，因为体育团队凝聚力与体育团队竞技能力之间的关系受很多因素影响。但是，在其他条件相同的情况下，体育团队凝聚力高低会对团队竞技能力产生重要的影响。体育团队凝聚力指的是，一种以体育团队认同与利益作为中心的团聚力与团队向心力，而且其反映了团队的精神实力，与此同时，其还是团队集体战斗力的一个重要标志。

（二）高校高水平篮球团队凝聚力的其他功能

1. 高校篮球队凝聚力可以提高团队的内动力

团队凝聚力的提高不是靠单一要素的作用，也不是靠各要素的简单相加，而是靠各个要素的科学组合，有机的联系，从而产生整体功能的放大效应。这里既有运动员个体能力的有机结合，也有整个团队成员综合竞技力诸要素的合理搭配。只有这种联合作用提高到一定的程度，才能增强球队与队员以及队员与队员之间的吸引力和归属感，提高团队成员的积极性和创造性，从而增强体育团队的战斗力。

2. 凝聚力有利于改进篮球队的自我效能

社会认知理论认为，自我效能指的是，一个人对自己能够达到欲动目的的过程的当中，所进行活动的组织，以及完成能力的信任。由此可见，自我效能就是一种情景信任。我们都知道运动员自我效能在增强自信心和提高场上表现中的重要性。团队凝聚力强的团队，其团队自我效能就越强。在任务凝聚力方面，这种促进关系的表现比在社交凝聚力方面要强得多。

3. 凝聚力能增强篮球团队的自信心和自强心

大量比赛实践证明，高凝聚力的体育团队，既能焕发出集体荣誉感，使其队员对个人和团队的前途充满信心，也能产生催人奋进的动力。运动团队平时形成的团队凝聚力，教练员与同伴的支持与鼓励，在很大程度上，决定了运动员在比赛时能够表现出从容不迫、勇猛顽强、镇定自若的良好心理。

4. 凝聚力能减缓自我设置的障碍

自我设置障碍是指运动员个人为了在社会评价环境中保护自尊免受潜在的负面反馈的影响，而会预先利用降低努力和为表现找借口，也就是说运动员运用策略来积极保护自尊，他们编造借口提前为自己在即将参加的体育比赛中的表现辩解。而团队凝聚力，能够使自我设置障碍的表象特性得到缓解，有强烈自我设置障碍行为的运动员认为当团队凝聚力较高时，自我设置障碍行为产生的效果低；反之，则高。团结紧密的团队队员通常对自我设障碍行为产生的分裂行为比较敏感。

5. 凝聚力对心理动力具有促进作用

心理动力指的是，一种能够让运动的表现，抑或是比赛结果发生变化的一件事或者一系列事引起，发生在认知、情感、生理，以及行为上的积极或消极的变化。人们普遍认为，团队任务凝聚力越高，团队就能够越多地得到心理动力带来的优势。在体育比赛中，心理动力更偏爱那些任务凝聚力高的团队。

6. 凝聚力有助于运动员继续参加比赛

预测未来参与行为篮球运动经验会不断吸引运动员参与其中，这对于年轻运动员特别重要。据调查显示，在比赛中表现出高度社会凝聚力责任感的运动员更有可能在下一赛季参与体育比赛。因此，社交凝聚力预示运动员希望继续参与体育比赛的意愿。这个预示无疑表明团队凝聚力越强，团队比赛时运动员的状态焦虑就越低。

三、高校高水平篮球团队凝聚力的内容

高校高水平篮球团队凝聚力的实质是反映一定篮球团队队员在目标、情感和行为上的整合力量。由于体育团体的环境对队员有着十分特殊的心理影响作用，因此，体育团体的凝聚力非常的重要。身处体育团队的运动员随时可受到团队其他队员的情绪感染和行为影响，人人都会在团队特殊规范作用下做出从众、服从和去个性化等行为。因此，体育心理学界绝大多数学者还是认同卡伦将体育团队凝聚力划分为任务凝聚力和社交凝聚力的观点。

（一）任务凝聚力

任务凝聚力指的是，高校篮球队员团结一致，为了实现目标所作出的努力的程度。任务是把整个体育团队凝聚在一起的重要基础，想要团队具有强大的战斗力，就必须要让全队队员对任务有认同感，而且这也是其刻苦训练、努力拼搏的内在动力。但是，这个目标还不能形成团队整合积聚的合力，只有确立高校高水平篮球队发展的总体目标，并将个人目标融入团队目标之中，使团队所有成员对实现目标有共同的责任感和使命感，才能激励每个运动员为团队荣誉而战，形成强大的团队凝聚力。

（二）社交凝聚力

社交凝聚力是指在体育团队中，个体或由个体组成的小团体对他人的行为和

态度的影响，它既指一个人喜欢他人并被他人喜欢的相互影响过程，也指促进人与人交往的一种积极状态。社交凝聚力反映的是队员之间彼此喜欢和彼此愉快地交往的程度，这是涉及友谊、亲和及社会性支持等人际关系的凝聚力。研究表明，相较于确立团队的目标，社交凝聚力强的运动队的人际吸引与相互交往更加重要。

四、建设高凝聚力的高校高水平篮球团队

作为一种尝试，这里运用定性和定量相结合的方法，对体育团队凝聚力进行多维综合评价。克服了过去主要依靠定性方法完成评价的局限性，从而使团队凝聚力的评价更符合实际情况，并为体育团队凝聚力的综合评价提供了一种思路和工具。

高校篮球团队凝聚力与团队成绩具有较高的正相关性，同时团队凝聚力还对运动员的自我控制和心理动力方面产生积极的影响。篮球团队凝聚力的高低取决于对团队凝聚力影响因素的控制，凝聚力的培养应从领导因素、个人因素、团队因素和环境因素入手。从各分项评价指标的权重来看，团队管理层的领导水平、队员的满意度、教练员的影响力、队员与教练的关系、物质与精神奖励措施的合理性和团队思想文化教育等几个方面是团队凝聚力培养的重点，由此可以看出，影响凝聚力水平的关键在于，怎样针对上述因素来完成管理方式的改革。

（一）高校高水平篮球团队的教练员

上述影响高校高水平篮球队凝聚力的因素几乎每个都与教练员相关，一名优秀的篮球教练员善于把所有的队员集结在他的周围。篮球队员的最直接管理者就是教练员，教练员的表现代表着整个篮球队甚至是学校管理层的水平，由此能够看出，要想提升高校高水平篮球团队的凝聚力，首要任务就是要提升教练员的能力。

从高校的实际情况来看，提升教练员的水平也是利用高校师资优势的最直接简单的手段。教练员的能力可大致分为：管理水平、训练水平和人格魅力。目前，高校高水平篮球队的管理，除了有训练管理之外，还会涉及其他方面，如运动员的休息娱乐、学习与生活等，所以教练员承担着全面管理者的角色，因此，除进行高校高水平篮球队管理体制改革之外，还应从教练员的自身管理能力提高入手。应用团队管理，教练员在管理系统中承担团队队长的角色，主要任务是组织队员

进行团队工作、提高团队的合作精神；同时，教练员还是团队活动的督促者，他控制篮球队活动的进程，确保高质量的完成任务、奖励优秀成员、督促后进成员；他还是团队的协调者，协调学校的主管领导和队员这两个管理层次的关系，以及球队成员这个管理层内部的关系。

对于高校篮球队的凝聚力来讲，高水平的教练具有重要的促进作用。教练员训练的时间、经验和事业心，是影响运动训练水平提高的重要因素。教练员的运动员经历与教练员有相应学历、专业技术职称，是两个影响教练员训练水平提高的同等因素，把专业运动员经历和相应学历这两个因素一样看待，是我们教育系统以往过分强调学历，忽视教练员运动实践的纠正。

除此之外，在高校高水平篮球团队中，教练员本身的人格魅力同样会有让人意想不到的作用。有的教练员不能为设身处地为运动员的利益考虑，甚至为图一时的比赛成绩、眼前利益而置运动员的身体于不顾，导致运动员的身体损伤，这一方面是对运动员的不负责任，另一方面也在全队产生极为不好的影响，进而使教练员的威望降低，最终导致全队的凝聚力降低。只有能为队员考虑的教练员才会得到队员的认可，他的队员也才会为他卖力。

立足现有高校教练员情况，提高其教练水平是客观现实所决定的，我们不可能一下子重新造就如此多的高水平教练员，更何况高校体育教师培养高水平运动队，正逐步从教学型向训练型方向转变，而且高校教师更能把握大学生的心理特点。要提高高校体育师资训练高级运动员的水平，首先要正视目前高校师资的运动训练水平的现实，并通过认真的分析，找出提高凝聚力的突破口，才能扬长避短，适应时代对高校教师训练和管理高水平运动员的要求。

（二）高校高水平篮球团队的运动员

在高校高水平篮球团队管理体系当中，最核心且最基础的因素就是运动员，而直接影响运动员对团队感受的因素主要有队内的精神和物质奖励、规范和思想、文化教育等。相对于社会，高校具有教育的环境优势，学校内的奖励手段相对于社会的以物质手段为主有很大差别，学生、教师的评优、进职，甚至学分和继续攻读硕士的机会都可以成为奖励的手段。因此，高校高水平篮球团队的运动员的满意是可以达到的。当团队成员接受一定的思想文化教育和精神、物质奖励后，团队凝聚力便会有大幅的提升。另外，由于高校高水平篮球队的成员隶属于学校，校内、队内规范的作用也会迫使成员凝聚力水平的提高。

（三）高校高水平篮球团队领导的要求与压力

倘若群体领导对群体凝聚力的要求比较大，就会使群体感到比较大的压力，而领导者的压力多以目标的形式出现，没有目标的篮球队不可能成为成功的篮球队，高校高水平篮球团队首先要解决的问题就是达到什么目标。对凝聚力的高要求会产生高的凝聚力水平，而设置阶段性目标并不断的达成阶段性的目标，凝聚力就会增强。

（四）高校高水平篮球团队的医疗保健和科研

大多数高水平运动队的训练，还停留在经验上，运用科学手段训练做得还十分不够。运动成绩上去了，运动负荷随之加大，各种运动性创伤出现率也大大提高，如何有效防止和避免运动损伤，尚没有引起足够重视，对于训练、比赛中出现的伤病疼痛，还仅仅停留在靠中断或半中断训练来进行调节和医疗。随着运动成绩不断向人体的极限挑战，人的自身也在接受高负荷、高强度训练的挑战。高水平运动队训练专业化程度大，运动成绩不断提高，医疗保健也日益显得重要。建立必要的医疗保健队伍，是运动水平继续提高的需要。高校要充分发挥医务所（卫生院）的优势，对运动员进行必需的医务监督，有助于运动伤病的主动防护和对运动伤病的积极治疗。如果学校对篮球队员的健康秉持着负责的态度，那么就能够让队员产生团队归属感，这样就能够使篮球团队的凝聚力增强。

（五）高校高水平篮球团队内信息沟通

对于不同的管理层次，应当采取与之相对应的沟通方式。

五、培养体育团队凝聚力所产生的预期结果

当高校篮球运动队的凝聚力比较高时，可产生个人与团队两种结果。

（一）团队结果

体育团队的成功有助于团队凝聚力的发展，但是如果具有凝聚力的体育团队的共同目标是为了取得成功，那么凝聚力肯定是有助于团队取得成功的。克拉蒂在 1989 年指出，有理由假设活动成功与凝聚力是一种循环的、相互作用的关系，而不是"单一方向"的关系，卡伦 1984 年的研究也支持这种观点。

有较强凝聚力的体育团队，其队员的稳定程度也是较高，代表团队稳定性的一个标志是队员的退出行为。研究表明，相较于低水平凝聚力的团队，高水平凝聚力的队对队员更具吸引力，而且队员也不愿早早地离开运动队。卡伦等人 1988 年曾比较了运动队中坚持者和退出者对运动队凝聚力的评价，结果发现，退出者比坚持者将运动队凝聚力水平评价得更低。根据卡伦等人的研究，另两个代表稳定性的标志是凝聚力高的运动队其队员的迟到和缺席行为很少发生，以及他们更能抵抗外界的消极干扰。凝聚力高的运动队其队员之间有更多的相互交流和协作；反过来，队员相互交流和协作的机会越多，运动队的凝聚力也越强，两者似乎也是"循环关系"。不过，凝聚力高的运动队其队员之间相互交流的方式可能不同，贝克发现有的高凝聚力运动队队员谈论的内容更多的与活动任务无关，有的队员谈论更多的是活动任务，还有的队员讨论的是维护运动队的名誉。

（二）个人结果

第一，运动队凝聚力的发展，对运动员个体心理状态的改善是有帮助的。卡特维特 1982 年、何波瑞夫 1975 年的研究均说明，高凝聚力的体育团队其队员的自尊心、信任感和安全感增强，焦虑情绪降低。

第二，威廉姆斯等人的研究表明，相较于凝聚力低的团队队员，凝聚力高的对自己的精神面貌会感到更加的满意。

第三，倘若一个篮球运动队具有比较低的凝聚力，那么在失败的时候，通常会将失败原因归咎于他人。与之相反的是，倘若运动队的凝聚力较高，队员就会勇于承担责任。最后，随着高校高水平篮球团队成员凝聚力水平的提高，成员的心理适应能力会增强。

第五节　高校高水平篮球团队的合作与竞争管理

在校园生活中特别是在高校高水平篮球队中，合作与竞争是最常见的。合作与竞争按其性质是对立的，但是两者并不是互不相容、截然分开的。本节主要阐述高校高水平篮球团队合作与竞争管理的有关问题。

一、高校高水平篮球团队的合作

合作指的是两个（或者两个以上）个体或者团队，为了实现一个共同的目标，而相互配合、齐心协力的一种行为方式。这种互相配合的行为方式有时是自觉的，为了达到一个共同的目标而有意组织的，有时是不自觉的，是由当时、当地的情景条件而诱发的启发行为。

（一）高校高水平篮球团队合作具备的条件

通常来讲，建立合作必须要具备以下两个条件。

第一，合作者一定要有共同的爱好、兴趣、利益与目标等。

第二，合作者必须要有一定的物质、技术基础。

这就是说，合作之所以能够进行，必须以工作性质为转移。因此，互相协调一致的专业和技术，是确保合作中的配合和目标的实现保证，而一定的物质技术基础是合作得以进行的基本条件。

（二）高校高水平篮球团队的合作方式

高校高水平篮球团队的合作方式，大致可以分为以下两大类。

1.以合作形式为标准分类

以合作形式为标准，可分为两种：一种为直接合作，另一种为间接合作。

（1）直接合作

比如，我助攻，你投篮，或者大家做同一个配合练习。

（2）间接合作

综合院校的其他专业，比如，生物专业与篮球队利用生物技术监测和提高队员生理机能的合作。

2.以合作的组织性和有序化为标准分类

以合作的有序化与组织性为标准，也可将合作分为两种，一种为结构性合作，另一种为非结构性合作。

（1）结构性合作

结构性合作是有计划、有组织、预先安排好的合作，一般是较为长期稳定的合作。

（2）非结构性合作

非结构性合作形式指的是临时组织或偶然发生的合作，组织以外的各种合作形式都是非结构性合作，如球迷协会等。

总而言之，在社会化大生产的背景下，合作已经成了一个必然要求。组织程度高，就会为密切合作奠定良好的基础，从现有体育发展的角度看，竞技化程度越高，团队合作就越需要加强。一切高效率的运动竞赛的进行都离不开合作。

因此，合作在高校高水平篮球团队活动中有着重要的地位和作用。合作有助于提高竞赛水平。同时，现代篮球运动的一个显著特点，就是既有细致的分工，又有严密的合作。正是因为建立在分工基础上的合作，才使得训练和比赛水平得到不断的提高；合作有助于提高团队的人际关系，增强群体凝聚力；有助于做好思想工作，增长精神动力。

二、高校高水平篮球团队的竞争

竞争，是指团队中个体与个体之间或团队与团队之间为达到一定的目标，力求超过别人取得优势地位的心理状态。高校高水平篮球团队的竞争主要表现为队员之间"争先意识"或"力求优越"的动机表现。无论是合作，还是竞争，其实都是团队组织进行管理的一种方式。

（一）高校高水平篮球团队竞争的基本特征

竞争所要争夺的目标是一定的，没有争夺目标的行为不能称为竞争。竞争必须有较量的对手，对手可以是一个，也可以是多个；可以是个体，也可以是团队。高校高水平篮球团队当中的竞争对手，通常都是和自己利益相关的，并且势均力敌的队友，比如，多名运动员同时争夺一个出现名额，彼此互为竞争对手，没有对手，就没有竞争。竞争的结果往往是有胜有负，旗鼓相当，在竞赛当中，不分胜负只是一种偶然结果。

（二）高校高水平篮球团队竞争的作用

一个社会若缺乏良好的激励机制和竞赛环境，或不能有效的组织竞争，就必然会走向没落。竞争在现代篮球运动当中，一方面，是团队活力的源泉；另一方面，也是团队需要面对的巨大压力。其除了对高校篮球团队的管理有利之外，还对大学生运动员的个体行为与心理产生重大的影响。

第一，竞争可以提高运动员各方面的积极性，竞赛可以打破平均主义的传统心理。运动员的积极性来自于不同阶段的目标，一个个目标的实现是在一次次比赛之后诞生的。而竞赛就是这"积极性"的推动力。在现代社会中，竞赛的积极性还表现在以下几个方面。

（1）竞赛的组织者，通过电视转播、广告，发售纪念品、门票等方式，提高经济收入。

（2）体协或俱乐部，促进了各体育俱乐部的运作和发展，提高了俱乐部或运动队的知名度。

（3）运动员，调动运动员全身心地投入到训练和比赛中去，促进运动员职业素质的不断提高。

（4）观众，通过体育竞赛丰富民众的文化生活，促进观赏水平的提高。

第二，团队间的竞争可以增强凝聚力，改善人际关系。团队凝聚力的增强有一个重要条件，即来自外部的威胁和压力。在团队间产生竞争时，团队内的每个成员都会感受到外部的巨大压力，对切身利益有威胁，团队就会在一个目标下团结起来一致对外，缓解团队内部的矛盾和冲突，在一定程度上改善人际关系，使团队内成员产生密切合作的愿望，使团队在竞赛中取胜。不过，团队内部的竞争有所不同，正常的有益的竞争，同样会改善团队成员之间的关系，加强团结，会使合作更紧密，在团队内部，不应过多排除有益竞争，但也不要过多的提倡。

第三，竞争能促进新的篮球技术、战术的发展，提高高校高水平篮球团队成员的素质，促进篮球队整体水平的提高。如今，现代科学技术才是提高运动技术水平的关键，哪一个国家掌握了新的技术，或者研发出了新器材，其就能够获得竞赛的主动权，与此同时，谁拥有一批高水平运动人才，谁就会在竞赛中处于优势地位。

第四，竞争可强化意识，激发创造性。竞争能够将运动员的创造性与主动性激发出来，还能够强化运动员的主人翁意识。在体育竞赛中，任何团队面临着来自外部的强大压力，直接关系到运动员的切身利益，在这种情况下，运动员把自己的前途和命运与团队的命运联系起来，把自身的物质利益与自己的使命联系起来，群策群力，为团队排忧解难。

最后，竞争能改变人们的传统观念。另外，在用人和新队员的使用和培养上，竞争还能够避免训练理念和教练员近亲繁殖等现象的出现。中国传统观念是"和为贵"，而竞争就要分个胜负。这就要改变传统心态，要敢于挑战和迎击挑战，从而打破一潭死水的僵化局面，使社会生活充满生机和活力。我国传统观念认为，"君子不言利"，而竞争正是要把其结果与物质利益挂钩才有意义，倘若不和一定的物质利益发生关系，那么竞争就会没有目标，这样的话，竞争就不能够称之为竞争了。各体育俱乐部、运动队，不仅应该在训练的理念、方法和手段上需要更新，而且在教练员的聘用上和新老队员的使用上，也应引用新的理念和机制。体育和经济行业是相同的，人们想要在竞争当中获胜，就必须要更快、更多地掌握有用信息。

三、高校高水平篮球团队内竞争与合作的影响因素

合作是一种基本的管理形式，但不是唯一的管理形式，个人或团队能否顺利地组织起合作关系，还要受下列各种因素的制约和影响。

（一）自然因素对合作的影响

同一年龄段的人为提高效率而进行合作；不同性质的人或为满足自我表现欲望，或因在能力方面的互补而合作，比如，南派的灵巧和北派的高大，两地之间进行合作，也属于广义的自然因素对合作的影响。

（二）组织因素对合作的影响

1. 体育运动的竞赛性质

从体育运动的竞赛性质来看，必须通过运动员的互相促进，互相支持，互相帮助，齐心协力才能完成。如今，高校高水平篮球长达一年的联赛，一方面需要运动员个人的独立完成，另一方面也需要队友和组织负责召集与整合作用。在运用人盯人防守战术时，就需分工负责，然后进行整体防守。

2. 信息交流

从信息交流方面看，随着世界科学技术的迅猛发展，信息已成为重要资源，在信息爆炸的今天，信息的收集量、收集速度、传递速度都对合作有重要的影响。信息能为团队提供努力工作的方向、资料、情报、知识，它也是团队中领导与被领导之间增进了解和增进感情的工具，它能更准确地配合工作，提高学习和训练

效率。倘若信息渠道受阻，会在很大程度上影响人们的合作，而团队成员则会感到茫然，队员之间如果不够了解，就不能够完成密切的合作，那么合作就无法产生效果，严重时还会造成团队瓦解。

3. 分配

从分配方面看，公平与否是影响能否合作及合作效果的重要因素。如果分配公平，既不搞平均主义，又不使差距悬殊，真正体现每个人的价值，则能鼓励合作者各尽所能；反之，会使其消极怠工，群己粉粉，使合作效率降低。

4. 奖励系统

针对奖励系统分析，让运动员全心全意地投入到篮球这项事业当中是奖励的最终目的，其中，奖励方式对运动员的态度有着很大的影响。奖励系统是针对整个群体及每个队员的合作行为，在这种情况下，因为个人所得的奖励与团队成就密切相关，便会促进队员合作，努力实现团队目标；否则，队员间就很难采取合作行为。

5. 领导者的组织能力

领导者的组织能力也对合作行为发生重要影响。假设两个合作团队的每个成员的素质都是一样的，但主管者或领导者的组织能力有很大差别，结果两个团队各自的合作效果会大不相同。一个组织能力强的领导者可以把并不太好的群体带好；反之，如果领导者的能力较弱，就很有可能带坏一个好的团队，进而使合作很难实现。在确定了所有内部与外部的目标之后，决定因素就成了干部。

（三）运动员的个人素质对合作的影响

运动员的性格乐观开朗、宽容大度、助人为乐，就容易产生合作行为；相反，如果运动员心胸狭隘、自私自利、性格孤僻、没有教养，就会影响合作行为的产生。领导者的个人品质作风对合作也有很大影响，领导一心为公办事公道，为人正直、有原则性、光明磊落、作风民主果断、关心每一个运动员，会使运动员产生自发的向心合作行为；反之，如果每一个领导者厚此薄彼、家长作风、嫉妒心理等，运动员就不愿与之合作，团队内就缺乏向心力和凝聚力，队员之间就不易产生合作的愿望和行为。

（四）外部环境对合作的影响

在外部有非常大的压力存在时，运动员之间就比较容易产生合作行为；当个人或篮球队成绩下降到最低点时，他们就会意识到只有团结、合作方能走出困境。

四、建立科学的高校高水平篮球团队合作与竞争机制

对于团队里的工作来讲，一些适于竞争，一些却只有通过合作才能够完成，那么在一个团队内，哪种情况适合竞争，哪种情况又适合合作呢？下面进行简单介绍。

第一，若运动技术比较简单，团队中每个成员都能独立的完成动作，则竞争优于合作。

第二，如果运动技术的配合比较复杂，团队中的成员不能独立完成，则合作优于竞争。

第三，若团队成员的态度与情感是属于团队定向而有明确的目标，则团队合作优于个人竞争的成绩。

第四，若团队成员的态度与情感属于自我定向而项目本身又缺乏内在兴趣，则个人竞争的成绩优于团队合作成绩。

（一）高校高水平篮球团队合作机制的建立

作为需要团队成员集合配合的一项运动，篮球从防守到进攻，全部都需要队友之间的合作才能够完成。因此，团队中的合作与竞争精神最适于在篮球运动中培养。在小团队即篮球队的合作中，教练员要主动灌输团队作战的精神，并从通过小范围的几个人战术配合增强小团体的合作，达到增强几个小团队的组合，也就是整个篮球团队合作的目的。

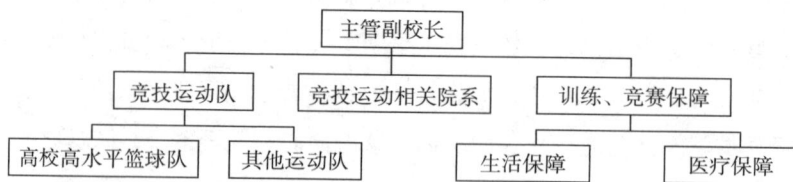

```
                    主管副校长
        ┌──────────────┼──────────────┐
     竞技运动队    竞技运动相关院系    训练、竞赛保障
     ┌────┴────┐              ┌────────┴────────┐
 高校高水平篮球队  其他运动队      生活保障        医疗保障
```

图5-6 高校高水平篮球合作管理团队

　　高校高水平篮球团队的合作机制，应建立在管理层面上（图5-6）。建立一个由主管副校长直接管理的高层次的高校高水平篮球管理团队，这个团队中篮球队只是其中的一个成员，其他成员还应包括与篮球运动训练、竞赛相关的辅助团队，为篮球队的日常科学化的训练检测和科研，队员的生活、学习等诸多事物进行直接管理。针对高校高水平篮球团队，利用高校现有的师资力量强，知识和年龄结构合理的优势，加强科研工作，从篮球队与其他专业的沟通做起，在训练中及时发现问题，有针对性的研究，找出解决的办法、途径。一些条件好的学校，也可以成立一个专门的科研小组，目的则是为篮球队的比赛与训练提供科学依据，以及为其解决一些现实中的问题，深入训练现场，做好教练员的好帮手，为提高运动成绩服务。

　　（二）高校高水平篮球团队竞争机制的建立

　　高校高水平篮球团队内部的适当竞争有利于成员技、战术水平的提高，但不宜在球队中过多提倡。高校高水平篮球团队中的日常基本技术训练较适合引入竞争机制，要求每名队员达到一定的技术水平，或在几名队员间进行小范围的竞赛，提高技术的运用能力；在技、战术的综合运用中，可以模拟比赛中的情形进行分组的竞赛，这样做除了能够使队员在高强度对抗中技、战术运用能力显著提升之外，还能够使小团体的士气与凝聚力显著提升。

参考文献

[1] 宋维明 . 管理学基础 [M]. 北京：中国林业出版社，2006.

[2] 史秀云 . 管理学基础与实务 [M]. 北京：北京交通大学出版社，2009.

[3] 徐洪灿 . 管理学基础 [M]. 北京：中国人民大学出版社，2011.

[4] 王绪君 . 管理学基础（第 2 版）[M]. 北京：中央广播电视大学出版社，2008.

[5] 王锡耀 . 创新型高职课堂教学设计探讨 [J]. 教育与职业，2010（14）.

[6] 张秀波 . 体育教学中实施多维教育相融合的策略研究 [J]. 沈阳体育学院学报，2010（3）.

[7] 高学涛 . 浅析提高高校篮球课程教学质量的策略 [J]. 科技信息，2011（23）.

[8] 马咏梅 . 分层次教学改革探讨 [J]. 巢湖学院学报，2012（3）.

[9] 靳厚忠，范宏伟，刘晚玲，闵捷，马越 . 高校篮球课程教学改革思考 [J]. 体育学刊，2010（8）.

[10] 陈京生 . 奥运会中国篮球防守技术研究 [J]. 北京体育大学学报，2012（9）.

[11] 翟小静，赵捧未 . 基于迭代思想的政府信息资源管理 [J]. 情报杂志，2009（1）.

[12] 斯蒂芬·P·罗宾斯 . 管理学（第 7 版）[M]. 北京：中国人民大学出版社，2005.

[13] 张英奎，孙军 . 现代管理学 [M]. 北京：机械工业出版社，2007.

[14] 郑敏 . 案例教学法在经济学教学中的应用 [J]. 文教资料，2012（21）.

[15] 范亚东，田玉兰，史秀云 . 管理学原理 [M]. 哈尔滨：哈尔滨出版社，2001.

[16] 陈永华 . 浅谈篮球教学心得 [J]. 学生之友，2011（7）.

[17] 叶巍 . 对篮球意识问题的探讨［J］. 安徽师范大学学报（自然科学版），2012（6）.

[18] 文道金 . 新课程理念下体育教师观念的变革 [J]. 科技信息（科学教研），2008（22）.

[19] 鲍伟 . 我校"课内外一体化"篮球俱乐部教学模式的构建与应用研究 [D]. 哈尔滨

工程大学，2010.

[20] 周三多，陈传明，鲁明泓 . 管理学——原理与方法（第 4 版）[M]. 上海：复旦大学出版社，2003.

[21] 江孝东 . 管理学 [M]. 北京：北京理工大学出版社，2006.

[22] 俞云 . 管理学教学过程中案例教学的实施途径 [J]. 价值工程，2013（33）.

[23] 张彦宁，蒋黔贵 . 现代企业管理——最新理论和案例精选 [M]. 北京：企业管理出版社，2008.

[24] 张军，陈昌龙 . 现代管理学 [M]. 北京：北京交通大学出版社，2009.

[25] 任文举 . 基于企业模拟运营的《管理学》课程教学改革研究 [J]. 乐山师范学院学报，2010（11）.

[26] 高良谋，高静美 . 管理学的价值性困境：回顾、争鸣与评论 [J]. 管理世界，2011（1）.

[27] 张波 . 近三十年来我国教育管理学研究的历程、问题与发展趋势 [J]. 石家庄：河北师范大学学报（教育科学版），2008（12）.

[28] 程玉芳 . 基于建构主义以学生为中心的化学教学设计研究 [D]. 华中师范大学，2005（5）.

[29] 庞彦杰，庞会岩，曹春英等 . 分类指导与分层教学在体育教学中的应用 [J]. 河北体育学院学报，2003（12）.

[30] 石宝山 . 小学体育教学中"教"与"玩"的有效结合 [J]. 赤子（中旬），2014（18）.

[31] 杨文士，焦叔斌，张雁等 . 管理学原理（第 2 版）[M]. 北京：中国人民大学出版社，2004.

[32] 单凤儒 . 管理学基础（第 3 版）[M]. 北京：高等教育出版社，2008.

[33] 黄慧婷 . 管理学课程教学改革的思考 [J]. 新西部，2011（15）.

[34] 李晓光 . 管理学原理 [M]. 北京：中国财政经济出版社，2005.

[35] 崔大林 . 皮划艇项目训练科学化探索 [J]. 北京体育大学学报，2004.

[36] 李朋程 . 影响大学女生体育兴趣的因素及对策措施 [J]. 甘肃《体育科研》，2005（3）.

[37] 吴敏，王东升 . 论高校学生体育社团的特征与功能 [J]. 南京体育学院学报，2008（6）.

[38] 黄明举，从休闲体育视角谈广西普通高校篮球教学的改革 [D]，桂林：广西师范大学，2008（2）.

[39] 邹海晏 . 提高中职学生体育兴趣的思考 [J]. 神州，2011（14）.

[40] 刘蕾 . 基础教育研究 [J].2005（10）.

[41] 厉守卫 . 论管理学课程开放式教学模式的构建及其实施 [J]. 经济研究导刊,2011(17).

[42] 刘兆信，魏树麾 . 现代企业管理 [M]. 北京：北京交通大学出版社，2007.

[43] 何瀚玮 .《管理学基础》课程如何应对"互联网＋教育"浪潮 [J]. 新课程,2015（6）.

[44] 朱伟民 . 战略人力资源管理与企业竞争优势——基于资源基础理论的考察 [J]. 科学学与科学技术管理，2007（12）.

[45] 全国体育院校教材委员会 . 篮球运动高级教程 [M]. 北京：人们体育出版社，2000.

[46] 春潮 . 篮球防守教学的探讨 [J]. 安徽科技学院学报，2010（20）.

[47] 吕宏宁 . 黑龙江省高校篮球教学现状与发展对策 [J]. 哈尔滨体育学院学报,2012(2).

[48] 刘曼航，我国现代体育课程改革的文化审视 [D],南京:南京师范大学,2008（99）.

[49] 李英，王晨筱 . 论基于能力培养的管理学教学改革 [J]. 当代教育理论与实践，2014（6）.

[50] 王菲，马孟丽 . 论高校经济学和管理学课程的双语教学发展——以红河学院商学院为例 [J]. 红河学院学报，2011（03）.

[51] 钮力书 . 普通高校体育课程教学模式新探 [J]. 山西师大体育学院学报,2008（3）.

[52] 于振峰，李国岩 . 现代篮球教学 [M]. 北京：人民体育出版社，2005.

[53] 于振峰 . 篮球 [M]. 广西：广西师范大学出版社，2006.

[54] 孙民治 . 现代篮球高级教程 [M]. 北京：人民体育出版社，2004.

[55] 朱国权等 . 篮球 [M]. 北京：北京师范大学出版社，2008.

[56] 王家宏 . 球类运动——篮球 [M]. 北京：高等教育出版社，2005.

[57] 全国体育院校教材委员会审定 . 篮球运动高级教程 [M]. 北京：人民体育出版社，2002.

[58] 曾静 . 由"经济人"回归"道德人"——构建和谐社会人性假设的范式重构 [N]. 北京航空航天大学学报，2008.

[59] 胡斌 . 关于提高管理学教学水平的实践探索 [J]. 成都大学学报（教育科学版），2008（7）.

[60] 黄志安，房殿生，蔡友凤 . 高校篮球运动理论与实践 [M]. 北京：原子能出版社，2008.

[61] 刘健，孙连旭，谢辉强 . 大学篮球 [M]. 北京：中国档案出版社，2006.